熊铁基文集

第九卷

序跋·随笔·回忆录

熊铁基／著

華中師範大學出版社

新出图证(鄂)字 10 号

图书在版编目(CIP)数据

熊铁基文集. 第九卷/熊铁基著. —武汉:华中师范大学出版社,2021.6
ISBN 978-7-5622-9433-7

Ⅰ. ①熊… Ⅱ. ①熊… Ⅲ. ①文化史—中国—秦汉时代—文集 Ⅳ. ①C53②K232.0353

中国版本图书馆 CIP 数据核字(2021)第 089605 号

熊铁基文集 第九卷

©熊铁基 著

责任编辑:卢格蕙 **责任校对:**童 雯 **封面设计:**罗明波
编辑室:学术出版中心 **电话:**027-67867792/3280
出版发行:华中师范大学出版社有限责任公司
社址:湖北省武汉市洪山区珞喻路 152 号 **邮编:**430079
销售电话:027-67863426
网址:http://press.ccnu.edu.cn **电子邮箱:**press@mail.ccnu.edu.cn
印刷:湖北新华印务有限公司 **督印:**刘 敏
开本:710mm×1000mm 1/16 **字数:**381 千字
版次:2021 年 12 月第 1 版 **印次:**2021 年 12 月第 1 次印刷
印张:23.75 **定价:**128.00 元

欢迎上网查询、购书

幼年与父母合影（中为作者）

初中留影

本科留影

研究生留影

与弟弟、妹妹合影
（右一为作者）

在华东师范大学

全家人合影（左一女儿、左二妻子、左四儿子）

与李雪松游长沙

与妻子李雪松游鸣沙山

与妻子李雪松手托老照片，记录时光

本科同班同学合影（二排右一为作者）

与研究生导师吴泽（中）、同学郭惠青（右）合影

研究生同学合影（前排左一为作者）

与何兹全（中）、李雪松（左）合影

与陈启云（右）合影

与安作璋（左）合影

与陈鼓应（右）合影

与李学勤（右）合影

与林甘泉（左一）、窦连荣（左二）、张美娣（左三）合影

与田昌五（右）合影

与裘锡圭（右）合影

与钟肇鹏（右）合影

与第一届研究生
赵国华（右）合影

第一届博士生论文答辩会合影
（含第二、三届的博士生，前排右三为作者）

八十华诞合影（前排右四为作者）

学/术/著/作

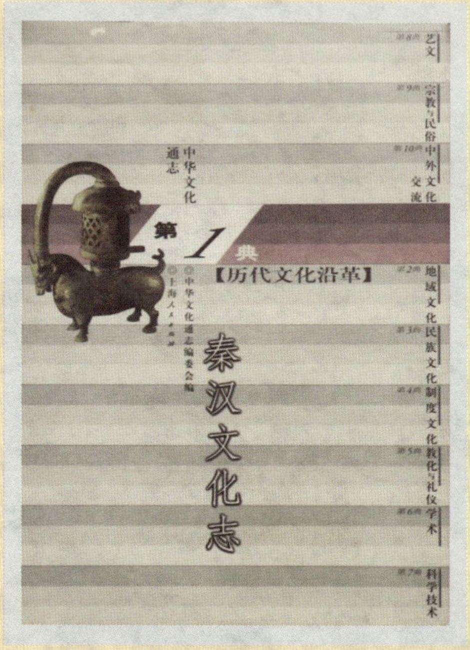

《秦汉文化志》

《秦汉文化史》

《汉唐文化史》

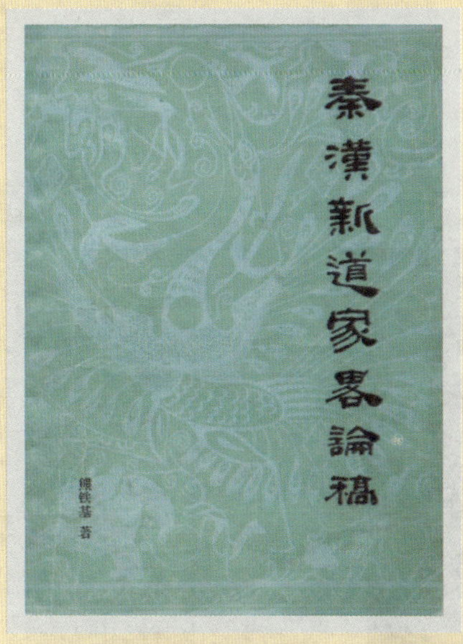

《秦汉新道家略论稿》

《秦汉军事制度史》

《熊铁基学术论著选》

《中国老学史》

《中国庄学史》

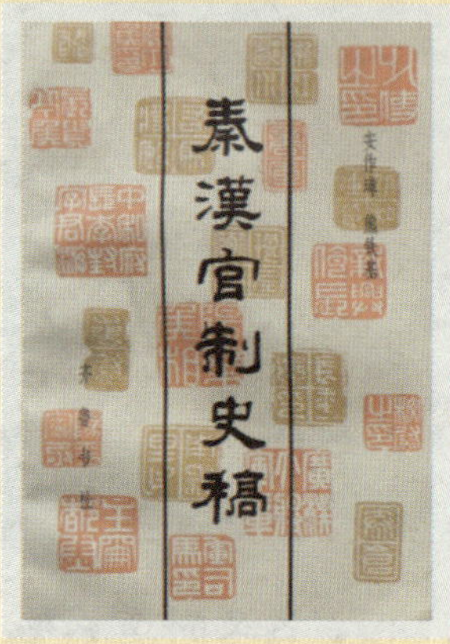

《秦汉官制史稿》

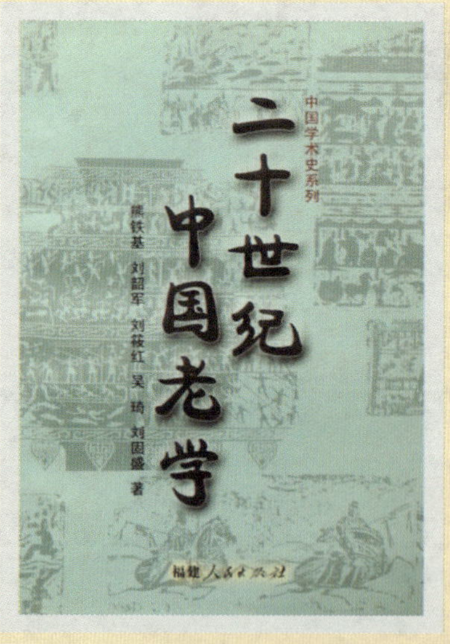

《二十世纪中国老学》

《汉代学术史论》

自　　序

有几位好学的朋友（学生）极力促成为我出一套文集，这对于一辈子读书、教书、写书的人也是一种总结，既有纪念意义，也有继续为社会做点贡献的作用。首先是它应有社会作用，这可以从内容谈起。

本文集共10卷，其中有9卷，主要是曾经出版过的专著（包括与人合作的由我撰写的部分）以及两部论文集。

我的第一本书是1984年出版的《秦汉新道家略论稿》，该书在当时是有一定影响的，引起哲学史领域的诸多学者的关注，这些我在2001年出版的《秦汉新道家》的前言中有所记述。1993年我参加大型丛书“中华文化通志”的编写，写了一本《秦汉文化志》，是有点新思考的（当时范军写了一篇有思想的书评），2007年上海东方出版中心组织一套断代文化史书系，把它以《秦汉文化史》的书名出版，除了做过一些文字校对之外，内容未做修改。没想到10年之后（2018年），北京新世界出版社又比较高调地出版了一次，书腰上写道：“一部诠释全球视野下秦汉时代文化发展脉络的重磅力作”，“一部了解秦汉时代历史文化沿革的入门经典读物”。两次重新出版，反映的是社会的某种需要。另一本书是我和安作璋先生合作的《秦汉官制史稿》，除开2007年因某些需要，齐鲁书社出了一个第2版之外，现在人民出版社又准备纳入“人民文库”出版，责任编辑翟金明告诉我：“‘人民文库’精选出一批在当时产生过重要历史作用，在当下仍具有深刻思想性、学术性以及珍贵史料价值的优秀作品。”看来该书有文化积累的意义，对当前社会文化的发展也是有意义的。前几天参加研究生的读书会，讨论制度史研究延伸和发展的问题。有学生说，即使延伸，原来的重要著作，如《秦汉官制史稿》之类的，也是基础，不可忽略（在读学生有此见解，也很难得）。以上是讲影响较大的两本书，其他如《汉唐文化史》（出版10年后，曾被纳入“学海一牛鸣”丛书再版）、《秦汉军事制度史》《秦汉新道家》等，在小范围内也是有点影响的，读者各有所好地予以赞赏。既然如此，出版文集也不过是再多印刷一次罢了，或能满足需求者的需要。

主编和合作撰写的《中国老学史》与《中国庄学史》，我发起组织并自己动手撰写（《中国老学史》的秦汉以前部分、《中国庄学史》的隋唐以前部分）。这两本书在社会和学术上的影响都比较大，《中国老学史》出版以后，加印了四五次。《中国庄学史》先后在湖南人民出版社和福建人民出版社（增订本）两次出版。实际上可以说是开辟了老庄学史研究这样一个新的领域（紧接着我还组织出版了《二十世纪中国老学》和《二十世纪中国庄学》），后续的还有断代的和专题的老学史以及多卷本的中国老学通史出版。

另一大类是论文集，两卷。一卷是古代史，分秦汉史（秦汉史专攻了30多年）和其他关于古代史的论文两部分（包括几篇未刊稿，反映我学习和研究古代史的足迹）。另一卷是关于道家与道教研究的论文，道家研究是从读秦汉史书《吕氏春秋》开始的。开始是把它当作秦汉史的资料读，后来发现其思想研究的意义更大，写了《重评〈吕氏春秋〉》，接着是读《淮南子》，评《淮南子》，因而提出了一个“秦汉新道家”。道家与老子有关，从而研讨老学，进而研究庄学，这就有老庄学史的产生。20世纪90年代以后，道教界的学术研究风气日渐浓厚，时不时举行一些研讨会，我也常被邀请参加，因为老子是道祖，我写老子学史，那也就是道教文化的研究者。参加活动多了，自觉和不自觉地思考一些道教有关问题，陆陆续续也写了一些小文章，至今还在继续。现在我想解决的是道教何时产生的问题。

有些论文是产生过一定影响的，例如《秦始皇的最后十年》《重新认识古书辨疑》等曾为一些朋友津津乐道；有些论文如关于道教产生的问题，被作为一家之言看待；还有些虽被人称引（如李振宏的推介“汉人改造先秦典籍”并且有所发挥），我认为还未引起足够的重视，所以又写了“再论”和“三论”。“汉人改造先秦典籍”，这虽不是完全新的发现，但关系到如何依靠文献资料研究先秦史的问题，出土先秦文献越多，越说明这个问题重要，不应该把汉人的思想当作先秦人的思想。文集收集了一些散见的论文，更便于查考，这是最直接的意义。

文集收了几篇未刊稿，意在表明在某些问题上自己是思考过的，其实还有一些，就不必全收了。未公开发表的只是自己学习和研究的一个记录，从1956年当研究生开始，我可以说是笔耕不辍的，有些是作业，还有吴泽、束世澂等老师或长或短的评语；有些是自己学习过程中的心得体会，开始想学明清史，写过一些理论方面的东西，如资本主义萌芽问题之类。后来拜师唐长孺先生，认真读过《隋书》、新旧《唐书》、《资治通鉴》等相关史籍，写过几篇文章，还做过《隋书·食货志》译注（有原稿保存）。1979年转学秦汉史，开始写《秦统一六国》（也保存有原稿），汉武帝研究除已发表的之外，还有未刊的稿子。还有一些未刊稿没有产生过社会影响，也没有很特殊的见解，就不必收录了。

还有一卷，包括回忆录、序跋、杂文等，可以说这是从几个横断面看人生的足迹。我始终认为自己是一个普通人（本来也是），普通人和大众更接近，经历能得到更多人理解，有人或可从中获得点什么启发。记得何建明主持过我的一次讲座，一个较大的阶梯教室，室内走道、室外走廊满满都是人，屏声静气一个多小时。内容大概是结合个人经历讲未来。何建明说，不必太高远，可望而可即，也许这就是流行的接地气吧。我这一生，也就是读书、教书、写书，但不论什么时候，不论做什么事，都会与社会时事有关。这也是我长时间表示的一个看法，从古到今，完全脱离时势、政治的人和事是没有的（当然是就大的方面而言）。历史就是《资治通鉴》，一代一代的“资治”。人生也是如此，任何人都脱离不了时势和政治，只有自觉和不自觉、主动和被动的不同。写回忆录，我翻阅了一些旧日记、信件等材料。最近找到了两本高中一年级时的作文本（残缺不全），感慨甚多，老师逐字逐句地批改，文后还有批评或鼓励，篇头还盖有教务处的图章（教学管理如此之细），是1948年下半年和1949年上半年的（长沙解放前夕）。我当时就读于兑泽中学，学校在长沙东郊丝茅冲。我是一个很普通的学生，虽跟着参加过一些迎接解放的集会和游行，但并不认识任何地下党团或者是进步的学生。从题目看，作文与时事政治是有密切关系的。《币制改革后长沙面面观》《戡乱与救国》《徐州战争》《我所理想的学校》《暑假生活杂传》（老师改“传”为“缀”）……第二学期的题目有《寒假生活回忆》《国共和谈之我见》《更夫》《凄风苦雨话四七》（记当时南京的学生运动，老师评语：语多慷慨激昂）……好像都不是命题作文。结合回忆录的内容，可见形势、政治对一个普通学生的影响。我常说，回忆、口述是有很多不可靠的东西，包括记忆之不完整，个人的心态和主观思想等，读回忆和口述，要做一定的分析。

我写回忆录，开始于2018年暑期，当时全家人聚集在女儿嘉慧家里一个多月，我带了一本1948年下半年至1949年上半年的日记本（包括50年代前后也有一些不完整的记录）。开始写作，我发现，有许多我记得很清楚的人和事，日记上没有，日记上有些人和事我忘记了，甚至印象都没有。2019年以后，就以问题为中心陆陆续续写了。也是有日记的，不过只是一本本简单的流水账，能反映思想和具体生活的内容太少了。写出来我自己都不满意。

序、跋不多，有些事能反映我的工作态度，如1993年组织青年教师编写一本《传统文化与中国社会》，在前言中写道："总的设想是我提出的，经过大家讨论、充实，然后才分头去做。前后三四个年头了，每一篇从草拟提纲到写作完成，我都是提出了意见的（或多或少），每一篇从初稿到定稿，最少的看了两遍，有的看了三四遍，甚至更多。提出这一点是说明我对这本书的责任，如果有问题的话（缺点、错误、不足之处），我是不能辞其咎的，我等待着大家的批评。"主编《帝王宰相辞典》，协助张舜徽先生主编《中国史学名著题解》和《中国古代学者百人传》，我都是这样做的，如张先生所说，"在编写过程中，在奔走联系、组织人力方面，熊君之力尤多"，花了大量的时间和精力。

人们如何从过往的经历中认识和总结，这恐怕是值得探讨的一个问题，不是名人、大家的普通人，其人生足迹也有自己的特点，有的内容多少或可给他人一点启示。

人的一生，时间长了，有各种各样的经历，某些时候，认识错误、行为错误会有不少，但是，我没有故意为恶、害人过，善良、正直是主导面。好学勤奋是一生的努力，真正是死而后已。我经常想到：吾日三省吾身，为人谋而不忠乎？与朋友交而不信乎？传不习乎？时至今日，我还没有停息，恐怕既不是为名也不是为利了，名和利已经基本定型了。刚好翻到一篇1948年的作文《我们要过有意义的生活》，老师批语："现在社会上的人个个都是争名夺利，所以作者也只看到名利二字才是有意义的生活，可是我们想想、看看，争名夺利的结果怎样，归宿怎样，那就知道名利的害人，知道为名利是无意义的生活。（十二月四日）"感谢老师的早期教育！几十年来，名利思想恐怕是反复斗争、变化过的。写回忆录，恐怕反映不了这么多、这么复杂的发展变化。

因为我活得比较长，而写作生涯中有一个突出的现象，大多数研究成果是 60 岁前后特别是 60 岁以后出来的。我想人生不必要像坊间所说的那样：60 岁告老还乡，70 岁打打麻将，80 岁晒晒太阳，90 岁躺在床上。我的经历是 60 岁以后可以干事，可以干较多的事。但这又似乎没有普遍意义，60 岁以前成果不多，一方面有时代的客观原因，读书、做学问受到不少干扰；另一方面也是自己不行。过去和现在都有 50 岁前很有成就的人，我的经历唯一可以说的就是告诉人们，60 岁以后可以做一些事，可以做较多的事。愿与老朋友们共勉。现在我的很多学生都已经步入了老年。

我讲话、作报告有时候会有些幽默，能获得一点笑声和掌声，写文章却太缺乏文采，只能实话实说，这既是优点也是缺点。

目　　录

序　　跋

随　笔

回忆录

附 录

序　跋

《尊师故事集锦》后记

我们中华民族历来具有尊师的优良传统，历史上、现实中爱师、尊师的动人故事是很多的，这里选编的只是很少的一部分，有一些堪称“佳话”，颇有耐人寻味之处。这些故事不但对学生有教育意义，对老师也有鼓励的作用。实际上，老师都当过学生，现在的学生将来有不少人要为人师表，还有的既是老师同时又是学生，大家多少可以从本书中得到一些启示。

历史上流传下来的尊师故事，要么被尊者是名家，要么尊师者是名人，难道普通人尊敬普通的老师就不存在吗？答案当然是否定的。但是，过去的文献不足，没有凭据，现实的限于种种条件一时无法选集。不过，本书在最后也有意收录了几则近年来基层干部和普通群众的尊师消息。窥一斑而知全豹，它能够说明，我们国家的尊师活动进入了一个新的阶段：现在的尊师，不仅是尊名师，尤其尊重默默无闻的中、小学老师；不仅是各级领导、学生和家长尊师，而且是整个社会都尊师；尊师不是说几句空话，或解决几个代表性人物的困难，而是从政治上、工作上、生活上提高全体教师的地位和待遇。这是令人欣慰的新风气，望读者勿以赘言视之。

在全国第一个教师节到来之际，我们把这件小小的礼物奉献给老师们和同学们。限于时间和水平，本书的选材和编写不尽妥帖，但从不同的角度涉及一些关于师生关系的掌故轶闻，有教有乐，亦诙亦谐，希望它能给大家增添几分节日的情趣。

本书是临时邀集几位同志编写的，周洪宇、顾志华同志编写了古代部分，罗福惠、余子侠、汪学毅等同志编写近现代部分。仓促成篇，书中的缺点和错误主编者是有责任的，望读者批评指正。

一九八五年四月

《中国帝王宰相辞典》前言

本书从策划到完成已经历了五个年头。这期间已经分别出版了几本帝王辞典和宰相辞典。这本是适应社会需要而出现的现象。社会需要这样的工具书。我们从策划到编写这本书的过程中，始终考虑这样两个问题：一是要全，二是要准。本书所搜集的词目较多，希望能更好地发挥工具书的作用。说句老实话，从帝王来说，秦皇、汉武、唐宗、宋祖都是非常有名的帝王，人们很少会通过辞书来了解他们，而查不常见的帝王，倒更需要一本方便检索的工具书。例如古先圣王（包括传说中的帝王）、先秦的诸侯王，在各朝各代的史籍（包括大量的诗文等）中就经常出现，提到一个名字，概说一两句事迹，一般读者往往困惑不解，甚至作注释也费一番考索。在这种情况下，参考一下本书，或可省时省力。宰相更是如此，宰相人数众多，而且很分散，更需要一本方便查找的工具书。

为了求“全”，我们把帝王和宰相的面都放得比较宽，这在取舍上也就带来一些问题，很难尽善尽美。例如，传说中的帝王很多，有一些是有一定意义的，西方人都知道上帝、亚当与夏娃的故事，中国人不应该不知道盘古开天地、女娲氏抟土造人（实际上民歌、说书中常有“自从盘古开天地”的说法）。所以我们选了不少与后代历史传说有关的古先圣王，而且比别的辞书多一些，但又不可能全部照录。又例如，凡是称王的，特别是在实际上起了王的作用的，都尽量收入，而那些仅有名号基本无事迹可言的则未选入。大框框虽然画了，具体选起来仍有困难，孙策、孙坚的皇帝是追赠的，我们把追赠的都丢掉，曹操的武帝也是追赠的，但曹操不能不入选。这就显得体例不完全统一。再例如，究竟哪些人应该算宰相，古往今来，看法也有不一的，我们把实际有宰相权的和挂名的都列上了，也会有不恰当的。

辞书以知识性为主，知识的准确性当最为重要。在编写过程中，我们要求撰稿者一定要做到文必有据，一定要查原始材料。我们审稿时也进行了一定数量的抽查，例如金哀宗完颜守绪，本书写的是“又名宁甲速”，而有的辞书作“字甲速”，查对《金史》本纪是“又讳宁甲速”。诸如此类的例子为数不少，撰写人均根据史书一一做了订正。但本书是否还有这样那样的错误呢？但愿没有大的，没有硬伤。我们特别提出这一点来，是希望读者以更严格的要求提出批评。

最后，应当指出的是，在编写过程中，陈金安同志具体参与了定体例、选词目、统稿、修改的全过程，并撰写了部分内容。

我们希望这本辞典能像《中国人名大辞典》之类的辞书一样，有比较长久的存在价值。

1991 年 11 月

《历史的航船》序

一年以前，战斗在教育战线前沿阵地的龚中华、戴启鼓等同志，想到了为中学生编写国情教育读物，真是难能可贵！他们是中学教师，为培养祖国下一代而辛勤劳动着，所以我说是战斗在前沿阵地。他们较早想方设法对青少年进行国情教育，并做了一些具体工作，所以我说是难能可贵。但是，好事多磨，直至今年党中央再次强调要对小学生（甚至幼儿园的孩子）、中学生直到大学生由浅入深、坚持不懈地进行中国近代史、现代史及国情的教育，他们的愿望才在有关方面的支持下得以实现。

中华、启鼓同志本身也是青年，他们和我国广大青年一样，有鲜明的历史感和强烈的使命感。中国历史由过去到现在的发展，这本身就是国情，今后该如何走，这也是国情。青少年首先需要了解国情，才能决定如何成为我们社会主义国家的接班人。因此，对青少年进行国情教育，是教育工作者的神圣的任务。

青少年渴求知识，书本是知识的一个重要来源。一本好书的影响，往往能够决定一个青少年的一生道路。我个人有这种经历：中学时代，一位名赵学钧的历史老师，借给我一本用马列主义观点写的《中国历史简编》（作者吴泽教授，后来又是我的指导老师）。读后，我觉得中国历史非常丰富，又还有许多研究工作待人去做。从此我决定了学历史，就这样决定了我一生的道路。这是一个具体而微的例子，但或许有一定的普遍意义。我们应该努力编一些好书，影响和教育广大的青少年。

好书的标准是什么？不外乎思想性、知识性和趣味性（可读性）。《历史的航船》这本书编写的目的本身就有思想性，具体编写的指导思想也是正确的，包括总结历史经验，弘扬民族文化，宣传爱国主义和艰苦奋斗精神，等等。从编写内容看，作者们也是力求生动活泼的，读起来饶有趣味。特别是该书结合了中学历史教学的实际情况，寓国情教育于中学历史教学之中，既开阔了学生的视野，又达到了国情教育的目的，故不失为一部好书。

中华、启鼓同志最近特意复印了一篇《俗文化的贫血与文化意识淡薄》的小文章给我看，该文说“俗文化”是社会的需要，但从业者往往文化意识淡薄，质量不高，要“雅文化之士”来关心才好，意思是让我们年纪大一些的同志参加“俗文化”的编写工作。但在事实上这种可能性已经很小了（多方面的原因），还是只有依靠年富力强的中、青年同志。前面我提到的吴泽教授的那本书，也是他二十几岁的时候写的。只要认真对待，加强文化意识，是可以写出好的“俗文化读物”的。希望寄托在这本书作者这一代人身上。我已步入老年，但这里不敢言老。我的老师张舜徽教授为本书题写了书名，我再在这里写上几句，这本书的出版，就算我们三代学人的愿望和努力吧。

1991.8.16 于武昌桂子山

《传统文化与中国社会》前言

中国之所以为中国，就因为有自己的独特的文化传统，这传统是悠久的、连绵不断的，世界上任何一个国家不能比，其他几个历史悠久的文明古国也不能比。这传统无所不在，无论国家、民族、政府，无论社会生活哪个方面，无论人们的思想言行，都有中国自己的传统。从存在到现在看叫做文化传统，它的过去即为传统文化。今天所说的要熟悉国情，就包括要了解传统文化，认识文化传统。只有深刻地认识了传统，然后才能自觉地对待传统。80年代兴起的“文化热”不是偶然的，有它的历史必然，简言之，是人们在新的历史时期反省和认识国情的需要。就是在这样的背景下，我和一批中、青年同志开始了“文化史”的研究。我们都是学习和研究历史的，多少有点实证精神，也多少有点滞后，但一经开始之后，不管是“冷”还是“热”，就再也没有改变了。我们分头努力，以求从不同方面、不同角度对传统文化有个比较深刻的认识。当然这不是很容易的，所以我们这本书虽已完成，大家的研究工作仍在继续。

对于这么一个大题目，我们中的任何一个人也难以独立完成。为了使研究有一定的深度，我们采取了分工合作的办法，并且在分工时，考虑了各人学习和研究的基础。细心的读者会不难发现，本书中各位作者对自己的专题或者早已有了一些研究成果发表，或者有新的论文或专著即将问世。

一个个专题虽是分头做的，但整本书的结构和内容是经过集体认真讨论和设计的，它反映了我们对文化史及传统文化的主要看法。我们没有也很难对文化再下什么定义，但突出了观念形态方面的内容，即便是经济、政治、阶级和阶层等方面的专题，也是从思想观念方面探讨的，例如经济的传统思想，国家、政府的传统观念等。文化传统无所不在，传统文化的内容十分丰富，我们所列的专题并不全面，但反映了一些主要方面，这是从本书目录中就可以看到的。

各专题的内容，在讨论时有大体上相同的构思，主要是研讨文化成果形成发展的过程，并就规律性进行一些探讨，但由于专题的性质不相同，各人的理解和思路也不可能相同，写出来的结果是有较大差异的。我们有意保留了它们的差异，各有特色和长处，可以做些比较，对于进一步研究也许会有好处。风格、水平不一，这是不足之处，也是集体合作中难免的。

负责各专题的同志，对该专题都有一定的研究，都已经写过或正在撰写文章和专书。但每一个专题也是很大的，短时间不可能研究到它的方方面面，为了阐述专题的需要，为了给读者一定的完整知识，每个人在写作过程中，都参考和借鉴了许多同志的研究成果，这是应该说明也应该可以得到谅解的。大家在研讨过程中都一致认为：既要借鉴他人的研究成果，又要阐发自己的思想；既要借用，又不简单抄袭；引用资料一定要查对和分析原文等。这是写书人起码应该做到的，我们特别注重这些。只有这样，才可以保证这本书的学术性和可读性，给读者提供一本有一定参考价值的可读的书。

作为本书的主编，我要略说几句。我和年轻同志一起想到要写这样一本介绍和研究传统文化的书，认为可以为弘扬传统文化做点贡献。自知个人力量有限，又欣赏年轻人思想敏锐、活跃，好学勤思，接受新东西快。故在自己写作一本不完善的《汉唐文化史》的同时，和大家一起讨论，依靠集体的力量，来完成这本属于文化史的《传统文化与中国社会》。总的设想是我提出的，经过大家讨论、充实，然后才分头去做。前后三四个年头了，每一篇从草拟提纲到写作完成，我都是参加了意见的（或多或少）；每一篇从初稿到定稿，最少的看了两遍，有的看了三四遍，甚至更多。提出这一点，是说明我对这本书的责任，如果有问题的话（缺点、错误、不足之处），我是不能辞其咎的。我等待着大家的批评。

1992.7

《圣环与阴影》序

当代中国，种种社会热点此伏彼起、层出不穷，真可谓是色彩斑斓。

作为社会热象的表征之一，近年来从各个不同侧面反映和思考当代中国社会热点的著述纷纷涌现。自然，由于许多热点当时正值演化之中，加上诸多因素的限制，正处于热潮中的人们还难以看清“庐山”真面目。因而，对它们的认识难免有肤浅和片面之嫌，绝大多数表现为一种感性的评介，真正从社会文化的角度对社会热点进行宏观的把握和理性的审视，这一工作过去尚无人系统地进行。

如今，绝大多数的热点已经由“热”变“冷”，有的已经失去其“轰轰烈烈”的社会形式，应该是对其进行总体反思的时候了。

社会热点，是一个社会直观的、表象的和生动的反映。如果我们对一系列热点问题做出有血有肉的深层剖析，探究其社会的、经济的、政治的、历史的、文化的、心理的种种根源，揭示出社会大变革时期国民心态变迁的流程和趋势，从而引导心理失衡的人们冷静地、公正地认识自己和所处时代，进而正确全面地看待并积极投身改革，这应该说是一件十分必要和非常有价值的事情。因为炽热情感和高度理性的有机统一，是一个民族真正走向成熟的需要和基本标志。

值得注意的是，许多青年朋友都是当代中国热点的积极酿造者和热潮的直接投身者。热潮起伏之间，既有他们满怀希望的冲动，也有他们充满失望的躁动；他们曾为之欣喜，也曾为之所苦。无论如何，他们对社会热潮有着自己的切身感受，饱尝了其中的酸甜苦辣。因此，对社会热点的思考首先应该是青年自己的思考。

热潮过后，一群青年学子冷静下来进行反思、总结，并著书立说，写给同时代的青年看，写给广大的读者看，其用意是美好的，影响也是不言而喻的。他们以精邃的思想、敏锐的眼光和一颗颗赤诚之心，着意于国家命运和前途的探讨，表现出对国家和民族的强烈历史使命感和高度社会责任心。我由衷地表示赞赏和敬佩。

本书自始至终充溢着青年学子们澎湃的热情，能使每一位读者都不能不受到感染。也许书中所论尚有不尽妥当之处，但我非常乐意与青年朋友们一起学习和思考。我想会有许多人与我一样，有这种感受。

1991 年 9 月于华中师范大学

《唐玄宗宋徽宗明太祖清世祖〈老子〉御批点评》前言

我们在撰写《中国老学史》的过程中，进一步体会到《老子》思想的博大精深及其对后世的深远影响。“中国老学”的内容丰富多彩，我们曾经指出，“中国老学”的重要特点是不同时期不同人士对《老子》的理解和诠释都有所不同。其中几位皇帝的御注《老子》，也是很令人注目的。虽然讲历史不能只讲帝王将相，但他们作为一个历史时期的最高统治者，对当时社会产生过不可忽视的重要影响，他们的思想既有时代的、阶级的烙印，也对时代思潮的发展变化产生过一定的影响。从这个角度，看一看他们如何从《老子》思想中汲取精神营养，看一看《老子》思想与当时的政治之间具有怎样的关系，都是很有意义的。这可帮助我们加深对于传统文化与古代社会的理解。

四朝皇帝御注《老子》有一共同点：都把《老子》看成治国之要典。唐玄宗在御疏《释题》中说：“其要在乎理身、理国。理国则绝矜尚弃华薄，以无为不言为教。……理身则少私寡欲，以虚心实腹为务。”明太祖御注《序》中则称：“斯经乃万物之至根，王者之上师，臣民之极宝。”清世祖作注，也是注重其“日用常行之理，治心治国之道”。宋徽宗也说：“天下，大器也，非道莫运。天下，神器也，非道莫守。”① 他们的主要目的都是理国或治国。所谓理身或者修身，从根本上讲，也是为国家的长治久安服务的。“人能清静无为，则忠孝油然而生，礼乐合同而化乎！”② 唐玄宗要别人“少私寡欲”，他自己则是多私多欲！宋徽宗不遗余力崇道敬神，其目的也是“以神道设教而天下服”③。

然而因为各位皇帝所处的时代不同，人生经历不同，文化修养不同，

① 《宠辱皆惊章》注。

② 《清世祖御注道德经·序》。

③ 《天下皆知章》注。

诸方面的因素使四位皇帝对《老子》的理解也有明显的不同。唐、宋两代都崇道尊老，道教、道家都有明显的官方性质。李唐王朝以老子为自己的“玄元圣祖”，靠此起家，也力图靠此治国，给老子以“太上玄元皇帝”的崇高称号，采取多种多样的尊崇措施。影响最大的措施之一，就是把学习《老子》等书纳入科举教育体系。唐玄宗开元二十一年，“制令士庶家藏《老子》一本，每年贡举人量减《尚书》《论语》两条策，加《老子》策”①。这比汉初窦太后之好《老子》的影响不知要大多少倍，立崇玄学，置玄学博士……多次颁诏下令。

宋代，随着道教的发展，特别是许多士人对道的学习和研究，其崇道奉神比唐代毫不逊色。宋徽宗时期是又一个高潮。这种时代背景下的玄宗注疏和徽宗御注，不过是一种示范性质的作品，但在当时都曾颁行天下，令世人学习，并且有刊之石、立经幢等措施。

至于内容的理解也是因人而异的。比如一个“道”字，唐玄宗注云“道者虚极之妙用”，疏曰“道者虚极妙本之强名”。宋徽宗说：“无始曰道，不可言，言而非也。……常道常名，自本自根，未有天地，自古以固存。……莫知其始，莫知其终。”把道看成无始无终、自本自根的固存者。清世祖避而不谈虚无，他理解“道可道”的“上道字，乃制行之道”。明太祖的解释，现实感更强，他说：“上至天子，下及臣庶，若有志于行道者，当行过常人所行之道，即非常道，道犹路也。”后两位皇帝的解释，当是采纳《河上公章句》的解释：“道可道，谓经术政教之道也。非常道，非自然长生之道也。”这反映出他们对解决现实问题的迫切感有程度的不同。

宋徽宗比较重视以道修身，他说：“道之真以治身，绪余以为国家，土苴以治天下。”②“所谓道之真以治身也……在我者皆其真也，在彼者特其末耳。”③“道之真”数句，本是《吕氏春秋·贵生篇》里的话，他引来表明他所理解的老子之道就是如此。宋徽宗沉迷于宗教迷信，他“以道交神”，“靡神不宗”④，虽然自封为“教主道君太上皇帝”，仍免不了成为金

① 《旧唐书·玄宗本纪》。
② 《宠辱若惊章》注。
③ 《善建章》注。
④ 《奉安玉册记》。

人的俘虏。正如《宋史·徽宗本纪》赞文所说，“溺信虚无”导致“徽宗失国”。这在某种意义上可说是他“绪余以为国家”的结果。

皇帝们的注疏，多少都有点与众不同的见解，有的还带有理论色彩。例如唐玄宗在解释“常无欲以观其妙”时说：“人生而静，天之性，……常守清静，解心释神，返照正性，则观乎妙本矣。”这样把人性与道统一起来，是有一定的理论意义的。但他却以此理论为基础，要人们安分守己，在解释“不贵难得之货”时说：“难得之货，谓性分所无，求不可得，故云难得。夫不安本分，希效所无，既失性分，宁非盗窃？欲使物任其性，事称其能，则难得之货不贵，性命之情不为盗矣。”解释“为无为则无不治矣”又说：“于为无为，人称其性，则淳化有孚矣。”

皇帝们作注解，有自己的看法乃至创见，但大多数还是凭借和依靠了前人注疏的，不过他们自己又自以为了不起。唐玄宗说：“撮其旨归，虽蜀严而犹病，摘其章句，自河公而或略，其余浸微，固不足数。”他的注疏完成之后，还发给大家讨论，那当然是一片赞扬之声，“咸以为玄言造微，字说该洽”①，足以自我陶醉了。后来清世祖又说：“自河上公而后……开元、洪武之注，虽各有发明，亦未彰全旨。”② 其实他当时还是一个娃娃，写序的时间为顺治十二年，他只有十九岁，十四岁亲政时还不熟悉汉文，看不懂汉人大臣的奏章。当然这个注必定要借助文人，所以书的题名也是“清世祖　成克巩撰”，这是枝节的话了。不过，皇帝们读点书，特别是在认真对待如何治理国家的问题上读点书，像汉初那样，用黄老清静无为以治，那是很好的。看来明初、清初皇帝读《老子》，也多少有点好处。

这里应该特别说一下明太祖读《老子》。明太祖是从社会的最底层打出来的开国皇帝，他的思想与其他三位明显不同。他在御注的《序》中说：“朕本寒微，遭胡运之天，更值群雄之并起，不得自安于乡里，遂从军而保命，……十有三年，而即帝位，奉天以代元，统育黔黎。”这种经历与现状，使明太祖不遑宁居，迫切需要一种治国安邦之道。他在《序》中说：“自即位以来，罔知前代哲王之道，宵昼遑遑，虑穹苍之切。鉴于

① 《册府元龟》第一册，中华书局1960年影印版，第592页。

② 《清世祖御注道德经·序》。

是，问道诸人，人皆我见，未达先贤。”看来此时明太祖还需依靠别人，还未找到令人满意的治国理论。为此他在理政之余发愤读书，在看到老子的《道德经》之后，经过三番五次的认真钻研，明太祖确信“斯经乃万物之至根，王者之上师，臣民之极宝”。所以他的御注比其他三位皇帝的注，更出自实际需要，也更有独立的见解。从整体上看，他的注基本摆脱了学者注老的陈词滥调，多能发前人所未发，大胆提出自己的见解。如上面所说的解释“道可道，非常道”。又如解释“有名”、“无名”：“且如吾为天下君，善政之机日存于心而未发，孰知何名？才施行，则有赏罚焉。不但君心有赏罚，贤人君子有志则皆能利济万物，所以无名天地之始，即君子仁心畜之于衷，发而济万物，则有名矣，岂不万物之母?”如此之类，可谓通篇皆是。虽然明太祖的注释文采不足，甚至多有不太通顺处，如《四库提要》所指责的那样，但这正说明是他亲手所为，未假文臣润色，也是难能可贵的。

据上所述，我们不必（也无法）论定谁的注解最正确。各有各的理由，重要的是我们要通过他们的注解了解其人其思想，更加深入地了解传统文化如何传承，从而从传统文化中，从它的传承发展规律中进行总结，以便再认识。我们把四朝皇帝御注的《老子》集中起来加以点评，就是想提供一点经过我们初步理解的资料。这种整理，也是我们深入研究中国老学的计划之一。

原打算由几个人一起完成这个评点工作的，但最后却落到了刘韶军同志一人身上，这样也有好处，能保持全书风格的统一。体例、原则是大家商量过的，点评不是一个新的方法，但却是想做一次新的运用，看看整理某些古籍，是不是一条可行之路。这一点还希望听到同行专家的意见。至于具体的评点，难免会有值得商榷之处，这是可以改进的。

1996 年 8 月

《漕运与中国社会》题辞

在中国古代，漕粮京师以保证王朝中央对全国实行统治，是政权存在的物质基础，漕运被视为“天庚正供”，所以“漕运之制，为中国大政”，历来倍受重视。历代史书都有关于漕运的记载，宋唐以来讨论和研究这种制度的著述不少。今人的研究，则在制度本身之外，注意到与政治、经济、军事等各方面的关系。本书在以往研究的基础上，把漕运“作为一项社会性极强的经济活动”来研究，全面深入地就漕运与社会的几个重要方面展开了论述，拓宽了漕运研究的领域，在深入具体的阐释中，提出了新的有见地的观点，读者自可从书中见到，不必多言。

本书是吴琦同志较长时间研究的成果。八十年代末，他就开始了经济史的学习和研究，且陆续发表了不少漕运研究的文章。后来，他又转攻中国古代社会史、文化史，学习十分勤奋。在学习和研究方法上，既能认真承继传统的史学研究方法，又能不断吸纳新的理论方法，因而本书的写作，能对“漕运”问题的研究有较大突破。

近几年，我与作者有较多的接触，看到他日益成长，十分欣慰，并且相信他能在学术园地上取得更多更大的成就。作为与本书及其作者最熟悉的人，我愿在此书出版之时写上几句。

1998 年 9 月 10 日

《史家论刘秀》序

东汉光武帝刘秀，既是“中兴之主”，又是“开国之君”，名在杰出帝王之列。

按照中国古代传统的看法，刘秀使得刘姓的汉王朝重新兴起，这就是所谓“中兴”。当时和后世的政治家们比之为周代的“宣王中兴”和西汉的“昭宣中兴”，认为刘秀是“中兴之主”；以后每当一个王朝衰败的时候，更容易回忆历史上的“中兴之主”。例如南宋的陈亮就说：“自古中兴之盛，无出于光武矣。奋寡而击众，举弱而覆强，起身徒步之中甫十余年，大业以济，算计见效，光乎周宣。”（《陈亮集》卷5《酌古论》）

刘秀的事业当然比周宣王光大，他实际是一位“开国之君”。晋人袁山松在他自己的《后汉书》中写道：“虽曰中兴，与夫始创业者庸有异乎！诚哉，马生之言固已！寥廓大度，同符高祖，又等太宗之仁，兼孝宣之明，一人之体，其殆于周，故能享有神器，据乎万乘之上矣。”这个评价是相当高的，说刘秀几乎集中了汉高祖、汉文帝、汉宣帝诸人的优点。

同时，这个评价也是有事实根据的。我们可以先看看所谓“马生之言”。马生即马援，这位战国名将的后代，在王莽新朝崩溃后“腾声三辅，遨游二帝”，最终选择刘秀时说：“天下反覆，盗名字者不可胜数。今见陛下，恢廓大度，同符高祖，乃知帝王自有真也。”这决非当面奉承，因为他认为：“当今之世，非独君择臣也，臣亦择君矣。”（《后汉书·马援传》）他当时完全有选择的余地。况且后来马援与隗嚣私下议论也说：“前到京师，上数十见（按《东观汉记》曰凡十四见），每侍对，夜至天明，援事主未常见也。才德惊人，勇略非人敌，开心见诚，好丑无所隐，图画天下事良备。量敌决胜，阔达多大略，与高帝等；经学博览，政事文辩，未睹其比也。”（袁宏《后汉纪》卷5，《东观汉记》《后汉书》所记文字略异）这表明马援对刘秀是心悦诚服的。

刘秀在青少年时代受过很好的教育，曾到长安太学游学多年，既读书，又“学世事”，为日后打好了各方面的基础。《东观汉记》记载说：他当时“高才好学，然亦喜游侠，斗鸡走马，俱知闾里奸邪，吏治得失”。因而马援说他“才德惊人”不是偶然的，他有长时期的锻炼和准备，所以能够“图画天下事良备”。

刘秀和汉高祖一样，是马上打出的天下。他长于用兵，“量敌决胜”，在著名的以少胜多的昆阳之战中，他临危不惧、出奇制胜的突出表现，使大家惊叹不已；而称帝之后，平定关中、关东，消灭隗嚣、公孙述割据势力等一系列军事活动，又都是他亲自部署和指挥的。同时，他能够知人善任，所谓“中兴二十八将”，大都是他从布衣、行伍、从吏中选拔出来的，一经任用，就“开心见诚”，这方面的事例很多。例如在平定关中期间，他及时地以冯异（“是我起兵时主簿也”，也即小吏出身）代替邓禹，冯异获得了成功，并且治理关中成绩很大，“威权至重，百姓归心”，冯异由此“不自安”，恰好有人告他“专治关中”，刘秀就把告发的奏章出示给冯异，又特意下诏说：“将军之于国家，义为君臣，恩犹父子，何嫌何疑，而有惧意?”（《后汉书·冯异传》）诸如此类，还有不念旧恶、赏罚分明等“恢廓大度”的表现，足以使人心悦诚服。这就是他的“同符高祖”。

作为一位卓越的政治家，刘秀“经学博览，政事文辩”，多有过人之处。在登上皇位之后，他能够审时度势，励精图治，为稳定统治秩序，恢复社会经济，改善人民生活，耗费了毕生的心血。有关这方面的表现，《后汉书·光武帝纪》概括地说：他“每旦视朝，日仄乃罢，数引公卿、郎、将，讲论经理，夜分乃寐……虽身济大业，兢兢如不及，故能明慎政体，总揽权纲，量时度力，举无过事。退功臣而进文吏，戢弓矢而散马牛，虽道未方古，斯亦止戈之武焉”。正因为如此，“故能恢复前烈，身致太平”（《资治通鉴》卷36）。

值得再多说一点的，是所谓“又等太宗之仁”。此太宗指汉文帝。刘秀和汉文帝相等同的“仁”，应该是指他以黄老思想作为治国的指导思想，采取“与民休息”的政治、经济政策。建武十七年，在一次“置酒作乐”之中，刘秀脱口而出：“吾理天下，亦欲以柔道行之。”（《后汉书·光武帝纪》）这“柔道”当即黄老的清静无为。刘秀一生可说是刻意模仿了汉文帝，他临终的遗诏说：“朕无益百姓，皆如孝文皇帝制度，务从约省。”大体上是符合事实的。他在位期间，多次释放奴婢、刑徒，省刑罚，薄赋敛，提倡节俭，整顿吏治，这一系列属于“柔道”的“与民休息”政策，都收到了明显的效果。近200年的东汉王朝是他开创的，并且由他奠定了较好的基础。

刘秀确实是一位杰出的帝王，在他身上体现了“勤于稼穑”，能为产业吃苦耐劳的精神；体现了临危不惧，处变不惊，“见小敌怯，见大敌勇”的大无畏气概；体现了宽仁厚道，“开心见诚”，总揽天下英雄的领袖风范；体现了关怀民生，求实务本，兢兢业业，励精图治的优良政治传统。所有这些，在今天仍具有一定的借鉴意义。

1994年11月，正值刘秀诞辰2000年之际，在刘秀家乡“龙飞白水”的湖北省枣阳市，举行了一次有纪念意义的学术研讨会。这次研讨会得到了国内外有很大影响的秦汉史学会的支持，有四位正副会长、两位顾问及部分理事、会员参加了这次会议。学术研讨的内容非常丰富，对此前关于刘秀的研究做了初步的总结，为日后进一步的研究开阔了思路。枣阳市十分重视这次研讨会，为了更好地弘扬民族文化，促进改革开放事业的发展，现决定将研讨会的论文结集出版。市领导嘱我作一序言，我作为一名参加者，并且“顾问”过研讨会有关事宜，也乐意写上几句。

1999年2月

《汉字结构系统与传统思维方式》序

一本书有序、跋，可以帮助读者更深刻地了解书的内容，甚至得到更多意外的启发。而序、跋本身的内容又可以多种多样，可以是全书思想内容的提炼或者延伸，也可以是写书的各种背景材料或者借题发挥，比较自由，也能更好地表达作者的思想感情，从中或可感知一些时事、世风、多味人生。写得好，能让读者获得一种享受。当然，其中难免会夹杂一些“不正之风”，发挥得变味了（不值多说），但不能因噎废食。

王作新同志（这里未用古雅的“君”，也不用时下流行的“先生”，请允许我保留这习惯了的亲切称呼吧!）有三年时间从我攻读博士学位，其学问、人品我是知道一些的。本书是在他的博士论文基础上修改而成，要我作序，我有不可推卸的责任，但写些什么？颇费一些心思。

汉字作为中国、中国文化的一个重要标志，不仅源远流长，而且文化内涵特别丰富，这是世界上绝无仅有的。汉字既是中国传统文化的重要载体，也是学习和研究中国传统文化不可缺少的工具。我长期从事中国古代史特别是思想文化史的研究，终日与汉字打交道，但对汉字的文化意义并未做过深入的研究。我之所以同意王作新同志选这么一个汉字与古代文化的研究题目，一方面因为它很有意义，值得深入研究；另一方面王作新原是学中文的，有一些古汉语的基础，在自己的学习和研究中对汉字又曾有过一些探讨，有兴趣也有基础，必将做出一定成绩。

论文写成之后，请国内文字学专家进行了评审，得到了肯定和赞许。中国社科院历史所李学勤先生认为：论文“设想新颖，提出不少前人未及的问题”，而且“尽可能引用国内外学者的有关论述，融合到自己的工作中去，从而提出一些新看法”。北京师范大学王宁先生、武汉大学夏渌先生等均对论文予以肯定。论文答辩委员会主席、北京大学裘锡圭先生说：在汉字与古代文化、民族文化心理研究方面，“在同类著作里，此文显然属于上乘”，“作者有相当扎实的语言文字学功底，即使从一般文字学角度看，文章对汉字结构问题所做的分析研究，也是颇有参考价值的”。

以上这些评价，一方面是老一辈学者对年轻人的鼓励，另一方面也是因论文有一定水平而得到的赞许。我想，论文的水平较高，主要是其博考详稽，不拘成说，而能成一家之言。其创造性表现在两个方面：首先，在文字学方面，对汉字系统的构形、表现方式及其思维认识特征和心理基础给予了有创见性的阐述，对汉字系统、汉字学中的突出现象以及某些类别中的汉字本源结构进行了深入考察，取得了不少新的认识。例如同源反义字的特征和渊源，形位旁解的类型及价值，会意字的组合类型（意向组合与语言组合），形声字字义构成（形符类属义与声符质态义的有机结合），以及对某些字（如乏、死、社、野）本形本义的考察等，均有言之成理的新见。其次，在文字——思维方式方面，由汉字静态描写到动态考察，结合文献典籍，彼此印证，交互启发，对民族思维认识方式的形成发展做出了比较可信的历史分析。例如：1. 推定概念推论性的抽象思维在甲骨文时代已逐步发展起来，但又部分与意象思维结合，而小篆时代，意象思维方式得到了继承和发展；2. 殷人的天人对立、天人分化已然存在，但原始的浑沌无辨性并未彻底消逝，同时“人本性”亦保留着较深厚的“自我中心”认识特征，到了周代，真正的“人本精神”进入新的高度；3. 偶对思维方式的成型，约在文明期前夕；4. 整体思维具有一定的系统性，当是到了周代；5. 圜道观萌芽于采集经济时期，文明期的农业种植对其真正形成起到了滋补强化作用；等等。这些都可算作一家之言。

王作新同志在原有论文的基础上，吸收专家们的批评意见，进一步修改成了本书。这是一本学术性的著作，武汉出版社的同志愿意出版，使它能与更多人见面，这有利于学术事业的发展，是可喜可赞的。

应王作新同志要求，写以上这些以表心意，愿王作新同志继续坐冷板凳，精进不已。

1999年元月于武汉华中师范大学

《政治与思想视角的中国文化研究》序

传统与现实这个大问题，应该为所有有志之士所重视。但现实情况是，研究传统文化的人对现实了解、关注不够，而现实生活中的忙碌者又缺乏对传统与现实关系的文化思考。“不够”、“缺乏”当然不是没有，青年学者李银安同志的这部著作，就是回答问题之作。

李银安同志从一个党校教师的视角，研究、体悟中国思想文化的若干重大问题，是有其特点的。党校可以说是思想战线的前沿哨所，银安同志在此从事教学，在政治思想方面自有独特的敏感和体悟，所写东西就多少会给人一些启发。我大致翻阅一些篇章，就有以上感觉。难能可贵的是他的执着精神，从青年学生到不惑之年，孜孜不倦，坚持读和写。传统文化博大精深，认真体悟、领会，是一件很艰辛的事，我翻看部分有关传统思想文化的论述，大体上是正确的，并且有些自己的看法。当然，如他自己所说，“有很多是尽力吸收他人已公开发表的具有较高档次的成果”。但是，甄别、选择、吸取、重新理述也很不容易，它能反映一个人的才、学、识。银安同志所做的结果，是可以令人满意的。然而，他自己还认为，这只是一个“开题报告”，决心继续做下去。好！有志者事竟成！

银安同志毕业于华中师范大学，今著书立说，回母校寻求支持，我们是义不容辞的。我在传统思想文化方面学习研究得多一点，他向我请教；他对现实的了解和关注比我要强，我也应向他学习。

2000.12.6

《清代考据学研究》序

华中师范大学历史文献学1994级的4名博士生中，康松是最年轻的一位，是年刚好是他的而立之年。他年纪虽轻，却好学求进，通过三年的学习进步很快。虽是往事，却是他今天成长、发展的基础。本书是在他博士论文的基础上修改而成的。论文答辩时，得到了朱祖延、李学勤、裘锡圭、冯天瑜、朱雷、冻国栋、何晓明等老、中、青多位学者的帮助，为其进一步修改提出了极为宝贵的参考意见，这是本书学术价值的主要保证。

学者们一致认为，清代考据学在中国学术史上占有十分重要的地位，虽然不断有人加以研究，但资料翔实、论证深入的作品并不多见。康松对清代考据学的界说、起源、社会历史动因、学术宗旨、治学精神、研究方法、学术规范、前人评论考据学的偏颇、考据学的贡献及其对后世的影响等做了全面、系统的探讨，论说较为周密。比较广泛地征引文献资料，遵守了考据学"无征不信"、"孤证不立"的学术规范，注意吸收前人的研究成果，但不囿于成说，而是能提出自己的看法，并且时出新意，有不少值得肯定的新见解。

本书的系统性，翻看章节目录，即可一目了然，各部分的新内容，则需读者去阅读、品味。例如从中国学术史的整个背景出发，指出明代中后期已有考据学的萌芽，虽非创见，但对前人成果做了系统、深入的分析，从而驳正了梁启超以清初为考据学启蒙期的论断，就很有说服力。又如论证文字狱与清代考据学兴盛没有因果关系，以大量的材料为依据层层递进，立论信而有据。其他每一章有每一章的中心，每一章的问题都重新进行过一番清理，都有具体明确的结论。这些既可供研究者进一步深入研究作参考，也可帮助初学者获得对考据学全面、系统和具体的了解。

我认为此书是一部有学术价值的著作，在它出版之际略写以上内容以为序。

2001年8月

《中国古代史论集》前言

出版中国古代史论文集，我们不是第一家，暨南大学、陕西师范大学、河南大学等都先后出版过这样的论文集。这样做有一个明显的好处，可以使学术界更好地了解这些中国古代史研究群体。这些群体本不及北京大学、南开大学等校那样根底深厚，为人熟知，但也都是渊源有自，近半个世纪以来，做出过较大的贡献。

今天的华中师范大学，20 世纪 50 年代名为华中师范学院，由华中大学和中原大学的教育学院合并而成，先后还有中华大学、湖北教育学院一起合并。院系调整时，又有广西大学、平原师范学院等校的部分系科（包括历史系）的合并，著名学者、历史学家杨东莼就在那时担任院长。历史系也是如此，以华中大学历史系为基础，又有中原大学历史教研室、广西大学历史系等并入。原华中大学历史系也曾有不少学者在这里工作过，如健在的南开大学王玉哲教授就是其中之一。华中师范学院历史系成立时，著名学者钱基博先生捐赠他的私藏文物，成立了一个文物陈列室，并先后购置了一批文物。钱老终老于华中师范大学历史系，1956 年历史系中国古代史教研室好几位青年教师曾聆听其讲授《通鉴辑览》。著名学者张舜徽先生从 1951 年起就一直在历史系工作，直至其去世，有 40 年之久，在 1981 年成立历史文献研究所之前，是在中国古代史教研室工作的。

华中师范大学历史系近 50 年来为社会培养了多少人才，没有具体统计，每年数十人到上百人不等，还有大量的业余教育。中国古代史教研室为这些人才培养设置了“中国古代史”、“中国历史文选”这两门基础课以及多种选修课，包括“中国史学史”、“史学理论”、“中国历史地理”等课程，都是这个教研室的老师担任的。1956 年我们就参加了教育部颁行的“中国古代史”教学大纲的讨论，1981 年又主持了大纲修订工作，直至最近再次进行了大纲修订的研究项目（均属教育部）。为适应教学工作的需要，我们也曾多次（1959 年、1974 年、1991 年）编写《中国古代史》教材，又被邀请并派人多次参加近年来流行较广的十院校的《中国古代史》教材审定、讨论工作。

为了展示这个群体的科研情况及其特色，这里选编一部分健在者的学术论文。已故著名学者钱基博、杨东莼、张舜徽的著作均有专辑出版，为学术界所熟知，这里就不再收录。健在的几位年纪大的学者，虽有的已经退休，但仍然笔耕不辍，有的还继续为学术界、出版界主持和参与某些研究工作，例如宋史专家王瑞明教授、明清史专家吴量恺教授都是如此。从本论文集的情况看，华中师范大学中国古代史的主要研究方向在秦汉、两宋、明清等几个断代，从1982年以来，这几个方向（包括汉唐思想文化）培养硕士研究生已20年，除了中国历史文献这部分已分出较久之外，史学史与史学理论也是在这个教研室发展起来的。

本论文集中所收的各篇论文，虽不一定是代表作，但却能反映各人教学研究的方向和范围。秦汉史范围主要有邹贤俊、丁毅华、赵国华和我。邹贤俊同志曾兼做“中国史学史”的教学和研究；丁毅华同志曾开设“史学与文学”的选修课，故有关于汉赋方面的论文；赵国华同志近年来较多地从事中国兵学史的研究，所选文章是与其研究内容有关系的；我近几年侧重于思想文化的研究，在撰写思想文化的时代背景时，思考过各个历史时期的时代特点，所以选了关于秦汉、魏晋南北朝两个时期的历史特点论述。杨有礼同志主要从事先秦史的教学活动，但参加了秦汉史研究项目的工作，所选的两篇论文，都是他承担研究任务所获得的成果。马良怀同志近些年培养汉唐文化史研究生，主要从事魏晋思想文化研究，但向上涉及先秦、两汉，兼及政治、经济，所选论文也是这种教学研究工作的实况反映。邓鸿光、尤学工同志主要从事史学理论的教学和研究。史学理论与史学史关系密切，早在20世纪80年代，邹贤俊同志就主持出版过《中国古代史学史纲》、《中国古代史学理论要录》等著作，主要有本教研室刘筱红、张翼之、郑敬高（已调离）等同志参加。邓、尤两位继续着这种研究工作，选用的论文可以证明。王瑞明教授是本教研室宋史方向的开创人，师承著名宋史专家邓广铭先生，从20世纪50年代以来，长期从事宋史的研究工作，曾对一百家宋人文集一一阅读研究。其中《梁溪全集》列入高校古籍整理计划，已完成并将由岳麓书社出版，已出版了《宋代政治史》、《宋儒风采》等专著。罗家祥、张全明同志都从王先生攻读过硕士学位，今仍主要从事宋史方面的研究，均有丰硕成果。本教研室另一个重要的方向是明清史，从1983年开始培养研究生，这个方向的开创人吴量恺教授，长期从事明清史特别是明清经济史的研究，其研究成果为明清史同行所瞩目，所培养的研究生成长很快。吴琦同志正继续其教学和研究方向，在清代经济研究方面取得了不少成果，其漕运研究颇有深度。刘筱红同志从事史学史等课程的教学，对学术思想进行过研究，博士论文为《张舜徽清代学术研究》（即将出版），是一项开创性的研究。

考虑到不花太大的篇幅，在本论文集中，已离退休的诸位先生只各收一篇，在职的各收两篇，这样也是本教研室现实教学与科研状况一个较为集中的反映。另外，还选收在读研究生刘玲娣的一篇学年论文，以见我们研究生培养工作之一斑。出版这本论文集，可以为我们继续前进提供借鉴，也是向同行做一自我介绍。

二〇〇一年十月

《张舜徽与清代学术史研究》序言

这本书是刘筱红同志的博士论文，现经修改正式出版，要我作序，我也很想借此机会写几句话。

我们的老师张舜徽先生，是20世纪后半期当之无愧的国学大师，这一点有学者明确提出过。例如著名的学者蔡尚思先生1994年2月18日在香港《大公报》发表《通人张舜徽先生》，说“张先生是无愧为有学问的通人”，称得上“国学大师”，并且认为20世纪后半期“似乎只有柳诒征、钱穆和张先生等少数人才够得上‘国学大师’的称号”。港台著名学者曹聚仁先生在《中国学术思想史随笔》第九部分谈“扬学”时，甚至说“张舜徽先生的经史研究，也在钱宾四之上”。曹先生和张先生似乎没有私人关系，他恐怕是就事论事。蔡先生与张先生是有一定交往的，他的以上看法不止一次表述过。我们武汉地区的萧箑父先生，在和我谈论出版“国学大师丛书”时说，应该为张先生写评传。我想这是给我这个张先生的学生出了题，长时间成为我的一桩心事。聪明多才、好学深思的老朋友——陕西师范大学赵吉惠先生，我们一见面就谈起张先生，他甚至忿忿不平，并且奔走呼吁，向有关出版社建议增列张舜徽的评传。在他的新著《国学沉思》中专写了一篇《国学大师张舜徽》。他对张先生的景仰、爱戴之情，使我自叹不如。该怎么办？我仍在张先生所开创的华中师范大学历史文化学院文献所，知道我们这里有张门弟子也在研究张先生的学术，只是慢了一点，用时髦话说，力度不够。

筱红是张先生门下最早的硕士之一，亲聆过张先生的教导。张先生仙逝之后，又随我攻读博士学位。在论文选题时，想做张先生关于清代学术研究的论文，我十分高兴，多少了了一些心愿。筱红被1977届的同学称为才女，又是很重感情的人，完全能胜任。事实上，她做的初步结果也是比较好的，被评为湖北省的优秀博士论文。

张舜徽先生的学问是严格走的“国学”的路子，以小学、经学为基石，进而博治子、史，一生著述丰富，出版经、史、子、集各方面的著作五十多种，约八百余万字。张先生的学术成就是多方面的，在经、史、子、集各方面都能成“一家之言”，有的成果还开一代风气之先。例如《中国文献学》就是如此，该书的确可以说是“开拓了现代的广义历史文献学的新路径”，“奠定了现代历史文献学的理论框架”。历史学科中一个二级学科——历史文献学是他首先倡导而立，因而创立了第一个历史文献学博士点。与此同时，他创办了一个影响很大的“中国历史文献学会”。然而，张先生学术的重点是在清代，这一点早在20世纪60年代他就曾对我们说过。我们看他的著作也正是如此，数量很大、影响很大的，是许多关于清代学术的具体论述之作，如《清人文集别录》、《清人笔记条辨》以及几部清人的《学记》等。另有一些著作，则是走清人学术的路子，在清代学术成就的基础上进一步发展。

筱红的这本书，首先抓住了张先生的学术重点，意义是重大的，可以让世人对张先生有更好的认识，也可以为国学的新发展提供重要的参考，并告诉我们，张先生在清人的基础上做了些什么，我们可以如何前进。

例如《说文解字约注》就是在清人研究基础上的进一步发展。清人对于《说文解字》（后简称《说文》）的研究有许多重要成果，如桂馥的《说文解字义证》、段玉裁的《说文解字注》、王筠的《说文句读》、朱骏声的《说文通训定声》等，张先生采取博观约取的原则撰写《约注》。此书是张先生长期研读《说文》的结果，而最后整理是在最艰苦的条件下进行的。在“史无前例”的“文化大革命”中，60年代末，张先生一家住在原洗澡房改造的旧房子里，我每次去，他都是拿着他的笔记（先生读《说文》的眉批、夹注，密密麻麻四周皆满）和他整理的手稿，以例向我讲解，如何采择，立意如何。我也曾莽撞地说，那这就是《说文解字张氏注》，先生笑而不答。看来我说的话，不但莽撞，而且浅薄，否则张氏注、段氏注有何特点！先生在1971年的“自序”中写道：“约一名而含三义：自宋以来疏释许书之作，无虑数十百家，约取其义精者而论定之，一也；汰陈言之琐碎，祛考证之冗繁，辞尚体要，语归简约，二也；文字孳乳相生，悉原于声，苟能达其语柢，则形虽万殊，而义归一本，今阐明字义，约之以双声之理，三也。”经过全面、系统的注释整理，成为一个总结性的成果，是可以嘉惠学林的。我们如果仔细阅读，比较、研究，即可见先生才、学、识之为人师表。

再如《清人文集别录》和《清人笔记条辨》，那是张先生阅读众多清人文集而写出的。仅以二十世纪五六十年代为例，他是湖北省图书馆跑得最多、借书最多的读者之一，到二十世纪七八十年代湖北省图书馆的一些老人还清楚地记得张先生当年的情况。张先生不仅看过一千多家的文集，而且读后必做笔记，包括考订作者行事，记录书中要旨，并考定得失等。这样提要性的叙录，对于后学是极有帮助的。顾颉刚先生曾说："先生别白是非，指明优劣。上仿向、歆之业，下则藐视纪昀之书，其发生影响之大，固不待言也。"这样有价值、有影响的著作，反映的是张先生的功力，一部部大小不同的文集，读后要能抓住要领，而且理得出头绪来，非一般人所能做得到。

关于张先生的清学研究我就不再多说，这里想就筱红同志的著作再说上几句。我以为，本书有三个方面的价值：其一是首次对张先生的清学史研究进行了系统探讨，条分缕析地梳理出张先生清学史研究的内在理路、主要贡献以及清学史研究在张先生学术研究中的地位。其二是通过张先生的清学史研究，探讨了张先生的学术渊源、学术思想、研究方法与文化观念。其三是通过探讨张先生的清学史研究，对清学史的诸多关键性问题提出了有价值的见解。如：通过论述张先生评价清学流变的双重标准，较为深入地触及学术经世与学术求真的内在价值冲突以及近代以来学者在这一问题上的思想困惑，并对各自的价值意义做出了较为透彻的评说。通过论述张先生的汉、宋学研究，较为有力地揭示了汉、宋学之间的分歧不在工具层面的考证与义理的分歧，而在思想领域里价值理性的分歧。通过张先生对朴学源流的考辨以及通过比较梁启超、钱穆、张舜徽等先生在这一问题上的不同观点，触及近代以来学术意趣的不同走向。通过论述张先生"述论扬学"的学术贡献，对扬州学派进行了较为系统的研究，揭示出其学术价值、学术特点以及学术地位所在。通过对张先生学术思想的探讨，凸显了学术独立、学术包容等学术精神与学术理念的价值。

当然，本书也有不足之处。例如，张先生论扬州学派，从康熙年间的王懋竑一直讲到清末的刘师培，从一个侧面展现了中国学术由传统向近代的转换。在《清代扬州学记》中以专章论刘师培，当是张先生论扬州学派乃至清代学术的一个颇有特点的地方，可惜作者没有提到。张先生的学术纵贯古今，横跨经、史、子、集四部，有待更多的学者去进行更深入的研究发掘，也希望筱红同志将这一课题研究继续下去，为国学的发展不断做出贡献。

2001 年春

《宋元老学研究》序

刘固盛同志的《宋元老学研究》，被收入“儒道释博士论文丛书”，即将由巴蜀书社出版，我感到十分高兴。一方面是受托作序，另一方面也是我想要写几句话。对自己指导的论文，对自己的学生，似不应有过多赞美之言，但我很想借此机会向读者介绍一下这位作者。

1997年5月，刘固盛来我校报考，考完笔试接着面试，七八位主考先生，七嘴八舌地盘问，他对答如流，大家都很满意，主考人中有一位人文地理教授——已故的王会昌先生当时对我说：“他不是一条书龙，也是一条书虫。”从以后三年的学习情况看，王教授真是慧眼识人。刘固盛同志平时爱好文史，涉猎颇广，1994年到西南师范大学师从刘重来先生攻读硕士学位，在中国思想文化的学习和研究方面打下了一定基础。1997年来到华中师范大学攻读博士学位，融入我们的科研工作从事老学史方面的研究，他很快就进入了角色，非常勤奋刻苦，也理所当然地获得了学习上的各种奖励。重要的是他有较高的悟性，不管论文写作，还是古籍整理，只要稍加点拨，即可做出令人满意的结果。学习期间，他参加了《道藏》的整理工作，我们分担的《道德经》部分三大册，他校点了一册多。开始试做时，编委会同志检查了他的样稿后说：“这样做我们就可以放心了。”在以后的工作中，除了他没把握的问题与我及时商量外，百余万字的点校全是他独立完成的，很少出错。正是在这样扎实的资料基础上，他发表了一些相关论文，并出色地完成了博士论文的写作。是金子就会闪光，记得武汉大学郭齐勇教授在审读其论文之后，当即约他抽出一部分编入其所主编的《本体与诠释》一书中，论文答辩委员会也对该文给予了一致的好评，认为“是一篇优秀的博士论文”。

以上这样介绍，我相信至少有一部分人不会嫌我啰嗦，因为，至少有一点可取，即能增加对他这本书的信任程度。

本书的特点与我们的学科方向有关，我们是历史学的文献学和思想文化方向，几年前开始了老学史的研究，在出版《中国老学史》时曾说明，要继续开展断代、专题等方面的深入研究。刘固盛同志的论文就是在这样的背景下进行的，这属于学术史、历史学的范围，所以，他在撰写时采用了历史与哲学相结合的方法。

本书是在对历史文献深入研究的基础上，从哲学、解释学的理路阐扬老学在宋元时期的创新。论史结合，对宋元老学进行了较全面深入的研究，既考察了宋元时期老学本身的发展演变，也探讨了宋元老学与儒、道、释三教之间的关系，如对王安石、杜道坚等对老子政治学说的诠释，对苏辙、李道纯等以佛禅解老的特点，对白玉蟾等以道教内丹学说解老的内容，都作了比较细致的分析论证，得出了“儒、道、释三教思想在老学中融摄与统一”的结论。这些，对于深入认识宋元时期三教合一的思想文化特征以及老学在中国传统文化中的历史地位，都具有一定的启发意义。

本书总结出宋元老学发展的基本特点，是符合历史实际的。过去一般认为，唐代重玄学之后，老学已与道教合流。刘固盛提出了自己不同的看法，首先论定宋元老学对道教神学发生了偏离，同时揭示以儒解老及佛老会通的新发展，阐明老子哲学思想解释的新突破，以充分显示宋元老学的新风貌。

本书揭示了老子哲学思想解释的三次突破，即由魏晋王弼以玄解老，建立起本体论的哲学新体系，发展到唐代成玄英、李荣等以重玄解老，再到宋元时期的以心性理论解老。本书进而提出，老学作为一种思想资源，对二程理学的建构发挥了重要作用，如陈景元的老学理论，王安石学派，司马光、苏辙等老学思想中的道德性命说，都与二程理学的形成有着直接具体的联系。本书还从老学的角度，揭示出宋元道教哲学的开发与演变、道教内丹心性论的不断完善，显示了道教理论的时代特色。这样的论述，观点新颖而又言之有据。

以上所做这些提示，也是作者主要的见解，读者自会从书本内容的本身去品评，实不应再多说了，就此打住。

2001 年 5 月 9 日

《唐代老学：重玄思辨中的理身理国之道》序

恩林同志的三个学位都是在华中师范大学取得的，但是这期间他曾在其他两所大学工作过几年，参加过各种形式的学术活动，可说是见多识广。对于学术研究，他经常爱说的两句话是：要竭泽而渔，要全面准确。因而他常能发现一些断章取义式的浮躁问题，以作为鉴戒。虽然“竭泽而渔”并不是很容易做到的，“全面准确”也会有种种不同的理解，但作为一种学术研究要求提出，应该说完全正确。恩林同志的博士论文写作是向这方面努力了的，他先对唐代老学做了个案研究，一本本书地读，一个个人地研究，然后加以融会贯通、综合论述。一方面参照他人研究成果，以免盲目重复；一方面作出自己的判断，以研究出新意。因而这篇论文是可以信赖的。

恩林同志攻读博士学位期间，适逢我们正在开展中国老学的研究，《中国老学史》已经出版，《二十世纪中国老学》正在撰写（现已由福建人民出版社出版），前一届年龄比他小的师兄已确定了《宋元老学》的论文题目，他则决心对已有不少研究成果的唐代老学再做深入的探讨，可谓是迎难而上，这也势必使他要努力“竭泽而渔”和“全面准确”。至于其结果是否令人满意，也许见仁见智，不过有一点，我个人是很满意的。这篇论文的出版，已经成为我们整个老学研究的一个组成部分，等到将来明清老学研究、日本老学研究等课题完成之后，这个老学系列研究也许会有一定的学术价值。

关于论文本身，在评审和答辩过程中，同行专家对这种以个案研究为基础、然后综合分析唐代老学整体趋向的思路给予了一致肯定，中国社会科学院方克立研究员认为，这篇论文“得出的结论都有坚实的资料根据，常能纠正前人的一些误解和似是而非的意见。表现出严谨的治学态度和求实学风”，“如能像本文作者这样对历代重要老学典籍都进行深入的个案研究，然后加以客观的归纳和总结，我们对中国固有的哲学思想的认识才可能深化和具体化”。四川大学魏启鹏教授认为这篇论文揭示了“道家、道教、儒家、佛教在唐代老学发展过程中相互融摄、互见互动的轨迹。表现出较深厚的理论基础和思辨能力”。武汉大学萧汉明教授认为这篇论文“分梳细密，论理充足”，“得出了不少创新之见，澄清了唐代老学研究中出现的许多似是而非的说法”。诸多奖掖之辞，一方面是鼓励，另一方面也是论文主旨成就的反映。答辩过程中也提出过一些问题，作者有些是改了，有些改得也不尽如人意，值得今后注意。

读者如果比较满意，那是作者辛勤劳作的结果，如果有学术上的重大问题，导师不能辞其咎。

以上也算是一番“实话实说”，是为序。

2002.3.18

《两汉艺术精神嬗变论》序

写这个题目，除了要较广泛、深入地掌握资料之外，还需要有一点悟性和灵气，徐华似乎比较合适。在论文答辩时，我给她一个“聪明多才”的口头评语，并略有说明，大意是：她比较年轻，答辩时才二十八岁，与此前的大多数博士生相比要年轻得多。她原来是学中文的，硕士期间师从哈尔滨师范大学颇有才气的傅道彬教授，认真学习过先秦诸子，攻读博士时选定了“汉魏艺术精神嬗变”这么一个题目，广泛阅读了文、史、哲多方面的参考书，同时深入钻研了一些资料，例如汉画像石的资料，她就掌握得相当充分。短短两三年，还有少量的工作和很费时间的特殊生活条件（结婚和生出一个健康活泼的儿子），她却顺利地完成了论文的写作。最后一个多月，她能够在一周左右拿出一个有较大变化的修改稿，这样反复了两三次，其修改速度和质量令我十分高兴。徐华能够灵活运用不同的表述方法证明自己的观点，不知道可否称之为“厚积多发”，由于前期的积累较厚实，才会表现出其修改能力。她的学问积累，较明显的一点是文、史、哲多学科的综合。正如四川魏启鹏教授所写《评阅书》中的一段所说：

> 作者颇为娴熟地运用了横断切入、纵向比较和文史互证的研究方法，出入经史，横跨文学、书法、音乐、绘画、雕塑。复以传世文献与考古文物互证、分析综合，进行了哲学思考，找出了这一演变过程的历史环境因素与内在动因。完成了比较系统的、实事求是的勾勒描述。视野广阔、史料丰富、思辨深入、逻辑性强。在某些非史学专业的艺术分析段落中，作者也把握得很好，如“把握生命瞬间”一节。实为不易，是下了苦功的。故能把握本课题的多种方法和途径。

魏教授是位治学严谨的学者，给徐华的论文评价，是对她才、学、识的肯定。当然，我也曾明确指出，这些肯定，是一种鼓励和希望，希望徐华能在今后的治学中再一步步地向上攀登。

有文、史、哲几方面的学者参加了评阅和答辩，一致认为徐华这篇论文“堪称填补空白、开拓新野”之作。该论文有一定的学术价值，涉及文化史、艺术史、思想史、社会史诸领域，无论哪一方面，以往注目先秦及魏晋者多，对两汉，特别是西汉末到东汉末这一段艺术精神的演变、焕发过程往往有所忽略，“填补空白”即指此而言。具体论述中，又多少有一些创新性的研究。

原论文题目为《汉魏之际艺术精神的嬗变》，经过修改，改为《两汉艺术精神嬗变论》，似更为恰当。其内容着重讲的是从西汉到东汉的发展变化，汉魏的变化大多是在东汉开始并且明显起来的。

诸位师长在肯定徐华论文的同时，也指出了其中的一些错误和不足之处。徐华是做了修改的。当然也还会有不足甚至错误之处，希望大家批评指正，她会在每一个指出的问题中得到新的启发，她有这个悟性。

作为书本正式出版，流传更广。除了学术的价值和意义之外，该书文采尚佳，可读性也较强，我斗胆向读者推荐。

信手写来，真情实感，乐为之序。

2002 年 9 月于武昌

《〈文子〉探索》审读报告

中国传统学术最重要的特点之一，就是其综合性。作为传统学术的载体——古籍图书，无论是“群经诸子”或者“经、史、子、集”，任何一类书都不同程度地表现出综合性的特点，《文子》也不例外。这样的古籍，现代人文社会科学的学者，以分析的眼光，会从多方面研究，研究其哲学、社会政治思想、法治思想、人性论……研究古籍的方法，最根本、最基础的是传统的考据法，包括有所发展的二重证据法。近现代西方学术传来，分科的发展，又有哲学的、历史的、人类学的、心理的……诸多新方法。《〈文子〉探索》的作者王三峡同志，学中文出身，在长期教学科研的锻炼中，又具备了较高的哲学、历史等方面的修养。她从事《文子》的研究，前后有近二十年，中间虽有间断，但观点、方法的思考是没有间断的，近几年又在广泛参考今人讨论、研究的基础上，反复深入对《文子》文本（传世本和出土竹简本）进行钻研，著成此书。

此书有非常突出的特点和优点。

首先，认真地全面地对文本进行了研究，发现了古“传本”《文子》的存在，并对今本（流传至今的传世本）、竹简本以及古“传本”的关系作了颇有说服力的研究，自成一家之言。

其次，“《文子》韵谱”的研究，有极重要的学术价值。古书是古人留下之书，保留着当时通行的语言文字，不认识、不懂得，就无法读古书，更何谈研究！传统的考据学，特重文字、音韵、训诂，原因就在于此。清代人是很重视这些学问的，二十世纪前半叶也还有学者研究，并培养出一些学生。然而，今天，音韵之学几乎快成为“绝学”，学文、史的人不感兴趣，不愿意也不敢去做这一门学问。王三峡同志没有忘记其先师周大璞先生的教诲，在《文子》研究中具体运用了音韵学的理论和方法，真是难能可贵！这一研究，对于《文子》文本的讨论、《文子》思想的研究，无疑具有极为重要的参考价值，在某些问题上，甚至可以起“定音”的作用。

再次，此书反映出作者眼光敏锐，思考精细，有较深厚的学术功底。能见他人之所未见，发他人之所未发。从细微的“释文标点商榷”，能引发出“传本”存在的思考，这是学术功力的表现；认真细致排比出《文子》的韵谱，这是刻苦扎实的表现。当今年轻学人恐怕很难有几个人做这样的工作了。这样做是值得肯定和表彰的，应引起学界之注意。

作者谦虚谨慎，对没有把握和不足之处，也颇有自知之明，能客观地陈述出来。实际上还给自己今后提出了任务和要求。

这是一部有较高学术价值的著作，不论在何出版社出版，真正严肃认真的学人，是决不会忽视它的。

但愿作者积极参加到当今研究行列，和有关研究者一起，把这个研究继续深入下去。

2002.10 国庆期间

《道教文化十二讲》序

华中师范大学道家道教研究中心（中心名誉主任黄胜得，主任熊铁基）为了加强与道教界的联系，并与道教界的朋友共同弘扬道教的优良传统，2003 年 4 月与湖北省道教协会在华中师范大学联合开办了“道教文化研习班”，有湖北省各宫观的道长 30 余人参加。因为研习班的道长们多为宫观的住持，对于科仪、法术等道教常识均相当熟悉，所以没有安排这些方面的讲习内容（但是发送了一些有关书籍）。结合本中心的情况，研习班主要从道教文化理论方面进行讲授。10 多天的时间，讲了近 20 个专题，主讲人员除中国道教协会张继禹会长以外，主要是华中师范大学道家道教研究中心、本校其他单位和武汉大学的教授。讲授专题本不限于这 12 讲，还有如章开沅教授讲世界宗教、何建明教授讲佛教、周国林教授讲儒学等，因与“道教文化”这个主题不一致，所以没有收入。张继禹会长在百忙中赶来武汉，参加开班典礼，并做了首场报告（现根据录音整理出来一个纲要作为本集的“绪论”，因为张会长的讲话，具有与诸位道友沟通、交流的性质，比较全面地谈到了当前道教发展的几个根本性问题）。

本集的内容，从目录中较清楚地反映出来，它主要是就道教文化的有关问题做了较深入的研讨，希望能够收到举一反三的效果，对学习者有一定的启发作用。主讲人都是对所讲问题有较长时间的学习和研究的专家：武汉大学唐明邦教授，是湖北地区道教研究的元老（湖北省道教学术研究会会长），长期思考和研究道教文化的一些问题；武汉大学萧汉明教授对《周易参同契》有精深研究；华中师范大学中文系刘守华教授是 20 世纪 80 年代以来最早研究道教与民间文学的学者之一，陈建宪教授是刘教授的合作者，他们也都是本中心的合作者。其他主讲人为本中心的研究人员和兼职研究员，大多从事道教文化有关专题的研究，兼职研究员杨立志、胡军等教授都较长时间、多次参加过道教界的活动，也都有自己相关的研究成果。本人讲老子和老学问题，因为发了《中国老学史》、《二十世纪中国老学》两书给学员，未再写讲稿。为配合刘固盛教授关于神仙信仰的讲义，本人将自己的一篇小文《人皆可以为神仙》附上，这也是一个成文的讲话稿，2003 年 11 月在福建泉州举办的“道教思想与中国社会发展进步研讨会”上发过言，也在武汉长春观“道教音乐高功学习班”上讲演过，颇受道友们欢迎，大家认为所讲内容是一个值得深思的问题。

本讲义正式出版，一是可供今后举办类似的研习班选用，二是为广大道教文化爱好者提供一个参考读物，或者可以说雅俗共赏。在这里，我们要衷心感谢安徽教育出版社的大力支持。

2003 年 12 月

《二十世纪中国庄学》前言

此书是华中师范大学道家道教研究中心老庄学研究系列之一。本中心在老学史研究系列初步形成并继续深入进行的同时，又以《中国庄学史》为开端，开展庄学史的系列研究。因为《中国庄学史》和《中国老学史》一样，也已写到清代，所以在写庄学史时就已考虑到20世纪庄学史的问题。华中师范大学历史系李宝红同志从事中国近代思想文化史的教学与研究工作，勤奋好学，治学严谨，欣然接受了这项撰写任务，并在其夫君、中南财经政法大学人文学院康庆同志的全力支持和帮助下，历时两年完成了这项工作。

《二十世纪中国庄学》的撰写，有点有利的条件，也有相当大的困难。有利的是《二十世纪中国老学》可资借鉴，同时《中国庄学史》已附了一个近200种的20世纪《庄子》研究简目，加上李宝红同志又从事过20世纪初学术文化的研究工作，康庆同志亦致力于20世纪中国哲学研究。困难的是，资料寻找耗时费力，某些内容的解读也不易；同时，《庄子》研究所涉问题颇多，这既需要大量的时间，也需要一定的鉴别、分析、综合能力。

《二十世纪中国老学》主要按时间分述，有些问题难免互相交叉，特别是前半个世纪。而《二十世纪中国庄学》则主要按“研究范式的转换”设置章节。所谓研究范式，主要是指在一定历史时期内研究群体总体呈现出的思维框架、方式、看法和研究目的等。从“研究范式的转换”入手，能够凸显问题意识，较为清晰地展现学术史自身的发展脉络，这样使庄学研究中的问题更清楚些。但是，在时间上又有些交叉。“庄子其人其书及相关问题”相当突出，所以首列专章，与《二十世纪中国老学》的处理方法不同。这些不同的是非，怕也是难以定论的。但大的旨趣都是可以明白的，无非是不同时代人们对《庄子》有不同的认识和解释。不过，与《中国庄学史》不同的是，再没有专门的章节叙述时代背景，这是因为近代与古代不同。古代离我们遥远，人们对过去时代的认识比较生疏，要讨论其学术文化，多一些角度去看，也许更清楚一些。20 世纪刚刚过去，学术文化领域有些世纪老人还在，即使不学什么历史，对前后两半，特别是近半个世纪，还比较熟悉。虽然理论性地总结时代不是所有人能做的，但如果说“70 年代末以来中国社会的巨大变革”、“80 年代兴起的‘文化热’声势浩大”、“90 年代出现国学热”等，一般都是会认同理解的，所以不再详细论述，也不影响对庄学的研讨。这是一些解释，也是我作为组织者的必要说明。

我作为书稿的组织者，不仅出谋划策，也断断续续地看了文稿，因为经历的时间长，有时松一点，有时忙一些，开始看得较认真，连字、句也提过意见，后来觉得“照这样下去不错”……这本书有几个特点是值得一提的：第一，作者尽量收集、查阅原始资料，尤其是 1949 年以前的书籍和杂志收集不易，两位作者多方查找，基本的东西都找到了。当然，我们没有提“竭泽而渔”，那是不切实际的。第二，遵守学术规范，有的地方参考了他人成果，都一一做了说明。第三，目前虽说尚无同类著作出现，但要力求创新，从章节的安排到具体的论述，都应该有理论的思考。从本书目录上，读者不难看出，本书是在借鉴《二十世纪中国老学》的基础上，做了新的安排，那就是突出了“研究范式的转换”。康庆同志是哲学博士，这是发挥了他学哲学的长处，而且书中一些有关哲学思考的部分（第二章第二、三节，第三章第二节，第五章第二、三节，第六章第二节，第七章第二、三节）都是他撰写的。而李宝红同志是学史的，她对于资料的收集、整理、考证，比如写庄子其人其事的考证，比我在《中国庄学史》中所写的就详尽得多。他们夫妻二人在写作过程中一起收集、分析资料，相互研讨，这种史学的重证据和哲学的重理性相结合，也可说是一种珠联璧合了。资料丰富，信息多而全，论述明而确，我想对读者是有参考价值的。

2004 年 3 月

道家道教文化研究书系总序

20世纪80年代以来，兴起了一股研究道家道教文化的热潮，至今仍可以说方兴未艾。这股研究热潮的兴起，一方面是有一批海内外学者（如王明、汤一介、陈鼓应、卿希泰等许多学者）的推动，另一方面又是与传统文化研究的发展一致的。

在中国传统文化中，儒、佛、道是否三足鼎立，似乎是一个可以进一步讨论的问题。除了佛教是外来的，儒、道二家都是中国土生土长的，究竟谁的资格最老，也是一个可以进一步讨论的问题。不过，儒、佛、道在产生和发展的过程中形成了各自的特点，则是毫无争议的。和儒、佛二家相比，道家以“道”为主要特点，名实相符，一目了然。但是，“道”字原本并非道家之专利，周秦诸子“道论”之作很多，汉以后的儒者讲“道统”、“原道”，也使用这个“道”字。到了宋代，从周敦颐、二程至朱熹一批被称为理学家的大儒，他们以儒家为主，兼容佛、道二家思想的某些内容，再一次改造儒学，被认为是继承道统之学。不过，儒家所论之道，其要旨在于重礼、乐、《诗》、《书》，实行王道之治，“以格物致知为先，明善诚身为要”。无论是目的或方法，都与道家道教之“道”不同。至于佛教之用“道”，相对要简单些，“道”字在佛经中难得找到一个较确切的对应词，早在唐代译“道”为“菩提”抑或“末迦”就是争论过的问题，这里我们无法深究。从历史事实看，佛教在初传中土之时，曾借用过道家之“道”是可以肯定的，当时人们讲佛教，常常使用“佛道”、“释道”这样的词。宗密在《盂兰盆经疏下》中说：“佛教初传北方，呼僧为道士。”两晋南北朝时期，僧人被称为“道人”、“道士”的很多，佛教诵经礼拜之所乃至佛寺也被称为“道场”，甚至“道具”一词，开始也是指佛家用的器物。这种情况，是一种表象的情况，理应与当时道教已产生并流行有关。一开始，人们祭祀黄老、浮图难分，而外来的佛教又特别需要努力与中土民情相结合。从魏晋到隋唐，道教日益成长，佛教越来越站稳脚跟，佛道之争愈演愈烈，围绕着“道”的争论也是很多的：一方面佛教不时诘难道教的“道”，另一方面有时又援用道教的“道”论。例如唐初因傅奕上言“废佛法事”，法琳奉命“陈对”，就曾用过“至道绝言”，且引老庄之言，但其目的却是“演涅槃”、“说般若”，还用历史证明关令尹之后“事佛不事道”。再者，佛教中“道”字的用法与含义多与道教不同，有时候“道”是菩提或涅槃的代名词；有时候“道”与“法”、“义理”、“因果”相连，如此之类例子颇多，不必详列。从上述情况看，佛教的“道”字，主要只是名词的借用以及相近梵言的意译，没有道家道教那样的深刻意义。

对于道家道教来说，这个“道”字就有根本的、全面的、深刻的意义了。道家道教离不开“道”，名实一致，“道”也在道家道教思想文化中得到充分的发展，由此而形成中国所特有的“道学”。

关于道家与道教，大家都习惯用了，也不必时时刻刻去定义它们。由于两者之间存在密切的联系，很难将其截然分开，所以我们和许多学者一样，一直使用“道家道教文化”这样的词语，而对“道学”一词持谨慎态度。但是近年来，有些学者正式打出了“道学”的旗帜，出版了《道学研究》专刊，不止一次地召开了道学研讨会。我在一次会上谈到了“道学”这个提法问题。过去之所以避免提“道学”，是因为关于“道学”的提法和理解，存在一些歧义。例如《宋史》的道学类传实际是大儒传，儒道难分怕引起误会；又如过去在生活中，“道学先生”似乎是一个贬义词，形容有些迂腐习气，《红楼梦》中的袭人就被晴雯说成是“越发道学了，独自个在屋里面壁呢”（第 64 回）。当然，这些都是过去的事了，现在和今后，人们不会再去清这些老账了。公开倡导作为道家道教文化的道学，应该是没有什么问题的。而且，从历史上看，称道家之学为“道学”，也是渊源有自的。《隋书·经籍志》在子部记《老子》、《庄子》等道家著作之后写道：“自黄帝以下，圣哲之士所言道者，传之其人，世无师说。汉时，曹参始荐盖公能言黄老，文帝宗之。自是相传，道学众矣。”这是唐初人的记述，是当时人的一种对道家的看法，也是汉以后学者们看法的总结和发展，是有代表性和普遍性的。我们从以上引文的前后叙述看更为清楚，关于道和道家的说明，既有黄老之言道的基本观点，也有儒家学者对道家的评判，这里就不详说了。但是，从以上引文及其所述对象看，凡是述老庄的、“言黄老”的，可以总称之为“道学”。从《隋志》记载看，除《老》、《庄》之外，还包括《鬻子》、《抱朴子内篇》乃至《夷夏论》、《简文谈疏》、《广成子》等一些后起的道家著作，正所谓“道学众矣”。

《隋书·经籍志》似乎未明确把“道经符箓”列入道学，但并不能影响我们今日把道教文化（以各种“道经”为重要内容的文化）列入道学范围，如果要找点根据，葛洪时代人们已经把道教法术称为“道学”，其《神仙传·李仲甫》记载，李仲甫“少学道于王君”，“兼行遁甲，能步诀隐形”，有张生用匕首对他“左右刺斫”，“仲甫已在床上，笑曰：‘天下乃有汝辈愚人，道学未得，而欲杀之，我宁得杀耶?’”此所谓“道学”，显然指的是“法术”、“道术”。则道教之各种法术，亦可称之为“道学”。

最后应该说明的是，无论道家道教文化或者道学研究应该包括哪些内容？主要的当有以下几个方面：

首先，关于《老子》、《庄子》的研究。这类研究我们称之为“老学”、“庄学”，或者“老庄学”，包括老子、庄子其人其书的再研究，历代对《老子》、《庄子》的改造和诠释，《老子》、《庄子》的现代价值，等等。《老子》、《庄子》的思想对诸子百家有很大的影响，《老子》、《庄子》及其注释在道教经典中分量不小，无论在道家或道教的研究中，都是最重要的内容之一。

其次，关于黄老之学的研究。从前引《隋书·经籍志》的记载看，当时的道学原本即指“言黄老”之“道”而言；《史记·陈丞相世家》说陈平“少时，本好黄帝、老子之术”，应该就是好黄老之学。对黄老之学的研究，学术界早就开始了，并且有较多的成果，但看法不完全一样，大家公认的是黄老之学是以老子道家学说为主而兼容他家。兼容，本是战国秦汉学术思想发展的一个趋势，问题是以什么为主。秦汉最为明显的是有以道家为主的兼容综合和以儒家为主的兼容综合，前者我们称之为新道家，后者有人称之为新儒家（秦汉时期的新道家、新儒家。儒、道二家在以后的历史发展中，还会继续有新的变化，可称之为魏晋新道家、宋明新儒学，乃至当代新儒家、当代新道家等）。这样划分，是为了对学术思想做进一步梳理和深入的研究，至于具体哪一些学派、学人、学说应如何归并，那是可以具体研讨的。并不是所有具有综合性特征的思想都笼统称之为黄老之学，无法否定的大儒董仲舒，其思想显然也有综合性特征，人们甚至可以从他的著作中找出一些黄老思想，但黄老之学中绝不会包括董仲舒。黄老之学当然是有一定范围的，我们要研究的是主要言黄老之道的学人和学说。这些，可以也应该纳入道家道教文化和道学的研究范围。

再次，其他道家诸子的研究。例如《汉书·艺文志》和《隋书·经籍志》中所著录的道家诸子，包括《伊尹》、《太公》、《辛甲》、《鬻子》、《管子》、《文子》、《蜎子》、《关尹子》、《老成子》、《长卢子》、《王狄子》、《公子牟》、《田子》、《老莱子》、《黔娄子》、《宫孙子》、《鹖冠子》、《黄帝四经》、《黄帝铭》、《黄帝君臣》、《杂黄帝》、《孙子》、《捷子》、《曹羽》、《郎中婴齐》、《君臣子》、《郑长者》、《楚子》、《道家言》等，还有《隋志》中补录的《守白论》、《任子道论》、《唐子》、《杜氏幽求新书》、《抱朴子》、《符子》、《夷夏论》、《简文谈疏》、《无名子》、《玄子》、《游玄桂林》、《广成子》等。

这一部分内容有几个问题要说明：一是它将与上一部分黄老之学的内容交叉重叠；二是大部分图书早已亡佚，后来辑佚的或者后出的，要仔细考辨；三是新出土的简帛，如1973年长沙马王堆出的帛书“黄帝四篇”等，有可能即为原来的《黄帝四经》等著作。与此同时，新出土的资料中完全可能有一些原来没有著录过的内容，那就需要加以探究和归类。

最后，道教研究，包括道教历史、道教经典、道教思想等的研究。道教史的深入研究，不仅是回顾过去，更重要的是正确理解现在和更好地展望未来。道教经典很多，也可以用“汗牛充栋”来形容，一部五千余卷的《道藏》就是一个尚未充分开发的大矿。道教思想可以从多方面展开研究，道教信仰、道教戒律的研究都将很有意义，道教醮仪和法术、符箓的研究对道教的发展也是十分重要的。道教文化的研究、道学研究理应包括这些内容。

以上所做简要的概括，应该不会有大的偏差，重要的是今后我们如何实行，望有志于道家道教文化研究，有志于道学研究的同道，共同努力，弘扬和发展道家道教的道文化。

华中师范大学道家道教研究中心愿为促进道家道教文化研究做自己的一些努力。

本中心是2002年成立的，但有较长时期的历史渊源。1982年，几乎是同时，我的老师张舜徽先生发表《周秦道论发微》、詹剑峰先生发表《老子其人其书及其道论》。本人也在20世纪80年代初开始了秦汉道家思想的学习和研究，直至1984年出版《秦汉新道家略论稿》。而与我同辈的刘守华教授1983年开始发表《道教与中国民间故事传统》、《中国民间故事的道教色彩》等论文，引起了道教文化研究者的广泛注意，后来更写成《道教与中国民间文学》的专著。此后我们日益广泛地与道教文化的研究者以及道教界人士联系。我曾经在《秦汉新道家》一书的前言中说过，二十世纪八九十年代为道家道教文化研究到处呼吁的陈鼓应先生，他先是奔走各地广泛与有关的研究者联络，同时在香港青松观侯宝垣道长的支持下，筹备出版有关刊物和准备召开学术讨论会议。1992年《道家文化研究》开始出版，1993年在四川成都召开了第一次大型的道家道教文化学术讨论会，一下子把海内外的中外学者聚集起来，展开道家道教文化的研讨，大大促进了道家道教文化的研究。与此同时，各地、各界、各种类型的学术讨论会越来越多。从事道家道教文化研究的学者（包括专门的和兼及研究的）彼此都日益熟悉、交往起来，而研究的内容也日益丰富、深入。还值得一提的是，在彼此交往之中，还有中国道协和各地宫观的许多道长，他们也举行过多次道教文化研讨会，邀请学者参加，互相切磋，并采取多种形式合作共同开展道教文化研究。我们开头所说的“方兴未艾”即就此发展情况而言。

2002年11月2日，华中师范大学道家道教研究中心成立，得到了黄胜得、陈鼓应、王博等先生的鼓励和支持，并远道而来亲临成立大会。我们的研究工作从此得以更为有序地展开。利用我们与学校历史文化学院的隶属关系，我们在专门史学科内设立道家道教文化研究方向，招收了博士和硕士研究生，在《华中师范大学学报》上开辟了“道家道教文化”专栏，继续深入老学、庄学的研究，逐步地兼及道家道教文化其他方面的研究等。过去我们曾参加过一些合作项目，如“中华道藏”的整理工作，今后也将继续寻求各种合作。2005年，我们与江苏茅山道教文化研究中心商定，共同主办出版一个“道家道教文化研究书系”（也就是丛书），使得道家道教文化研究成果多一个发表园地。为学如积薪，我们的工作也是想为学术得以传承而添薪增火。此事得到了茅山道院和杨世华道长的大力支持，华中师范大学出版社范军社长具有敏锐的学术眼光，并且为这个书系精心设计，周密安排，从而在 2006 年伊始有了一个好的开端。

希望这个书系能够坚持下去。

希望在日后的实践过程中形成它自己的特色。

大家共同努力，主办者、作者、编辑出版者、关心支持者共同努力，以上希望是能够实现的。

2006 年元旦

《老子其人其书及其道论》重印记

詹剑峰先生（1902—1982），安徽婺源（现属江西）人，最后三十年在我们华中师范大学任教。詹先生是一位爱国知识分子，1925年在北京读大学时就曾参加反对北洋军阀的学生运动，1926年留学法国，1932年抱着参加抗日的愿望回国，后参加了教育工作，一直继续到去世。1956年当选为第三届全国人大代表，并任数届武汉市政协常委，晚年加入了中国共产党。

早年留学法国期间，詹先生研读了西方哲学，回国后在安徽大学等校任教，出版过《哲学概论》、《逻辑》、《伦理学》、《西洋古代哲学史》、《逻辑与科学方法》等著作，知识渊博，而且学贯中西。1949年以后，转向中国哲学史研究，并且取得了有重要影响的成果，如1956年出版的《墨家的形式逻辑》（湖北人民出版社，1979年再版），反驳了西方学者和日本学者认为中国古代无逻辑的观点，提出了自己对《墨子》与《墨经》的看法。该书出版后在海外被多次翻印，行销于法国、美国、东南亚地区，在国内学术界也受到很大的重视。1981年又出版了《墨子的哲学与科学》（人民出版社），对《墨子》和《墨经》做了系统的阐述。

詹先生的中国哲学史研究是在自觉接受马克思主义的基础上展开的，他在宇宙观、时空观、科学方法等方面把墨家思想和道家思想进行比较研究，常常把墨子和老子相提并论。1982年又出版《老子其人其书及其道论》（湖北人民出版社），20世纪80年代“拨乱反正”不久出版的这部书影响很大。此书对20世纪30年代流行的“孔先老后”说进行了一番清理，批评了梁启超、冯友兰等大家之非，对20世纪50年代讨论的“老子道论的本质究竟是唯心论还是唯物论”问题做了实事求是的探讨，并且在论述老子哲学思想时注意到与西方哲学思想的比较。例如他把老子的“道法自然”说与斯宾诺莎的“实体”说以及赫拉克利特的自然辩证法进行比较。他努力贯彻的是“研究历史，必须忠于史实，忠于真理，只能凭历史说话”的原则。我们在写《中国老学史》时，深受詹先生此书的影响，并且有些地方较多地参考和征引了先生的论述，这也是为了体现出华中师范大学道家道教研究的学术渊源。

鉴于《老子其人其书及其道论》这部著作的学术地位及历史意义，征得先生家属同意，我们在出版“道家道教文化研究书系”时重印此书，一则为了传承学术，二则为本书系增辉，以彰显其学术特色。

2006 年元旦

《汉末魏晋南北朝道教戒律规范研究》序

2002年，伍君成泉以优异成绩考入华中师范大学历史文献所攻读博士学位。他勤奋好学，入校伊始就对王先谦的《庄子集解》和郭庆藩的《庄子集释》进行过仔细校读和研究。当年，正好我们筹备、成立道家道教文化研究中心，他便加入了这个研究队伍。经商议，确定以道教戒律作为研究课题。

这个课题是很有意义的。道教是中国土生土长的宗教，无论过去或现在，都在社会上有很大影响。作为一个成熟的宗教，它本身的建设和发展是很重要的，道教戒律的规范就是道教建设中的重要问题之一。伍成泉的《汉末魏晋南北朝道教戒律规范研究》在追溯道教戒律的起源和初步形成之后，对魏晋南北朝道教戒律的主要经典文献进行了深入的分析和研究，对一些不好确定的问题进行了考证。例如许多道经的年代问题，他参考前人研究，分别确定一个大致年代，进一步又对戒律的思想渊源、表现形式、基本原理和实际持行状况等做深入的考察，各方面都有所创新。

撰写论文近两年的时间中，我们道家道教中心的一部《道藏》及一些有关参考书常年在伍成泉的书桌上摊开着，其反复研读之功可见一斑。他读书用心之专是老师们所共同赞赏的。这种始终如一的精进精神，必将使他在日后取得更大的学术成就，我们期盼、等待着。

2006年5月30日

《葛洪研究论集》前言

葛洪研究不是可有可无的，他在思想史、中医学史、科技史，特别是道教史等多个领域都有不同程度的影响，20世纪（尤其是后半期）已经有了不少关于葛洪研究的成果。2003年，在浙江宁海天河风景区葛其荣先生（原总经理）的支持下，浙江大学人文学院举办了一次全国性（含台湾、香港）的葛洪学术研讨会，各方学者协商成立葛洪研究会筹备组，并确定第二次会议在江苏茅山举行。现在，第二次研讨会即将召开，为了给会议提供相关历史资料，刘固盛教授与刘玲娣博士做了一些准备工作：编辑葛洪研究主要论著的目录，撰写近年来葛洪研究的综述，并选编有关学术论文。正式出版的这本论文集不一定十分完美，但入选的论文是有代表性的，所以肯定有其存留、参考的价值。此外，这次收集有关葛洪研究的目录尚不够全面，综述也不一定恰当，仅供参考。希望我们的这些工作有助于葛洪的研究继续下去，深入下去。

2006年9月30日

《道教南传与岭南文化》题辞

“道教南传与岭南文化”，这是一个有意义的好题目，但是并不好做，主要困难在于史料的缺失。本来历史应该是客观的，但人们记述的历史并不客观，所有人们记述历史的史料，包括辗转相传的文字史料、某些时期的实物资料以及实物上的文字等，都有人的主观意识的参与。道教方面的史料更有其特殊性，那就是许多人和事都被人们神化了，老子、庄子、张陵、葛洪等许多历史人物，相继成了道祖、神仙，他们的事迹被神化、仙化，他们的思想言论被引申甚至曲解。因此，研究道教史的问题，在选择、甄别史料上就更困难，做“道教南传”的题目之难就在于此。

王丽英选择这个题目是迎难而上的。她有一股拼劲，二十年前她来华中师范大学上中国古代史助教班，尔后又来当访问学者、读博士学位，学习过程中由道家而道教，最后选了这么一个博士论文题目，从撰写到完成，再到反复修改，前后有五个年头，时而困惑，时而欣慰，不是一帆风顺的。二十年来，王丽英基本没有离开我的视线范围，她算是比较好学的，有一个长处是比较善于发现问题，能在他人研究的基础上提出有点新意的看法。例如本书中关于道教文化的“南化”与岭南文化的“道化”，就是一个值得注意的问题。此外，关于葛洪思想做了一些新的归纳，关于鲍靓事迹做了较深的探讨等，都是有一定的新意的。

不尽如人意之处会有，我相信她会继续做下去，做学问有点苦，以苦为乐，也是人生的一种选择。

2006.4.1

《茅山道教志》题辞

修志就是修史，史志一体但又各有所侧重，大凡记一方沿革、古迹、人物、风俗的书，叫作志书或者方志，如县志、府志之类，以名山为中心者称为山志，以宫观为中心者称为宫观志。志书的价值和意义与史书完全一样，既是记事存迹，也是述遗以为鉴。

过去的许多山志，都与道教宫观有关，总记一山的宫观与道教活动，如《龙虎山志》、《齐云山志》、《武夷山志》、《茅山志》等。《茅山志》就是其中最有名、最重要的一种。传世有元代刘大彬和清康熙时笪蟾光编纂的两种，名为山志，实际上主要记述道教茅山派的发展，是一部道教史志书，应正名如本书的《茅山道教志》。

本书与过去的《茅山志》不同，对茅山的历史沿革，神仙、真人、宗师等人、神，道经志书，以及宫观和科仪等进行了重新梳理，既利用了原来志书的资料，又有许多新的补充。全书后半部分的内容，收集和整理的新资料更多，完全是清代以来最新、最完整的一部茅山道教志书。

茅山在道教史上有着极重要的地位，被称为第八洞天、第一福地。茅山原名句曲山，因三茅真君于此得道成仙而名为茅山。道教兴起之后，历代都有著名仙真在茅山修道的事迹，如陶弘景、王远知、潘师正、李含光等，的确是真仙高士层出，有的还创宗立派，在道教发展史上有特殊的意义。再加上茅山“又近在寰中，为名儒硕彦所必游之地”，因此，“非若他山之僻处一隅、人迹之所罕到、仙灵之所不继者所可同日而语也”（《成化朝重刻茅山志序》）。如此仙灵福地，岂能不续修其志书，真所谓“可有而不可无，可完不可缺”也。茅山道教的后继人杨世华道长，立志续修此志，并与潘一德道长共同完成此事，功德无量。

此志收入本“道家道教文化研究书系”，这对书系特色的形成，又有进一步的充实。

2007.8.8

#《明清时期武当山朝山进香研究》题辞

孔夫子说“君子欲讷于言而敏于行”，并且把“敏于事而慎于言”作为“好学”的表现之一。梅莉似应为此类之“好学”者。她长时间地从事编辑工作，勤勤恳恳，做了许多，也学了很多。文章好坏自有一些客观标准，写文章如何扬长避短也有道理可循，梅莉会有许多领会，因此她在撰写这篇论文时，掌握和运用了自己做编辑积累的经验。已成的这份研究报告，有一定的可靠性（科学性）和可读性（文从字顺），有一定的学术价值，也有一定的借鉴意义。无论从阐述的内容还是所反映的方法看，都是很好的，尤其是田野调查资料的收集和运用，弥足珍贵。而“眼睛朝下看”，探讨民众朝山进香的宗教信仰及行为，对当今民众信仰问题的研究，不无参考价值，我们从中可以得到一些启示。

文章的完美是很难的，难能可贵的是梅莉还能“学而后知不足”，能够认识到“许多本应深入探讨的问题”未作展开，或未涉及，如真武信仰与民众生活、香会与外部社会环境的互动等重大问题，如果深入探讨，将更有意义。这就为她自己和学术界的进一步研究提出了问题。为学如积薪，就是这样发展的。我们可以拭目以待，等待着梅莉更好的研究成果。

2007 年元月 8 日

《帝制初期中国传统政治学体系建构——以〈新语〉整体性文本解读为基点》题辞

唐国军同志大学本科、硕士和博士研究生学的都是历史学，科班出身，而又较长时间从事行政工作和政治学方面的教学与研究工作，《帝制初期中国传统政治学体系建构——以〈新语〉整体性文本解读为基点》这本著作正是两个学科结合的产物，其探讨的创新性也正在于此。本来，政治理论、政治学都是现代才有的说法，难免要参考和借用西方政治学的观念，是否运用得合适，当然会见仁见智。但是如果不做这种尝试，那可能就毫无进展。因此，我们经过反复思考、讨论，首肯了这一尝试。现在把它呈现给更多的人研究、讨论、批评，应该是有一定学术价值的。

该书前半部分是从政治学角度对《新语》一书进行文本的整体性解读，作者充分发挥了自己的史学功底，比较广泛、充分地参考了学界相关的研究成果，结合西汉初期的历史背景，阐述了传统政治学理论体系的建构历程及其特征。该书自成体系，论点明确，论据充分，论证逻辑性较强。这是可以看得很清楚的。

作者在中国传统政治学体系建构的研究上还有一系列的想法，该书还只是一个开端。如果继续努力下去，必有更多、更新、更好、更完备的研究成果产生。望国军同志继续做下去，或者也还会有志同道合者。这对学术的发展是有利的。

2007 年 9 月

《道家思潮与晚周秦汉文学形态》题辞

徐华又完成了一部新作，即将出版，我当然很高兴，在此也要说上几句。

最近一位未曾谋面的汪一方先生给我来信，其中有几句话可以代表一种看法："时下出版物数不胜数，标牌各异，花枪种种，但满坑满谷多为生猛海鲜之类，既贵又怕吃坏了肚子，而实实在在如您的著作般的五谷杂粮，反倒成了难得一见的稀罕物，叫人无话可说。"（他所讲的是拙作《汉唐文化史》）在我看来，徐华的这部新作属于汪先生所希望看到的"五谷杂粮"之类的作品，清新、可读。

本书的第一、二、三章，是概述道家的思想学术。这些年来我虽然一直读、讲、写道家道教方面的东西，但看这三章仍有亲切、清新之感。亲切也许是因为我们是师生关系，清新则是一定的价值判断，思路、条理比较清楚，观点论述虽无大的创见，但也不乏一些自己的较为正确的理解。当然这是我个人的感受。

本书的主题讲晚周秦汉时期文学形态受道家思潮的影响，和原来写《两汉艺术精神嬗变》一样，注重时代，着眼于发见、发现、发展、变化（这是学文学的人结合学历史之后的一个较大转变），对于文学史原来的阶段划分、文学理论以及文人心态的转变等明确提出了自己的一些看法，言之有理，持之有故。同行专家或可以从中看到一些新意，并做进一步的思考，一般读者一定能够有所收获。

徐华长大了，读书和研究也随之增长，近日看清样，还在不断地字斟句酌，令人欣慰。"谁说女子不如男！"

于 2008 年三八节之翌日

《当代正一与全真道乐研究》题辞

这个题目涉及道教和音乐两个大的方面，这两方面我都不很熟悉，但又关系密切：音乐几乎时时都会不同程度地接触到，偶尔也会“比音而乐之”；而道教是我近年来努力学习的一个方面。两个大的方面都与现实生活有密切关系，都有许多值得深入研究的问题，当胡军提出要以本题作为博士论文题目时，我毫不犹豫就同意了。除了值得研究之外，还因为他在音乐学院工作，以音乐为专业，特别是近些年来，他有道教音乐方面田野调查的实践，有可能做出有学术价值的成果。

胡军的研究是有基础的，硕士阶段在史新民等教授的指导下，在道教音乐研究领域已有一定造诣。好几年前，就撰写过《中国道教音乐简史》及有关道乐的一些论文，特别是在对茅山道乐调查研究的基础上又撰写过《茅山道乐研究》和相关论文，已相当深入了。撰写博士论文时，他阅读了大量文献资料和田野调查材料，采用历史学、民俗学和音乐形态学多学科的研究方法，对当代道教正一和全真两大派的道乐做总体考察，归纳推理，系统论述。所做的努力及呈现的成果，定能有助于当代道乐的更深入研究。胡军付出了辛勤的劳动，为写好论文还多方虚心请教过许多师友，这也是难能可贵的。

论文完成后，请同行专家进行过评审，随后又进行了答辩，一致意见是肯定的，同时也提出了一些修改意见。事后，胡军根据所提意见并进一步参考有关资料做过修改，应该是更成熟一些了。

博士论文得到肯定，现在又正式出版，是胡军学术生涯的一个里程碑。今后学术之路还要继续走下去，希望有新的更大的里程碑出现。

2008 年 3 月

《道教老学史》题辞

固盛的《道教老学史》完成了，这部书的出版，对于华中师范大学道家道教研究中心有重要的意义。我们这个中心是2002年底成立的，成立时中心成员还只有几本《老学史》的著作，《庄学史》已经完成尚未出版，开始只是想以老庄学的研究为主（今后也还可能是这样）。老子、庄子既是道家的开山人物，也是道教的祖先，但是单做老庄学研究，道家道教研究中心之名，有些名不符实。在几年的实践过程中，我们与道教的道长们广为联络，与道教的研究者经常切磋，有关道教的研究也时时让我们关注。道家道教研究如何更好地结合起来？今年4月，本中心与香港青松观联合主办了一次“全真道与老庄学”的国际学术研讨会，从形式到内容，成功地把二者结合起来，应该是有标志性意义的。与此同时，《道教老学史》完成了，把我们的老庄学研究，直接与道教的理论研究结合起来，不仅同样有标志性的意义，而且的确是我们这个以老庄学为主的道家道教研究中心所需要的，它深化了我们预期的老学史研究，使我们的道教研究具有自己的特色。

在中国传统文化中，道教有自己的地位和影响。而历代道士中有不少高道大德，他们是道教的精英、灵魂，他们大多被奉为神仙、真人，他们为道教的发展做出过不同的贡献，其中有不少道教学者留下了自己的著作，又有一部分是对道祖的《道德经》直接阐释和发挥的。这些《道德经》的注疏数量不少，特点突出，不仅有一般与时代相关的学理阐释，同时还有宗教信仰的体悟。《道教老学史》论述这一特殊群体的老学思想，有着特殊的意义。

这部书稿，除开一般的概述之外，重点论述了二十多位道教学者的老学思想，是比较完整的。书稿的撰写时间虽只有两三年，但作者多年来的学习和研究工作，都与这个题目有密切的关系，其可信性尽可令人放心。

2008年9月9日

《全真道与老庄学国际学术研讨会论文集》前言

这是一本会议论文集，介绍一下这次会议的有关情况，或可以见其特殊之处，进一步了解一些论文的价值和意义。

20世纪80年代开始，香港青松观就在内地做起弘扬道教的工作，随着90年代初香港道教学院的成立，又积极推动道家道教文化研究的工作。1992年正式出版《道家文化研究》丛刊（以书代刊），一连出版两辑，尔后历年出版，至今已有24辑。1993年又出资在四川大学召开全国性的大型学术讨论会，后来又先后在北京、广东等地召开国际性的大型会议，所有活动和工作极大地推动了海内外道家道教文化研究。我有幸比较早地参加了这些活动，并得以与老友陈鼓应先生及从事道家道教文化研究的许多老、少朋友切磋讨论。2008年4月在华中师范大学开的这次会议，是青松观中断了十年之后再次出资召开的大型会议，别有一番意义，仅看会议名称——“全真道与老庄学国际学术研讨会”，就可以明白，这是一个专题性的学术讨论会，反映了二三十年来道家道教文化研究的深入发展。

会议的召开有它的必然性和偶然性。必然性是，道家道教文化研究的蓬勃发展，青松观一贯弘扬道家道教文化的宗旨，华中师范大学道家道教文化研究工作的进一步展开，等等。偶然性是，青松观所属香港道教学院在21世纪之初成立了“全真道研究中心”，几乎同时，华中师范大学成立了“道家道教研究中心”。前者是专门研究全真道的，后者则以研究老庄学为主，各有所专攻。一个水到渠成的巧合，把全真道与老庄学联系起来，还真是一个很好的联系，全真道的兴起以及道教发展史上的几次振兴，大都与道教的回归老庄有密切关系，而老庄学史上多位高道对老庄的研究有极其重要和特殊的意义。所以这次会议，对于全真道的研究来说，是研究的深入发展；对于老庄学研究来说，是研究工作的延伸和扩展。

会议的规模不算太小，比较长期从事全真道与老庄学研究的老、中、青学者，我们都邀请到了，除了少数先生因他事未到之外，差不多都到会了，还有一些道教教内道长也亲临会议。大家所提供的论文，都有一定的原创性和开拓性，都是同行、朋友，来不得半点虚假的，这就使得这本论文集有较高的学术价值和较大的参考价值。有的文章可以代表时下最新水平，又是某些方面继续深入研究的基础和前提。如此估价和期待，大致是不会错的。

相对青松观前几次出资举行的大型会议而言，本次会议开辟了大专题形式研讨大会的新阶段，这可算是第一次。对于华中师范大学道家道教研究中心而言，举行这样大规模的学术研讨会，更是第一次。有了第一次，就完全有可能有第二次、第三次……不少人是这样期待的。

据上所述，本论文集不是一般的论文集，它有里程碑的意义。

2009 年 2 月 20 日于武昌桂子山

《汉魏六朝老学研究》题辞

2000年刘玲娣考上了华中师范大学中国古代宋史方向的研究生，后转而研究道家思想，因为其古代史的基础较好，聪明加勤奋，学习成绩较为突出，因而获得硕博连读的机会。2002年适逢华中师范大学成立道家道教研究中心，她先后学习和研究过葛洪思想与老子之学，最后确定以汉魏六朝的老学为博士论文的题目，2005年就初步完成了论文的写作，比我原来《中国老学史》的相关部分前进了一大步。只可惜，后来因工作变动等原因，未能及时修改、充实，拖延了几年。现在是最后付梓的书稿，又比原稿前进不少，补写了原来未写的南北朝部分，斟酌了原来不够深入的许多细节部分。这样一本书稿，填补和充实了我们老学系列的内容，也为汉魏六朝老学的再深入研究提供了一个较好的基础，因而是值得向读者推荐的。

2011年8月

《老子集成》前言

中华文化源远流长，主要基于两方面的历史事实：其一，随着近代以来考古学的发展，神州大地的各类文化遗存，多姿多彩地展现了悠久的历史文化；其二，号称“汗牛充栋”的传世古籍，记录着传统的思想、学术。中华文化一代一代地薪火相传，这些典籍起着极为重要的作用。在传世典籍中，我认为有一些是可以被称为“元典”的，它们不仅时间早，而且以其丰富深刻的思想内容，长时期地影响后世乃至今日。《易》、《书》、《诗》、《礼》、《春秋》是这样的元典，《老子》同样是一部极其重要的元典。《老子》不仅是中华传统文化中的瑰宝，也是全人类共同的精神财富。道通天地，德普人间，《老子》的智慧永远生机勃勃，充满无穷魅力。

众所周知，《老子》为春秋末年伟大的思想家老子所作。该书现存最早的版本为一九九三年湖北荆门郭店出土的战国楚简本，整理者根据竹简的形制、长短分为甲、乙、丙三组，共计一千七百余字，相当于今本《老子》的三分之一左右。该本与今本有较大的差距，篇章结构不同，思想内容也有差别，一些问题学术界正在研讨之中。而保留至今的五千言本子，应该是定型于汉代，这从一九七三年湖南长沙马王堆出土的帛书《老子》可以看得出来。帛书《老子》分甲、乙两种写本，除了《德经》在前、《道经》在后以及某些字句不同之外，与传世本大致是相同的。由此可见，从汉初开始，《老子》定本已经基本形成。至于严遵所注《老子》以及《老子河上公章句》这两部流传至今的汉代文献，就几乎完全与后世的通行本一样了。值得注意的是，汉人已视《老子》一书为经典，这是《汉书·艺文志》可以证明的，该志在《诸子略》“道家”类中著录有《老子邻氏经传》、《老子傅氏经说》、《老子徐氏经说》、刘向《说老子》等书，显然是以《老子》为经，而不少人为之作传注、解说。和儒家以及其他经典的传播一样，《老子》也不断有人进行新的诠释。严遵《老子指归》、《老子河上公章句》以及《老子想尔注》就是至今能看到的最早的几个

《老子》注释本。汉以后各种各样的注释本越来越多，流传至今者有数百家。

道教创建之后，《老子》的经典地位进一步确立，老子被奉为道祖，《老子》一书被称为《老子道德经》，或简称为《道德经》。这个名称当在汉末就已经定型了，三国时王弼所作之注被称为《老子道德经注》，至少在《隋书·经籍志》已得以明确。该志著录《老子道德经》六种，记述了十多种注（另有《老子》义疏、节解等十二种）。《老子》的经典地位确立后，影响更为深广，以后众多道经的出现，大都与之相关。虽然各种道经均有不同的尊崇，或始于太上老君，或始于元始天尊，等等，但其基本精神和核心思想是源自《老子道德经》的，《老子》始终是最重要、最基本的经典。汉魏六朝以后，道经很多，《隋书·经籍志》记录的经目有“经戒”三百零一部九百零八卷，“饵服”四十六部一百六十七卷，“房中”十三部三十八卷，“符箓”十七部一百零三卷，共三百七十七部一千二百一十六卷。其总述“道经”性质及流传情况时说，“道经”，“推其大旨，盖亦归于仁爱清净，积而修习，渐致长生，自然神化，或白日登仙，与道合体。其受道之法，初受《五千文箓》，次受《三洞箓》，次受《洞玄箓》，次受《上清箓》……”又记载云：“大业中，道士以术进者甚众，其所以讲经，由以《老子》为本，次讲《庄子》及《灵宝》、《升玄》之属。”其中“仁爱”二字或与时下对《老子》的解释不同，但《老子》本意也应该是大仁大爱的，而“清净”、“登仙”、“与道合体”之“大旨”则完全来源于老、庄。而很长、很多时候，讲经典“以《老子》为本”，与道教形成之始的读《老子》五千文始终一致。《老子》是道教的原始经典，道教学者，尤其是历代高道对《老子》的阐释也就形成了一部“道教老学”的发展史。

据初步统计，见诸著录的《老子道德经》注疏，汉魏六朝时期九十余家，隋唐时期一百余家，宋元时期近二百家，明清时期三百余家，其中保存至今的代表性著作有：严遵《老子指归》，《老子河上公章句》，《老子想尔注》，王弼《老子注》，成玄英《道德经开题序诀义疏》，李荣《道德真经注》，《唐玄宗御注道德真经》，杜光庭《道德真经广圣义》，陈景元《道德真经藏室纂微篇》，吕惠卿《道德真经传》，苏辙《老子解》，范应元《老子道德经古本集注》，白玉蟾《道德宝章》，杜道坚《道德玄经原旨》，吴澄《道德真经注》，陆西星《老子玄览》，薛蕙《老子集解》，释德清《老子道德经解》，焦竑《老子翼》，王夫之《老子衍》，刘一明《道德经会义》，黄裳《道德经讲义》，魏源《老子本义》等。在众多的《老子》注本中，道教学者的著作占有相当大的比例。例如唐末杜光庭在《道德真经广圣义序》中收录历代诠疏笺注《老子》者六十一家，其中能确定为道士所注者占三十六家。二十世纪以来，《老子》注者更是层出不穷，在一百年里有超过四百种《老子》研究著作问世。

对于《老子》历代注疏情况及其特点，我们曾撰写《中国老学史》和《二十世纪中国老学》两部著作加以分析总结。我们认为，不同时代有不同的"老子"，每一个注释研究者也有其各自所理解的"老子"，这是老学发展的一个基本特征，诚如宋元之际的杜道坚所言："道与世降，时有不同，注者多随时代所尚，各自其成心而师之。故汉人注者为'汉老子'，晋人注者为'晋老子'，唐人、宋人注者为'唐老子'、'宋老子'。"以后自然也就是"明老子"、"清老子"、"近代老子"、"当代老子"了。如此众多的"老子"与作为元典的《老子》之间，可以说既有联系，又有区别；既有继承，又有发展。而正是这种联系与区别、继承与发展的长久交织、演进，组成了老学发展的历史，且赋予了它极为丰富的内容，由此构成了中国思想文化史上的精彩篇章。同时我也曾指出，"对于老学史的研究，还可以从更广阔的方面展开"。例如"分专题对老子思想进行阐释"，"分宗派研究老学史"，"也可以断代进行研究"，"还可以断代与专题综合研究"，以及开展"《老子》书的文献学研究"等。以上诸方面，华中师范大学道家道教研究中心已有了一些初步的研究成果，如刘固盛的《宋元老学研究》、《宋元时期的老学与理学》和《道教老学史》，董恩林的《唐代老学：重玄思辨中的理身理国之道》、《唐代〈老子〉诠释文献研究》，刘玲娣的《汉魏六朝老学》（将出），刘韶军的唐、宋、明、清四皇帝《御批〈老子〉点评》等。还有相关的博士论文（如吴雪萌的《英语世界老学研究》）在撰写和修改之中。国内同行类似和相关的研究也有不少，有的已经出版，如尹志华博士的《北宋〈老子〉注研究》等。从这一简略的介绍看，老学研究还有很多工作可做，而所有这些研究的基础，就是历代《老子》注疏的文本，收集和整理这些文本，就是深入开展老学研究的基础和前提条件。

对历代老学文献的编纂与整理，不仅能够为老学研究提供基本的资料，同时也是一项有益于中国思想文化史、哲学史研究的文献工程，当然，这项工作对道教文化的发展与提升更是大有裨益。道教向来具有重视经藏的传统，《老子》及其注本在《道藏》中多有收录，如明代《道藏》收有五十余种，中国道教协会组织整理的《中华道藏》收有六十六种。我们新编的这部《老子集成》，则对自战国迄民国时期重要的《老子》传本及注疏本做一全面的搜罗整理，以彰显道教文化的丰富内涵以及老子思想的重大历史影响。

二十世纪六七十年代，台湾严灵峰曾有《无求备斋老子集成初编》和《续编》出版，搜集了流传于世的不少关于《老子》的著作，为老学研究提供了较系统的资料。但此书由于印数不多，流传也不广，不能满足日益发展的研究需要，不少学者一直想重新做这一基础工作。二〇〇七年，中华宗教文化交流协会和中国道教协会举办了“国际道德经论坛”，大大促进了重新整理《老子集成》的工作。在论坛上，陈鼓应、牟钟鉴教授向中华宗教文化交流协会副会长兼秘书长齐晓飞提出新编《老子集成》的建议，会后我本人打电话给齐晓飞先生，希望中华宗教文化交流协会主持此一重要工程，结果受到高度重视。齐晓飞先生指出，通过举办“国际道德经论坛”，学术界和宗教界对于老子《道德经》的价值有了新的认识，为了深化论坛的成果，编纂出版《老子集成》，做一项文献工程，这对弘扬传统文化、推动老子研究和道家道教事业的发展都是非常有意义的。齐晓飞先生让我写了申请报告，然后召开专门会议进行讨论，经时任中华宗教文化交流协会会长叶小文和中国道教协会任法融会长批准，正式行文启动这一工作，由中华宗教文化交流协会和中国道教协会主持，华中师范大学道家道教研究中心和宗教文化出版社承担。我们组织了十多名学者，同心协力，前后五个年头，完成了这部巨著，共收集、标点整理了二百六十五种历代的《老子》注疏。其中有八十七种是严灵峰所编《老子集成》中没有的，包括五十余种难得一见的孤本或善本，如吕知常《道德经讲义》、黄润玉《道德经附注》、田艺蘅《老子指归》、洪其道《道德经解》、印玄散人《老子尺木会旨》、释镇澄《道德经集解》、周如砥《道德经集义》、周宗建《道德经解》、郭子章《老子解》、董德宁《道德经本义》、潘静观《道德经妙门约》、黄元御《道德悬解》、刘一明《道德经会义》、黄传祁

《道德经大义》、龚礼《道德经经纬》等，这应该是本书的新贡献。而吕知常《道德经讲义》、黄润玉《道德经附注》、田艺蘅《老子指归》、洪其道《道德经解》、郭子章《老子解》、印玄散人《老子尺木会旨》、释镇澄《道德经集解》、裕英《道德经浅解》、龚礼《道德经经纬》等书，由于版本着实珍贵，图书馆不准复印，都由我们派人抄录出来加以整理。在收集、整理中，刘固盛、尹志华等同志付出了大量的精力。

现在这项文献工程大功已成。最后还要简单说明一下，《老子集成》有时间断限，截止在一九四九年以前，而且只收中文的白文本和注疏本。讨论计划时，还有续编、海外编、研究篇等议论，这就只有留待日后了。本书以保存和提供资料为主，考虑一般读者方便，加了标点和点校说明，也许错漏在所难免。但我相信，我们所取得的这项成果，在当代学术文化事业发展中一定会长久地发挥应有的作用。

2011 年 3 月

《张舜徽学术论著阐释》序

今年是张舜徽先生诞生一百周年纪念，张门弟子正忙着筹备纪念活动。我作为张先生早年的学生之一，当然十分关注这一大事。此次我写的纪念文章是《向张舜徽先生学习什么?》(将刊在另一纪念集上)，我以为最好的纪念就是向张先生学习。这种学习可分为两个大的方面：一个方面是直观的感受，先生的亲人、朋友、学生，可以从自己的亲身感受、观察、理解中，讲述张先生为人治学之道，这些在先生逝世的当时和事后已有一些纪念文章。我此次所写，亦以这方面为主。这方面现在是可以写而且应该写的，以后更长一些年月，就会慢慢减少了。再有，就没有直观、感同身受之类的意义了。另一大方面，那就是从张先生留下的大量著作中学习。张先生作为二十世纪后半期的国学大师，于经、史、子、集四部之学都留下了自己丰硕的研究成果，是一笔宝贵的财富，我们研究四部之学，最好不要绕过张先生的研究。我们研读清代学术文化，读读张先生的关于清人文集、笔记的著作，以及有关学记，帮助绝对是很大的；我们研读《说文》，看一看张先生的《说文解字约注》必有收获；我们研究汉代经学，学习一下张先生关于郑学的研究，必会从中受益。学习张先生各方面的著作，只要虚心，不必担心学不到有益的东西。

为了纪念，为了学习，戴建业教授主编了这本《张舜徽学术论著阐释》，就是我以上所说第二个方面学习的一次实践，一次学习研究成果的实践。戴建业教授本非嫡系的张门弟子，但也是受了张先生工作近半个世纪的学校学术氛围影响的。前几年开始，戴教授大声疾呼“别忘了祖传秘方”，就是以张先生的著作为基本材料而提出的。这种呼吁及其研读实践，无疑有益于弘扬传统的文化学术。趁此张先生诞辰一百周年纪念之机，他又组织张先生的弟子及再传弟子，加上张先生的仰慕者，写出自己的学习心得和体会，更有实践的纪念意义。

这本论文集三十来篇文章，涉及张先生经、史、子、集各方面的论著，以某一本书或某一类书为例，具体而微地阐释张先生的学术思想、学术精神和学术方法，作者从中有所受益，也告诉读者，张先生的某种著作的价值和意义所在。据我不全面的了解和观察，有些作者是就自己长期学习和研究的某一领域而写出深切体会。例如王作新教授，至少近二十年来是在文字学方面从事研究，他写《〈说文解字约注〉述略》就深有体会地说，张先生的《约注》"是一部既裨助把握《说文》，又可启迪思维、激励探究的重要学术著作"。张先生的清代学术研究是最有特色的方面之一，本论文集有近三分之一的篇幅论说其"辨"与"识"。刘筱红教授在十多年前写《张舜徽与清代学术史研究》博士论文的基础上，再作《论张舜徽清代学术研究的"辨"与"识"》一文，显然是前进了一大步。张先生在文献学方面的研究是具有开创性的，其《中国文献学》一书，如曹海东教授所说："该书理论体系的建构，具有里程碑的意义，标志着古典文献学作为一门独立学科的地位最终得以确立，且对后来的古典文献学研究产生了学术范型的引领作用，导夫先路之功诚不可没。"文献学包含着目录、版本、校勘等多种传统学问，张先生分别在各个方面都留有自己的研究成果，都会对我们进一步学习和研究有所帮助。本论文集中，王齐洲、戴建业、韩维志诸位就张先生《汉书艺文志通释》的阐释就是明显的例子。

该论文集所收诸篇，均有自己的见解，从张先生著作之中受益的大小、深浅自有不同，如果不是浅尝辄止，其所得之教益必日增不已。十年前，我在刘筱红的博士论文《序言》中写道："张先生的学术纵贯古今，横跨经、史、子、集四部，有待更多的学者去进行深入的研究发掘……为国学的发展做出贡献。"

该论文集不同于前此同类论文集的一个最大特点，是它没有一篇回忆或纪念性的文章，每一篇学术论文分别论述张舜徽先生一部学术著作，大多数论文议论既十分精辟，论述也逻辑严谨。例如武汉大学程水金教授《先秦道家起源与老庄异同论——兼评张舜徽〈周秦道论发微〉》是一篇三万多字的大文；刘筱红教授《论张舜徽清代学术研究的"辨"与"识"》也是二万多字的力作，比她的博士论文《张舜徽与清代学术史研究》（华中师范大学出版社，2001 年）识解更转进一层；戴建业《学术流派的盛衰与各科知识的消长——论张舜徽〈汉书艺文志通释〉的知识考古（上）》、《辨体·辨义·辨人·辨伪——论张舜徽〈汉书艺文志通释〉的知识考古

(下)》二文每篇都有二万多字，每篇都颇多新意。另外，陈文新和曾军《持简驭繁，统括一代学术之全——〈清儒学记〉记“学”的三重视域》、谢贵安《张舜徽〈中华人民通史〉新探》、王玉德《试论张舜徽与郑玄——兼评〈郑学丛著〉》、王齐洲《张舜徽〈汉书艺文志通释〉蠡测——以〈诸子略〉为中心》、周光庆《索道于当世者莫良于典——读张舜徽先生〈戴震学记〉》、张三夕《文献学功夫与思想史发微——〈周秦道论发微〉与〈史学三书平议〉研读札记》、阮忠《清代儒林苑囿里的问学门径——读张舜徽〈清人文集别录〉随笔》、雷绍锋《惟有益事 多读无字书——〈讱庵学术讲论集〉读后》、韩维志《例释张舜徽先生〈汉书艺文志通释〉的“辨章”“考镜”意识》、王炜《知识的留存与知识谱系的建构——从〈清人笔记条辨〉看张舜徽的治学路向》等文都很见功力。正如主编戴建业教授在《编后记》中所说的那样，这本论文集中每篇文章“论断的标准不同，论述的视角各异，对同一论著的评价自然各不相袭”，每篇文章都既能见出作者的良苦用心，也能见出作者对张舜徽先生的景仰之情。

该论文集标志着对张舜徽先生的研究在不断走向深入。戴建业教授所做的努力，特别值得海内外学术界重视。

是为序。

二〇一一年元月于桂子山

《第二届全真道与老庄学国际学术研讨会论文集》前言

这是香港青松观与华中师范大学道家道教研究中心联合举办的“第二届全真道与老庄学国际学术研讨会”的论文集，是两个单位合作的新进展，也是“全真道与老庄学”这一研究课题的新发展。

在此次讨论会上，有学者提到今后第三次、第四次讨论的问题（并有回应），从一个侧面反映这一课题可以而且是有待深入研究下去的。全真道的兴起及其宗旨、教义与老庄学的关系非常密切，应该得到进一步的重视和认真的研究，这是可以而且需要多次讨论的基础。

由于参加会议的学者都非常认真，提交会议的论文都是有一定质量的，新材料、新观点有不少呈现。会上也有学者提到道教史可能要改写，但又有所顾虑，担心对原有道教史著作不恭，其实这是不必要的。过往的有价值的著作起过积极的作用，也许只是因为它们的存在，大家才会在新材料、新观点出现的情况下提出改写的问题。此论之出，足以反映这次会议论文学术价值之高。为学如积薪，研究的新发展是这次会议对道教史研究的新贡献。

这里我还想借用“人惟求旧，器惟求新”这句话来表达我的感想。会议论文的内容是新的，有些是崭新的，参加会议、写作论文的人，大多是老朋友，有些还是交往多年、“并肩战斗”的老朋友，老朋友能彼此更好地理解、交流。但是人又是变化的，人们会“一回生，二回熟”，此次会议上又有人际关系的传承特点，有学者推荐或带领自己的学生前来参加。我曾戏言，“这是一次一个世纪的学人的聚会”，有88岁高龄的唐明邦教授，有90后的陈迪思同学（上海音乐学院本科生，写了一篇颇有新意的《老子“大音希声”解悟》）。老少会聚一堂，共同努力，传承并创新道家道教文化的研究，这样必然促成第三、第四……次的会议。我们可以期待着。

2012年8月20日于武昌桂子山

《移风易俗与秦汉社会》序

贺科伟毕业四年了，前两年虽也来过武汉，但未单独交谈。最近一次见面时间长一点，听他讲述几年来的工作和学习，甚为欣慰。听的过程中我感到有不少亮点，比如他讲工作中如何调动和发挥他人的积极性，这是学习和工作中最主要的一条；又比如他对自己学习和研究领域情况的掌握和分析，不仅熟悉而且有自己的见解，这是学术研究中不可或缺的一条。我看到贺科伟成长了，逐渐成熟了，所以非常欣慰。

现在即将出版其博士论文，让我看看他的修改稿。我翻看一下后，也很高兴。几年前的东西，看起来仍不失新鲜感。本来，经过认真研究、深思熟虑写出来的东西，是不会过时的，贺科伟这部即将出版的书稿也是如此。移风易俗确实是一个关系思想文化、社会生活乃至国家政治的问题，历史的研究必然给人们以许多启发。秦汉时期移风易俗问题引起学者们的广泛关注，成为学术讨论的重要对象。秦汉时期的统治者为实现“行同伦”、“六合同风，九州共贯”的理想，构建了一系列制度，在社会的各个层面积极推行移风易俗，通过统一的国家机器，通过儒学教化、舆论批判、法律控制等手段对风俗进行干预和引导，利用风俗的强大规范性和约束力，潜移默化地对社会进行着控制，成为礼制、法律、行政控制手段之外的另一种社会秩序维护力量。贺科伟通过梳理秦汉时期移风易俗思想的发展脉络及特点，探讨秦汉时期移风易俗制度的构建及其对社会的塑造和影响，揭示了移风易俗在秦汉政治生活和社会控制中的重要作用。

这本书虽然只是讲了秦汉时期的移风易俗，同样也是有启发意义的。贺科伟的书稿是在史料拓展和研究视角上下过一些功夫的，思路清晰，条理清楚，是一本有参考价值的书籍。

我还听到贺科伟关于秦汉史研究、图书馆学研究的一些很好的想法，我想将会很快看到他各方面更多更好的成果。

2013年5月4日

《道家道教与生态文明》题辞

现在，在新闻媒体中出现频率颇高的“生态”、“绿色”等词以及许多生态文明建设的实践，受到普遍的关注和很大的重视。中共中央发布《关于加快推进生态文明建设的意见》，强调生态文明建设的重要意义：“事关中华民族的永续发展，是建设美丽中国的必然要求。”

中华民族的发展，有它的过去、现在和未来。说到过去，就是我们常说的传统、传统文化，有关生态文明，在中国传统文化中有丰富的内容值得借鉴。而道家文化以自然为中心的生态思想尤为突出，很值得研讨。

2014 年，由美国国际易经研究会会长成中英教授发起，密西根大学杜祖贻教授支持，经武汉大学郭齐勇教授与华中师范大学刘固盛教授联络，华中师范大学道家道教研究中心与美国国际易经研究会联合主办了一次小型的“道家道教与生态文明国际学术研讨会”。原计划的“小型”会议在 2014 年 5 月底 6 月初开会时，到会者有来自美国、韩国、中国台湾和内地的近 50 位学者提供了近 40 篇论文，本书就是此次会议的论文集。

文献是文化研究的基础，此次会议有不少论文是对道家道教文献做深入研究的。有一部分论文直接阐述道家道教的生态思想与实践，扣紧了会议主题。

此次会议以及这部论文集的结集出版，对会议提出的主题作了一个初步回应，应该可以进一步促进“道家道教与生态文明”这个课题研究的发展。

2015 年 3 月 29 日

《道德经的人生智慧》题辞

姜涛同志在繁忙的工作之余，还用心研读《道德经》，难能可贵。用他的话说，是想“品鉴古人智慧，化育社会人生；领悟先贤哲思，涵养精神世界；体味圣哲隽语，塑造做人风骨；知晓古往今来，明理天地人间”。这个想法是很好的。姜涛同志写了一百多篇心得体会，总名之曰《道德经的人生智慧》，有“认知规律”、“道德修养”、“为人处世”、“治国安邦”、“家庭生活”、“修身养性”等几个方面。其中有一些很好的独特的见解，例如在解释道的核心思想时，与马克思主义的哲学思想做对比，说：“道者，客观（自然）规律也。”又如在解释“自知不自见，自爱不自贵”时说：“‘自知’‘自爱’是大智慧，‘自见’‘自贵’是小聪明。人生需要的是大智慧，而最忌讳的是小聪明。”写下的文字都是用心思考的结果。现在打算公开出版，与大家分享，是件好事，对弘扬中华传统文化将大有裨益。

2016-5-22

《第三届全真道与老庄学国际学术研讨会论文集》题辞

十多年来，香港青松观换了三届董事局主席（麦子飞、梁发、黄健荣），一以贯之地重视道教学术交流，与华中师范大学道家道教研究中心的合作也一如既往，因而2016年又联合成功地举办了“第三届全真道与老庄学国际学术研讨会”。国际学者除了参加前两届的美、日、韩、马等国的学者之外，又增加了比利时（戴卡琳）、墨西哥（景威）的学者和道友，美国的利维亚·科恩（Livia Kohn）也是第一次参加。会议共收到论文98篇，多是各位学者的新作。

全真道研究，既有宏观的思考，如王树人的《天、地、人、神四维一体的特点——重阳祖师答问及诗词再掘金》，赵卫东、章伟文、陈明等对全真道性命双修思想进行新的阐述等；更有许多论文对全真道宫观与人物进行深入细微的研究，如周立升的《马钰的皈依与贡献》、汪桂平的《沈阳太清宫历代传戒考略》等，南京隐仙庵、北京白云观、广州纯阳观、张良庙、九宫山、武当山五龙宫等宫观，以及张三丰、李明彻、任永真、姜善信、赵宜真等人物，均有专题论文。吴受琚发现的张三丰《无根树词》石碑及所作校勘，有重要的文献价值。

老庄学的研究论文更多，许多论文对《老子》、《庄子》的文本进行新研新考，从哲学、历史学、文献学乃至人类学（如戴卡琳从“人类学视域解读《庄子》的教学对话”）多角度解读老、庄的思想。老、庄在海外的影响也受到学者的关注，孙亦平、徐水生、刘韶军、刘玲娣的论文即是。

和以往两届会议所出论文集一样，此次论文集的出版，也会是具有里程碑意义的。全真道与老庄学是个很有意义的大课题，全真道文献的收集与考释、老庄学对全真道教义教理的贡献及其现代启示等，仍然是未来若干年研究的大问题。

我们企盼，会有更新的第四块“里程碑”出现。

2017 年 4 月 3 日

《中国老学通史》前言

“为学如积薪”这句成语是后来者居上的意思，实际上也有积累之意。这句成语，可以用在《中国老学通史》这部著作上。《中国老学史》1993年开始酝酿，到1995年出版，只不过是一部三十多万字的小书，但在当时影响较大，一直到2005年多次印刷（换了三个封面，内容原封不动），对于学术著作来说算是很多的了。2002年又出版了《二十世纪中国老学》。现在的《中国老学通史》是由刘固盛教授主持的国家社科基金重大项目最终成果，篇幅达三百余万字，这个“积薪”的高度颇为可观了。它的后来居上绝不仅仅是文字数量上增加了七八倍，主要是内容上的充实和更新。

先秦两汉时期的老学，原来只是有两三章简单的论述，现在独立成卷，以十九章的篇幅详细地梳理和讨论了先秦和秦汉时期的老学发展史。其中先秦老学主要对老子其人其书、老学与文化传统、老学发轫与初传、庄子与内圣道家派、战国黄老派、老学对于楚地文学风气的影响、《吕氏春秋》与先秦黄老学的总结等问题做了细致的梳理，老学源头的情况更为清晰。秦汉时期的老学，在原有内容基础上进一步充实，涵盖了汉初七十年的老学理论和老学实践，《淮南子》对老学的继承和发展，两汉尊儒语境下的老学传承，严遵、河上公的老学思想，道教兴起与老学的关系，《老子》学说在其他方面的影响等，内容丰富了很多，这对于了解和认识秦汉以后老学的发展是极为重要的。值得一提的是，本卷融入郭店楚简本《老子》、帛书本《老子》等出土文献成果，也发掘了《老子》与兵学、文学、易学、儒字、谶纬、古医学、佛教等方面的关系的文献，进行了系统的整合与论述，可以说进一步拓宽了老学的视野。

魏晋隋唐和宋元、明清皆独立成卷，篇幅增大了，重要的是内容的充实和提升。例如魏晋隋唐卷对敦煌《老子》文献颇为重视，分析了《老子节解》的宗教化诠释，尤其对道教重玄学进行了全面系统的阐述。本卷从庄学崛起、玄佛合流、佛道相争等方面论述了重玄学产生的思想背景，总结了顾欢的老学思想及对重玄学发展承上启下的重要贡献；对赵志坚、成玄英、李荣的老学成就及其重玄学思想进行了较深入分析，尤其彰显了成玄英重玄理论在唐代老学中的典型性与代表性。最后阐明了杜光庭《道德真经广圣义》的思想建树以及对汉唐老学的总结，指出强思齐对重玄学的重视及其老学思想的特点。该卷还注意在儒、佛、道三教交流与发展的背景下阐述老学的新变化，对李约《道德经新注》、王真《道德经论兵要义述》、颜师古《玄言新记明老部》、陆希声《道德经传》等老学文献的分析都具有自己独到的见解。

宋元卷的变化很大，原来的《中国老学史》只写了四个个案，本通史增加为三十来个人物的老学思想的阐释，内容丰富了许多，更重要的是做了新的学术性探讨。例如从思想史的层面分析宋代老学的理论贡献，对黄老思想的影响、老学与理学的关系等问题进行了较深入的阐述，并论述了朱熹、林希逸、吴澄等理学家的老学思想；从经世致用的角度，阐明王安石学派、苏辙、司马光、宋徽宗君臣的解《老》主旨；对陈抟学派的老学思想及其影响进行了梳理，分析了吕知常、范应元、董思靖、杜道坚、张嗣成、刘惟永、白玉蟾、李道纯、邓锜等一批著名道士的老学著作，阐述了宋元道教老学的特色及其思想史意义；对以佛解《老》予以重视，注意到了元代高僧德异《直注道德经》的代表性；这一时期金朝的老学也被发掘出来，成为老学史的新篇章。

明清的特点比较突出，可以比较明确地分辨出一些各具特色的群体，例如明代官员群体的《老子》研究自成一章，大约是明太祖朱元璋亲自注解过《道德经》，所以明代有一大批官员注释《老子》。清代医家群体的注解如徐大椿的《道德经注》、胡与高的《道德经编注》、黄元御的《道德经悬解》等颇有可称道之处。该时期思想家李贽、焦竑、傅山、王夫之的《老子》研究很有理论见解，儒、佛、道各有自己对《老子》不同的诠释，各有自己的代表人物和代表著作。例如薛蕙、王道、朱得之、王樵、花尚、吴世尚、纪大奎、邓晅、倪元坦的以儒解《老》；高僧释德清、镇澄、顺玉等人的解、注十分引人注目；全真道老学取得了新的成就，潘静观、宋常星、刘一明可为代表；程以宁、汪光绪、李西月以内丹理论注释《老子》，具有鲜明的特点；仙解《老子》也是明清老学的一个突出现象。本卷还分析了明代科举对老学的影响、以“文”解《老》以及清代学者对

《老子》的考证性研究。

作为“老学通史”的近现代卷，是取代我们原来《二十世纪中国老学》的新作，分门别类，列举的著作有一百大几十种。受西学的影响，特别是随着学术研究范式的转变，近现代老学呈现出与传统老学不一样的面貌，严复、谢无量、梁启超、胡适、胡哲敷、冯友兰、陈梦家的西式研究都有新意。但此一时期传统的研究仍然占有重要地位，马叙伦、蒋锡昌、高亨、陈柱、钱基博、徐梵澄、张舜徽、任继愈等可为代表。现代新儒家如马一浮、牟宗三、唐君毅、方东美等的《老子》研究，颇具思想价值，本卷用较大的篇幅进行了论述。近现代老学在海外的传播与影响是原来没有写到的，港台的老学研究、出土《老子》的研究篇幅都大大增加了。当然也决非搜罗无遗，特别是时贤的著作，没有全部收录，如何判定、评估，仍然有不少问题需要思量。

二十五年前，我在写《中国老学史》后记时曾说：“它只是一本拓荒性的简史，不是包罗万象的全史。”并且提出老学史的研究“可以从更广阔的方面展开”，如断代的、专题的、宗派的等。自那以后，二十一世纪开始，我们出版《二十世纪中国老学》，成立以老庄学为特色的道家道教文化研究中心，招收研究老庄学的博士和硕士研究生，组织出版“道家道教文化书系”；在香港青松观的支持下，联合召开了三次较大规模、有一定影响的“全真道与老庄学”国际学术研讨会，并出版了较高质量的论文集；断代的老学研究，“汉魏六朝老学”、“唐代老学”、“宋元老学”、“明代老学”、“清代老学”都已有了专著出版，专题的有“道教老学”、“四朝御注老子”、“日本老子研究”、“英语世界的老学”等。在这些积累的基础上，由刘固盛教授主持并组织“我们自己人”撰写的这部《中国老学通史》也已完成了。

我开头提到“为学如积薪，后来者居上”《中国老学通史》比《中国老学史》和《二十世纪中国老学》当然是“后来居上”了。我这里还想到的另一句成语是，“众人拾柴火焰高”。一个人立志、发愿写一部《中国老学史》也不是不可能的，而且还会有自己的特色，但是好的集体著作价值和意义更大，这部《中国老学通史》能体现集体的智慧，价值会更大一些。

我年纪大了（实在是偏大了一些），原本想和大家一起再拼一下的，想参加第一卷的部分写作，但力不从心，未能如愿。第一卷作者徐华在写作时，连我原稿的原话都引上几句，令我十分感慨，也算是一种安慰。她的书稿是下了很大功夫的，在认真钻研各种古籍的基础上，同时还广泛参考他人的研究成果，写出了自己的见解，完全是有创新的，在原有研究的基础上确有明显推进。

书稿的完成，是一件大事，有一定的历史意义。出版之后二三十年，恐难有更好的著作替代。但这并不是说这部书已经尽善尽美，没有什么问题值得进一步探讨。相反，随着各种学术研究的发展，肯定还要重新思考和研讨老学发展中的一些问题。例如道教研究，如果改变了近百年的东汉时期道教形成之说，那么西汉、战国时期的老学该如何写？如果道教正一、全真派各有自己特点的话，两派的老学有什么样的区别？再例如，近现代和古代的学术如果有区别的话，不同时期老学又有什么特点？……在学术研究上，在老学研究中，永远会是有新的课题出现的。各种研究到一定时候之后，又会有更新、更好的中国老学史著作产生。

本书作者都与我有点学缘关系，老学史是我们共同关注的重要问题之一，所以我说是“我们自己人”撰写的。希望大家继续关注，把这个接力棒传下去，紧跟时代，继续前进，是所愿也。

2019 年 12 月

《秦汉官制史稿》入“人民文库”后记

人民出版社本着为人民出好书的精神，出版“人民文库”，这是一项重大文化工程，打算精选20世纪以来产生过重要历史作用的学术著作，予以收录。现收录安作璋先生和我合著的《秦汉官制史稿》，这是我们的荣幸，同时可以说也是比较符合历史实际的。本书在20世纪早、中期学界研究成果的基础上撰写，取代以往的同类著作，供当代学人研讨，有较大的影响，对相关的学术研究做出了一些贡献。现在收入“人民文库”，一方面是供后来学者继续参考，另一方面也是召唤后来者尽快超越它，这也是我们在2006年重印该书时表示过的期待。

以往书稿，前言、后记都是我先起草、安先生修订的，可惜这个后记没有他把关了。

2019年12月

《中国道教神仙谱系史》序

我一直赞同：道教的最高信仰是“道”，核心信仰是“神仙”。有神仙信仰的宗教就是道教。所以我很关注李远国同志的“神仙谱系”研究，他研究的突出特点是在大量搜集资料的基础上，再做自己的分析和论断。这些具体的资料该如何看，如何作出判断，有可能见仁见智，难以有一致的认识，但资料的收集和整理，本身就是功不可没的，很有意义。

李远国同志自学出身，勤奋有才，特别是在道教文化方面，称得上是见多识广。我每次和他一起参加道教文化研讨活动，有关道教的仪式、法物等，多半是听他介绍、讲解。我想，他在道教方面的知识和成就，应该与他曾拜师道教学者王家祐先生有关。我虽然了解不多，但根据几次交往，认为王先生既是一位高道，同时也是一位有见识的道教文化研究学者。我们1993年在武当山初次见面（当时还有闵智亭、李养正、钟肇鹏等年长于我的诸位先生），就一见如故，相谈甚欢，他戏呼我为“熊道长”并以书相赠。李远国知道一些我与王先生的交往，所以我们在一起开会时，也就常常心灵相通了。记得一次在山东开会，我发言讲“黄老道”，会后他简单说了一句：“还有王母道。”所以我后来又写了有关“王母道”的文章。在道教问题研究中，我们有些看法是相同相近的，例如战国时期的道教派别有方仙道、黄老道、王母道等；神仙信仰是道教的核心信仰之类。有些问题我还在继续思考，例如道教究竟起于何时？也会参考他的论述。至于如何解释一些考古文物资料，我没有深入地学习和研究，不该置评。但发现资料和提出问题，都是难能可贵的，可以给人启发、思考。本书出版，对道教研究应该有很大参考价值。

2020.6.20

随　笔

学习毛主席著作，改革教学工作

——华中师范学院历史系中国古代史教研室教改简况

文化教育战线上社会主义革命的深入发展，引起了华中师范学院历史系教师思想上革命性的变化，这种变化显著的表现之一是学习毛主席著作蔚然成风，形成了广泛的群众运动。不仅人人学，而且有不少同志还坚持天天学，经常写学习心得。通过毛主席著作的学习，改造了思想，也改进了工作，并推动了教学改革。中国古代史教研室上学期和本学期都有教学任务，为了摸索和总结教改经验，教研室组织了古代史备课组的全体教师，结合教学过程跟班听课，开展调查研究。上学期末初步进行了总结，本学期仍在继续采取这样的办法，就教学内容如何以毛泽东思想为指导，如何贯彻“少而精”原则、运用“启发式”教授法，以及如何使学生真正学到东西等问题进行调查研究。一个多学期以来，大家感觉到毛主席著作愈学，方向愈明确；愈用，教学改革的方法愈多。现在，逐渐地明确了以下几个问题：

首先，明确了毛主席著作和历史教学（包括古代史教学）的关系。毛泽东思想是当代的马克思列宁主义，是革命的武器，干革命，离开了毛泽东思想是不行的；历史教学的任务是为无产阶级革命事业服务，应用共产主义世界观和唯物史观武装青年，促使青年学生革命化、劳动化，成为坚强的革命接班人。因此，历史教学是一项重要的革命工作，离开毛泽东思想是不行的。这就给从事历史教学工作的人提出了两方面的要求：即必须用毛泽东思想改造自己实现思想革命化；又要以毛泽东思想教育青年学生。大家体会到，改革历史教学的过程就是一个思想改造的过程，也是不断以毛泽东思想为武器来清算资产阶级教育思想和唯心主义历史观的过程。

其次，明确了古代史的教学也必须进行政治思想教育，加强古代史教学的战斗作用。同志们批判了过去教书不教人的思想。为传授历史知识而教学，只能把封建史家记录下来的，经过资产阶级史家整理的东西，客观主义地介绍给青年学生。毛主席教导我们，对于过去的东西必须清理，“剔除其封建性的糟粕，吸取其民主性的精华”。古代史的教学应该遵照毛主席指示的这个方向去努力，那就是“我们必须尊重自己的历史，决不能割断历史。但是这种尊重，是给历史以一定的科学地位，是尊重历史的辩证法的发展，而不是颂古非今，不是赞扬任何封建毒素。对于人民群众和青年学生，主要地不是引导他们向后看，而是要引导他们向前看”（《新民主主义论》）。如果把古代史当成一门纯知识性的课程，其结果就是精华糟粕是非不分，引导青年学生钻故纸堆，甚至发思古之幽情，那是与我们培养坚强革命后代的任务不相容的。因此，必须把古代史当作进行政治思想教育的阵地而加以占领。

怎样占领呢？重要的是确定一个正确的标准来精选教学内容。这个标准同志们称之为“上纲”，即上毛泽东思想之纲，上阶级斗争之纲。它的具体内容就是要有利于培养学生如下几个观点，即：革命观点、阶级观点、群众观点、劳动观点以及辩证唯物主义的观点。选择真正是精华的东西，并且注重分析。譬如讲魏晋南北朝的文化，在分析范缜思想继承并发展了古代朴素唯物论以后，还应指出其局限性。但是问题还不能到此结束，还须进一步指出范缜之所以在谈到社会问题时唯物论的观点不能坚持，是和他的阶级立场有关系的，从而引导学生认识：“剥削阶级的偏见经常歪曲社会历史”，要有科学的世界观，必须要有无产阶级的立场。又譬如，在介绍了祖冲之、贾思勰、郦道元在科学上的贡献后，指出他们的共同之点是重视实践（当然有局限性），使学生从古代史的学习中同样能够加深以下认识：“人的正确思想，只能从社会实践中来，只能从社会的生产斗争、阶级斗争和科学实验这三项实践中来。”（《人的正确思想是从哪里来的?》）

最后，明确了必须改革教学方法，千方百计地使学生把历史科学学到手。为了使学生学到手，过去也曾在教学方法上做了一些技术性的改进，这学期则进一步把改革教学方法的问题提到了贯彻教育方针的高度来考虑了，又学习了毛主席《实践论》的原理和关于教授法的指示，做了一些努力。不仅在课堂讲授中运用启发式（采用启发—读书—讨论—总结；印发讲稿等方法），特别注意“由浅入深”、“通俗”、“明白”、“后次复习前次的概念”等方法，在辅导时也注意了引导他们独立思考。同时，学习毛主席著作，用毛泽东思想统帅古代史的教学，使教师能够在教学中活学活用毛主席著作，并要求学生反复学习，反复体会。由于教师比较深入学生实际，在调查研究中，在辅导时了解到一些活思想，如有的学生认为在封建统治相对稳定的时期没有阶级斗争，教师在讲“贞观之治”时就其内容逐条进行阶级分析，引导学生自己作出结论：“贞观之治”是封建统治相对稳定的时期，这时仍然存在着阶级斗争。因为是从学生存在的活思想出发，学生感到能解决问题，也就是说把历史知识学到手了。

华中师范学院历史系中国古代史教研室的教改目前只不过刚刚开始，在迈出这第一步后同志们最深刻的一点共同体会是只有学习毛主席著作，才能保证教学改革的胜利。

（原载《历史教学》1965.7）

我怎样搞一年级教学工作

——在一次会上的发言

中国古代史这门课程，一般都在一年级开设，过去我教过。近几年我也教这门课程，自己有进一步的认识和体会，讲出来，就教于大家。

现在一年级的学生，一般年龄都比较小，最近两年更是越来越小，差不多都是十六七岁。这样的青年，有理想有抱负，但是又不很成熟。特别是“文革”遗留的问题以及社会上各种不正之风的影响，使他们在世界观和人生观上存在着这样和那样的问题。他们渴求知识，多数人从来没见过图书馆这么多书，喜欢追求新的东西，对已学过的基础知识虽掌握不牢，但不太想再下苦功夫。他们在中学时代形成的某些学习方法，入大学后有的不适应，少数的还有松一口气的思想。加上刚开始离开家庭独立安排自己的生活和学习，有的懒懒散散，时间抓得很不紧，个别的甚至自由散漫。总之，思想、学习、生活各方面都存在着一些问题，有的是历来都有的带某种规律性的问题，有的则与当前社会上的问题有关，需要有人给予指导和帮助。这是每一个教育工作者应该注意的，即使是专业课的教学，对以上这些置之不顾，也是不恰当甚至是不应该的。

我在教每一个新的年级之前，都花了比较多的时间了解学生情况，包括熟悉学生的基本情况。在开始工作之前就把学生卡片借来，反复熟悉。这两年是第二学期的课，就向学生辅导员和第一学期任课老师了解情况，参加学生的某些活动。这样，一上课时不仅能记住很多学生的名字，而且了解了一些比较突出的问题。比如说，有的学生有专业思想问题，有的学生自由散漫等。我刚上 82 级的课时，是寒假过后，上课前一天人还未到齐，第一次上课就询问情况，指出哪些人未到。有一个比较自由散漫的学生，上学期常迟到、缺课，我刚问他来了没有，他就出现在教室门口。就此讲几句纪律问题，不仅对该生，对全年级学生都有好处。以后有的学生上课时陪家里来的人上街，我也要讲。这样，学生知道课堂纪律重要，也难以逃脱老师的监督。这都是帮助学生培养良好的学习纪律。

在教学过程中，情况也是要不断了解的。学生在学习过程中会不断产生一些思想和问题。如有一次去辅导，史剑波同学睡在床上看书，我见他书上一点痕迹也没有，问他的笔记，笔记也没有。开始弄不清楚，几乎弄得很僵。后来了解，他以前是记过笔记的，但实践一学期后觉得作用不大，不如看书。他有可取之处，即反复看书，看懂看熟，不足之处是不动手记笔记。我向他指出，人的记忆是有限的，笔记会对自己帮助更大，但要改进记笔记方法。后来他课堂上记了，课外也有读书笔记，并且能抓住重点、难点。我让他向全班同学介绍了自己的学习方法。有的同学喜欢看诗、写诗，我就利用他们读的诗和写的诗进行教育。经常了解情况，可以不断发现问题和解决问题，可以利用学生自己教育自己，可以和学生有共同语言，可以增进师生感情。

了解和熟悉学生情况，帮助和教育学生，是要花比较多的时间的。我在课堂教学之外，经常参加学生各种活动，也经常做个别工作，我的原则是："有请必到，来者不拒。"甚至主动找着参加一些活动。除开定期的辅导时间（一周一次）之外，有的学习小组活动我也经常参加（一两周一次），年级或班级的学习经验交流会，乃至团组织生活，新年联欢晚会都参加过。个别工作也常做，为了帮助 81 级一位爱好文学的同学端正态度，我看了他好几本作品（甚至还请中文系老师帮忙看，商量分析），从思想上帮助他如何正确对待文学创作。同学们看的电影，我也争取去看。有一次看高尔基的《我的大学》和《钢铁是怎样炼成的》，虽然我看过，但久了，我带着重感冒（头痛）去再看，并且向外国文学的老师请教如何分析。有时我又向教育学、心理学的老师请教、借书，都是为了帮助和教育学生。因为平时注意思想上的指导，所以有的同学主动上门来谈自己的理想和打算，我都一一和他们交谈、讨论，并向他们提出要求，要求他们首先把目前的学习搞好，告诉他们"千里之行，始于足下"。

了解和熟悉学生情况，至少有两个好处：第一，在教学中可以有的放矢。正如许多同志所曾指出的那样，教学内容中有许多可以进行思想教育的地方，如果我们了解学生的情况，针对性就更强。比如讲东晋南朝门阀世族不愿意北伐恢复中原，就因为他们在南方有了田产家业，认为"田宅不可复售，舟车无从而得"，北归是"舍安乐之国，适习乱之乡"。这可使学生认识到，统治剥削阶级图安乐是他们政治腐朽的根源，贪图享受是剥削阶级的思想，要警惕！这对于克服比较普遍存在的“铁饭碗”、“松一口气”等思想，形成正确的人生观是有帮助的。讲大道理，只要顺理成章，有针对性，说服力强，是可以转变学生思想的。有个叫熊慧群的女同学，上课之后就后悔不该来历史系，想学数学，并且写过转系报告。我在一些活动中有意识讲了志愿形成的社会因素，从历史上的情况、从许多伟大人物的情况以及从自己的经历和体会多方面加以讲解，这学期她基本上转变了思想。她说：现在才体会到学历史很有意义。这是有的放矢进行教育，并且取得了较好效果的一个突出例子。

第二，使学生感到亲切，有利于教学工作。学生对于你了解他有关的情况，他是很高兴、感到很亲切的。除开佩服你知道多、记性好之外，比较容易接受你的教育和帮助。有时候，有的学生还会暗下决心，一定要搞好学习，以免愧对你这位老师的关心和帮助。有时讲课也可随时利用了解的情况，比如在讲少数民族时，联系某少数民族同学的族源问题，他本人以及整个课堂都比较活跃，他左顾右盼、交头接耳，但并不影响教学。这里值得注意的是，要恰如其分，课堂上不能乱联系。此外，要把关心、爱护和严格要求结合起来，鼓励和具体帮助结合起来。

总而言之，我认为，了解和熟悉学生情况，做学生的思想工作，对学生的学习态度和学习方法进行指导，这是一个教师教学工作中不可分割的部分。

其次，关于备课和课堂教学的问题。

根据别人的经验和我自己的体会，备课应该关注四个方面：一是教学对象，二是教学内容，三是教材，四是教学方法。

关于教学对象的问题，上面已经讲得很多了。这里只讲另外几个问题。

教学内容和教材是两个密切相关的问题。教课当然是教教材规定的内容，但教材并不等于全部教学内容。例如我教中国古代史课程中的一部分，魏晋到两宋这一段，除开某一本中国古代史教材所写的内容之外，有关这一段历史的内容还很多，有关的书籍也不少。作为一个教师，要教这一段历史，对教材当然要较深入地钻研和掌握，对这一段历史的全貌也应有尽可能多地了解和熟悉，这就是通常所说的一桶水和一杯水的关系。整个内容掌握得比较好、比较全面，就可以居高临下，运用比较自如，就能做到尽可能地准确、恰当。比如我讲唐代宗教（主要是佛教），虽然只讲一二十分钟，可是看了两三本有关佛教的书籍，自己讲时就比较振振有词，学生也有比较深的印象。一些有较多教学经历的同志都懂得，自己讲的东西，一定要力求搞懂，切忌生吞活剥，更不能不懂装懂。当然也没有必要处处公开说我这不懂那不懂，这也是影响学生情绪的。应该是，第一，努力尽量弄懂；第二，不是十分紧要的可以暂时回避不讲。

可以这样说，随便糊弄一堂课并不困难，水平高的人损失会小一些，看不出大的破绽；水平差些的损失就会大一些，甚至闹笑话。但随便应付一堂课是绝不应该的，望着那渴求知识的几十双甚至上百双的眼睛，应该感到羞愧、内疚。唯一的一条，就是多花时间，认真备课。哪怕是一个字的读音，也不能马虎，我常常花许多时间翻字典（有时也还避免不了出错）。我个人确也有不写全部讲稿的时候，但花的时间并不少，有时甚至夜晚很难入睡，在头脑中反复琢磨。

教学方法也是如此，也是要花时间认真考虑的。在目前条件下，文科除开主要是课堂讲授之外，很少有别的什么方法，电化教学的条件还很难利用，参观、讨论也不可能很多。但课堂如何讲？也还是可以想些方法的。我在讲授时一般是不简单重复教材的内容，而是在概述的基础上着重讲重点、难点，努力引导学生思考、分析问题。同时，把学习态度和方法的指导也纳入课堂讲授之中。这样做，开始有的同学不习惯，但绝大多数是会很快适应的。适应了，对培养学生的学习能力是有好处的。

我们这些中年人，算来也有二十多年教书的历史了（“文革”耽误了不少时间），虽然不能说桃李满天下，也有了不少学生。从许多学生的发展来看，结合自己的经历，什么形式和方法都试验过：系统讲授，专题讲授，大辩论，打擂台，组织学生编教材，写文章，开门办学，下乡下厂……可以说，正反两方面的经验教训都有，集中起来有一点，那就是一定要培养学生的独立工作能力。

教学中始终注意这一点是必要的，一定要朝这方面想，朝这方面努力。但是，除了一般地考虑如何讲授之外，也还要对不同程度和不同情况的学生提出不同要求，分别给予帮助。这方面，我也做了不少努力，如分不同情况提出要求，进行个别谈话和帮助，批改作业更是一个很好的机会。有一位比较自由散漫的同学，一向不爱交作业，我不但规定他一定要交，上门追过，在他做了之后又认真批改。有一次他写了两张纸的作业，我写了一张纸的批语，肯定他的优点（确实动了点脑筋，有点新意），指出他的缺点和不足，鼓励他“自强不息”。

最后，谈谈我的一些认识和想法。

以上这些零零碎碎，说明教学工作是要花时间的，我也花了不少时间。时间是珍贵的，但我在教学中不吝惜时间。例如辅导，上学期一般每周有两个晚上在学生中活动，有时多至三四个晚上，个别辅导是定期一周一次，有时是小组活动，有时是集体辅导等。再就是如上所说了解情况、个别工作以及备课。规定的工作量，特别是那个“系数”，就是大大超过了的。但我心甘情愿，认为必须这样做。

自从我踏入师范学院大门之日起，“人类灵魂工程师”、“光荣的人民教师”这样的字眼就深深印入了我的脑海。尽管我有许多缺点和不足，但我一站在青年学生面前就感到自己应该无愧于这样的称号。面对着天真可爱、朝气蓬勃、渴望求知的青年，就被吸引着。作为一个教师，应该关心他们，尽可能帮助他们，自己应该给他们最好（当然是尽自己的力量）的精神食粮。这不是我吹嘘，这是长期以来党教育和培养的一种性格，也是我们这一辈人所共同有的性格。虽然由于自己的觉悟等，我个人在这方面还有很多不足之处。但以上这一点却是自己工作的一个基本精神支柱。因此，我读到 5 月 20 日院刊上一篇名为《余波》的微型小说，心中很不是滋味。其中有这么一段：“有意见又怎样？你要学知识，老师也要搞科研啦！写不出论文论著，提教授时，拿你交上去？因此，课嘛……”说到这里，也只好打上删节号！因为教学与科研的关系在这里说都是多余的。这种意见，值得每一个教师深思！

再回到教学上来吧！教学工作是培养青年学生最重要、最基本的一项工作。我们的教学效果很难在一个短时间看出来，一两天看不出来，一两星期甚至一两个月也不一定能看出来。但也不排斥，有时候一堂课也会给学生留下很深刻的印象。真可以说是奇妙得很！朱熹曾说：“教学如扶醉汉，扶得东来西又倒。”这话是很不错的。教学的对象是活的，教学过程中可能出现各种各样意想不到的问题。但是也只有一条，教师是一个关键，不论说主导作用也好，主体也好，反正关键在于教师。最近，我常常拿演员比教师，从创造性上比。有的导演说，一场戏的成败完全决定于演员。我想，教师在教学中也是起决定作用的。但对教师的要求比对演员的要求更高，教师应有更大的创造性。而这种创造性必须建立在艰苦的脑力劳动的基础上。不花时间刻苦学习，是当不好教师的，所谓年纪大的知识老化需要更新也好，年纪轻的基础不够也好，都是要求学习，活到老学到老。旧史学说的才、学、识，现在说的理论水平、业务水平等，都只有通过不断学习才能提高。不花时间，不动脑筋也是搞不好教学工作的。

我总的体会就是：搞教学要舍得花时间。

（原载《高教研究》1983.3）

别来沧桑事　故园四季春

1957年，在离开故乡8年之后，我回了一次常德。刚一进城，忽然有一个强烈的感觉：大街为什么这么窄小？仿佛我在街中间一眼就把两边商店的内里都看得清清楚楚了。在我的记忆中可不是这样的，街道是很宽的，店铺也是很大的。我幼时常在店门口痴痴呆呆地看街，看街对面的店铺，看来往的行人，从门缝里看解放军进城……记得都是一条又宽又大的街道。后来才知道，许多人在久离之后再回故乡，都有这样的异样感觉。我从1948年离开常德，先到长沙，后来又到武汉、上海，也许是城市越跑越大，眼界开阔了不少吧。

久离故乡而怀念故乡的感情是人人都有的。怀念中又常常是一些美好的事物，上了年纪之后，总想重温。有时候真有机会重返旧地，感受也会是多种多样的。1977年回家，时间稍多几天，我不仅看了自己幼时住过的地方，看了上过的小学，还特意骑自行车到离城十多里的白鹤山，看看自己上初中的隽新中学。老房子几乎没有了，记忆中当年雄伟威严的校办公室，只是几间破旧不堪的木板平房，新的宽敞明亮的校舍不知增加了多少倍。记得当年的白鹤山下一片汪洋，名叫“万金障”。进城采购都靠船运，从山脚下一直到北门城外。而今“万金障”成了一个国营农场，不再船行而是车跑，真是“沧海桑田”。沧桑之变是免不了的，围湖造田古亦有之。不过，湖、港、溪、流遍布，是鱼米之乡的特点，这种自然环境恐怕还是以保留为好。

说起桃源的溪，抗战期间我在桃源芦花潭平阳小学读了一年半书，小镇旁就有一条溪。平时溪水清澈见底，水底许多鹅卵石，热天常在水中游戏。山洪暴发时，则是一条咆哮的河流，走在宽大（现在看也许不大了）的木板桥上也有些心慌。由常德到芦花潭要经过水溪、桃花源，可是我1985年才到桃花源游了一趟，当时来去步行赶路，无暇游览。过去交通工具简陋，人们的时间也是以一天、半天计算的，记忆中，常德乘船到桃源，像是要起早摸黑。

交通上的变化大得很。解放前，从常德乘船到长沙要两三天，1948 年我们几个初中毕业生到长沙考学校，晚间船靠中途码头时，我们背靠背地守着几件简单行李，因为要小心扒手。那时候汽车要一整天，有时一天还到不了。解放以后，交通越来越快，越来越方便。1985 年坐车，好像四五个小时就到了，现在从早到晚都有车。

我在长沙生活了 4 年，1948 年到 1952 年，正值解放前后。这里的一切，更是印象深刻。银宫、银星、国泰等电影院，我在那里看过《一江春水向东流》等影片，自此我开始知道有声电影。八角亭是一条繁华、拥挤的商业街，穷学生没有光顾过什么，那附近一条小街，有“开明”等许多书店，倒是常去之所，“五四”以后的新文学作品，《中学生》之类的杂志，都是这个时候接触的。当然，还有坡子街的火宫殿，印象也很深。70 年代重游过一次，好像与记忆中的情景也不一样了。

如果说在常德读书时很少接触政治的话，在长沙就大不一样了。解放前夕湖南大学的学生来我们中学宣传，记得一男一女唱《康定情歌》，印象极深。不久就解放了，有些同学参加了南下工作队，我则继续念书。从 1950 年起，我成了学生干部，参加抗美援朝等运动，在我个人历史上发生了根本性的变化。参加过学干班，过集体生活，受爱国主义教育，一切都新鲜得很。我记得，上千人分散住在几栋宿舍，三几分钟可以全部集合到操场，真正是朝气蓬勃。西藏和平解放时，消息是晚上听到的，我从床上爬起来，集合在校同学去游行，从文星桥走到南门口。我当时是团市委领导的“党的宣传员”组成员，又是学生会主席。这许多的锻炼，无疑对我的人生道路发生了重要影响。

现在我虽已年过半百，但还没有更多时间来回忆过去的一切。沧海桑田，社会的变化太大了，个人的变化也是很大的。回想人生道路的起点——童年和少年是在故乡度过的，这故园情必然是老而弥深。

（原载《湖南日报》1987.8.22）

（作者系湖南常德人，华中师范大学历史系教授）

我们的姓氏　我们的故乡

香港熊氏宗亲总会想编一部《熊氏宗亲源流考》，我是研究中国历史的，并且有些考证的爱好，特撰此文以助诸宗亲之兴。

我们熊氏虽非大姓，但有其独特的历史，这是有典籍可查的。

《左传·隐公八年》写道："天子建德，因生以赐姓，胙之土而命之氏。"这可说是关于姓氏的最早记载。汉以后许多学者研究这个问题，南宋的郑樵在《通志·氏族略序》中总结说："三代之前，姓氏分为二，男子称氏，妇人称姓"，"三代之后，姓氏合而为一"。他把"得姓受氏者"分为三十二类，有以国为氏、以邑为氏、以地为氏者，有以姓为氏、以字为氏、以名为氏者，有以族为氏、以官为氏、以爵为氏者，有以技为氏、以事为氏、以凶德或吉德为氏者……我们熊氏是以名为氏的，"楚鬻熊之后，以名为氏"。这在当时有点特殊，所以郑樵特别写了几句："古之诸侯传国者，为诸侯则称国，支庶非诸侯乃称氏。今楚有国称王，而其君世称熊氏，蛮夷之道也。"

楚君世称熊氏这是事实。《史记·楚世家》记载："鬻熊子事文王，蚤卒，其子曰熊丽，熊丽生熊狂，熊狂生熊绎。熊绎当周成王之时，举文武勤劳之后嗣，而封熊绎于楚蛮，封以子男之田，姓芈氏，居丹阳。"姓芈氏，是讲"其祖考之所自出"，而鬻熊以后为熊氏，就是所谓"以名为氏"了。熊绎封于楚蛮之后，就一直以熊为氏，"熊绎生熊艾，熊艾生熊黮，熊黮生熊胜，熊胜以弟熊杨为后，熊杨生熊渠，熊渠生子三人。当周夷王之时，王室微，诸侯或不朝，相伐。熊渠甚得江汉间民和……熊渠曰：我蛮夷也，不与中国之号谥。乃立其长子康为句亶王，中子红为鄂王，少子执疵为越章王，皆在江上楚蛮之地"。以后，不论是西周末年，或是春秋、战国时期，直至楚国灭亡，楚君皆称熊氏。世系是很清楚的。

我熊氏宗族这样源远流长，而且绵延不断，也可以说是"遥遥华胄"了。但是郑樵却说楚君世称熊氏乃"蛮夷之道也"，似有微词，不可不辩。

《史记·楚世家》开宗明义就说：“楚之先祖，出自帝颛顼高阳。高阳者，黄帝之孙，昌意之子也。”我们熊氏宗族当然是黄帝后裔。只是在漫长的历史发展过程中，我们的祖先有时强盛，有时衰微，以至于“或在中国，或在蛮夷”，不过汉代司马迁时已经“弗能纪其世”了，详细情况无法弄清楚。且不说更遥远的古代怎么样“在蛮夷”，周初封熊绎于楚蛮之后，这就正式开始了我们的熊氏宗族。虽然熊渠曾自称“我蛮夷也”，但只不过说明活动在“江上楚蛮之地”，并不能否认我们的祖先为黄帝苗裔。

我们熊氏祖先，在中华民族的发展史上，有着特殊的地位和贡献，这里可以粗略地揭出以下几点。首先，如《史记·楚世家》中所写的那样：“昔我先王熊绎，辟在荆山，筚路蓝缕，以处草莽，跋涉山林，以事天子，唯是桃弧棘矢，以共王事。”以艰苦创业精神建设乡邦，建设祖国，造福于整个中华民族。其次，我熊氏祖先有广泛的团结精神，从“熊渠甚得江汉间民和”，发展到“楚地千里”乃至“五千里”，“蛮夷皆率服”，可以说是在一定程度上处理好了许多蛮夷关系，甚至融合了许多少数民族，为中华民族的形成做出了重大的贡献。周天子曾经希望楚成王：“镇尔南方，夷越之乱无侵中国。”看来我熊氏祖先很好地完成了这个任务。第三，如上所说，楚君世称熊氏为“蛮夷之道也”，这并非指楚君是“蛮夷”，而是采用了“蛮夷之道”，事实上又意味着采纳“蛮夷”的各种文化。这是一个有待详考的问题，但是可以说明，我们熊氏祖先是善于吸收、融合各种文化而且有创新精神的。以上这些，是我们熊氏宗族的优良传统，也是整个中华民族的优良传统，至今也是值得发扬光大的。

秦统一六国是中国历史的进步。随着秦始皇对六国旧贵族的压制，熊氏再度衰微（当然首先而且主要的是政治上的衰微）。汉初布衣将相之局，也不会有旧贵族多少地位。所以，秦汉以后，熊氏在政治上再没有显赫地位。但曾得到一官半职的也并非绝无仅有（当然，这不是说当官才有出息，问题在于不是当官的就一般不会见于记载），据《万姓统谱》记载，就有几个官至骑都尉的熊氏子弟。三国时有熊睦为“吴尚书”。《晋书》记载，豫章熊远一家就出了好几个太守。南朝熊昙朗，《陈书》上说他“世为郡著姓”。北朝熊安生是一代名儒……总之，各朝各代，儒林、文坛，都有一些熊氏俊秀，此处就不一一列举了。

今天，熊氏子孙遍布环球，海内外都有我们熊氏宗亲。然而我们的故乡在哪里呢？这也是我们应该知道的。熊氏与古代楚国密切相关，发源地在今湖北。《史记》说“熊绎封于楚蛮”，“居丹阳”，这个丹阳是现在什么地方？从古到今都有不同看法，这里我们暂不做详细考证，大体上则是在今宜昌地区。以后，逐步扩大，熊氏子孙分布在整个楚国的管辖范围之内，那就主要是今湖北、湖南以及江西、安徽和河南的一部分。

上引《史记》中说，早在西周时期，熊渠分立三子为王，长子为句亶王在今江陵，中子为鄂王在今武昌，少子为越章王，越章是什么地方？历来未注，看来是有误字。《系本》“越”作“就”或作“戚”。但无论“越章”、“就章”或“戚章”，似均无此地名。那么是否第二字有错呢？古地名中有一个越裳，但在今越南境内，与“江上楚蛮之地”不合。因而我猜想，或为“豫章”之误。《左传·定公四年》有“自豫章与楚夹汉”的记载，注云：“豫章，汉东江北地名。”春秋以前豫章在江北，以后汉高祖时才移其名于江南，这就是今江西南昌。这样，豫章本来是楚国中心之一，不过是后来南迁罢了。豫章和江陵、武昌一样，也是我熊氏宗族故乡之一。

《通志》上有一句话，一般人不会注意，那就是郑樵顺便记的一句：“熊氏……今望出南昌、江陵。”就是说，宋时熊氏在南昌和江陵两地是大姓，或考说这两地熊姓很多。如上所说，江陵或者以江陵为中心的地区是楚国兴起之地，熊氏人多势众自然无问题。而南昌之所以也成为熊氏的一个中心，如果是熊渠封少子为豫章王，问题就比较好解决了。南昌作为我们熊氏宗族的故乡之一，有不少历史和现实的事实可以证明。载入史册的熊氏，不少是豫章人。如《晋书·熊远传》有“远，豫章南昌人也”；《南齐书·檀超传》有“豫章熊襄著《齐典》”；《陈书·熊县朗传》有“昙朗豫章南昌人也”。唐宋以后其他记载，以及各地方志，均录有熊氏名人，例如《建阳县志》中有地名“熊屯”者，当为熊氏聚居之地，说明在福建有不少熊氏子孙。但福建熊氏多半是江西迁去的，如“（熊）博，熊屯人，其先避黄巢乱，自南昌徙入闽”；“（熊）襄其先南昌人，四世祖避地入建阳”。现在福建、广东的熊氏宗族，很多祖籍是江西的。又如湖南、湖北，一方面有土居的熊氏，另一方面也有由江西迁去的。本人籍贯湖南常德，祖籍是“南昌府南昌县”（这是小时候祖母教念的），是祖父时迁到常德的。当时常德城里有好几家江西熊氏，而另外又有本地熊氏。

以上仅就一些人的方面提出点粗浅的看法，若从各地熊氏宗亲的源流做综合考查，就会更清楚一些。这工作只有留待以后去做了。

从整个熊姓来看，可以说是“世守一氏传千余年而不变者”，但另一方面，无论宗族兴衰、居住地址，又都是在不断变化着的。

1988.4.5.

我学史的经历和体会

我现在该不该写这样的东西，犹豫了一番。原因之一，是本书的作者不少是我的师长，我不该和他们平起平坐；原因之二，有人说我也算“功成名就”了，可以写，我不以为然，“功”在何处？“名”有多大？但几经邀约，几经考虑，我又动手写了。一是表明我的师长们有后继之人，二是我的经历和体会或者对部分青年的学习多少有点启发。这样，我怎么想（当然也还是比较认真地想）就怎么写出来，如实地写，不过，这个“实”也不是完全可靠的，首先是记忆不一定准确，写的并非真正的“实”；其次是观点和看法的问题，严格地说写的只是此时此刻我的一些想法。

一、基础和传统

基础，有的学者说是“根基”。有的人是根深叶茂，有的人则根底浅薄，我属于后者，但总归有根。

这里主要是较集中地写一下我自己学史的一些经历。大约1940年前后（以往填各种表，都是推算的，父母早已去世，我又是老大，无从核实了），我开始上小学，那是一所教会小学（湖南常德三德小学），做过礼拜，我印象最深（1980年前后去看过，那个礼拜堂还在，很小，但少小时心目中是很大的）。以后的三四年，就有日寇飞机空袭的问题了，家曾暂住城郊一段时间，大约上学不便，曾读过一段私塾，从《三字经》、《百家姓》到“子曰：学而时习之”，死记硬背过一些，“人之初，性本善”、“赵钱孙李”之类，大约从那时起就背得了（但后来又大多忘了）。高小是在桃源芦花潭平阳小学读的，那是一所私立中学的附属小学，一个好像是当过军官的当地财主饶第先主办的。也算是远离父母，为常德同乡林元森老师（父亲朋友的亲戚）所照顾，这一段在读书方面没有什么印象。那里在著名的“桃花源”附近，但当时多次路过，一次也没进去过，只是后来读

《桃花源记》时才注意到，又有些后悔了（四十多年后，1990 年才去看过一次，当然没有以前的“原始”性了，现在更不消说）。这期间看过《水浒》和《三国演义》，印象很深的是看到傍晚，光线越来越暗，后来才知道大伤眼力。

1945 年抗日战争胜利了。我进入常德一所较有名的私立中学——隽新中学读书，成绩不好，但学英语的印象较深，如《卖火柴的小女孩》之类，有位老师背字典（那种 36 开的字典），我也背过才半本的小字典，为后来高中学英语打了一点基础。历史课似乎把尧、舜、禹当正式的朝代。国文课有不少古文，也有朱自清的《背影》之类（我曾经模仿写过一篇作文，得了“甲上”，似乎后来还保留过，不知现在还在不在）。就在此期间的寒暑假中，我从祖母的舅父——一位前清秀才，读过《古文观止》，这比以前读私塾就大不一样了，他是串讲，我也有时多少能进入那种意境，如《陈情表》、《桃花源记》、《讨武曌檄》之类，印象是极深的。

顺便说一下，在小学和初中阶段，我看了不少戏，主要是我们常德的“汉剧”，少数的京剧，也看过无声电影。有时在剧场，逃日寇在乡下还四处“赶场”。有些历史知识是从戏剧中得来的，有的甚至在今天也还未细细去考察它是“历史”还是瞎编的。

1948 年到长沙兑泽中学读高中，吸取了初中“顽心太重”（成绩单上的评语）的教训，各方面成绩都较好。英语老师熊克立（在长沙中教界有名的）常让我在课堂上示范，路上遇见也讲几句。语文老师向希任兼班主任（?），在一次成绩单上给了我“聪明多才，守规勤学”的八字评语。更重要的是数、理、化、生的学习，感到增加了不少新知识，自己也非常投入，有时候一道题在作业本上列两种做法。我还得过数学竞赛的优秀奖状（至今保留着）。值得一提的是，解放前夕，校内的民主活动很多，墙报之类的活动也有，我却一个人出了一张“科学”墙报，现在实在想不起来为了什么，也许是政治觉悟低，在学习上太投入了。但是学生运动我还是参加了的，参加过一些集会、游行，随队到长沙省政府礼堂受过程潜的接见，当时他穿件长袍由人搀扶着（前些时看了一个关于程潜的电视，我记得很像）。我觉得自然科学的学习是不无好处的，特别是数学的学习也许对我的逻辑思维有很大帮助。这是很重要的一个基础。

解放了，我刚进入高中二年级，学校还在长沙北门外丝茅冲（?），离市区有一段路。不知为什么，我那时曾有当无党派民主人士的思想（如郭沫若，好像当时郭老是无党派民主人士的身份）。后来学校迁入了市内文星桥，学生会活动也开展起来，我居然以落后群众的代表当选为学生会主席。有趣的是我由落后变先进的现象，似乎来得很“自然”，在工作中自然而然就变成先进了，领导了学校的“抗美援朝”、“参军参干”运动。1950 年 10 月我加入了新民主主义青年团（共青团），不久又成了“党的宣传员”。当时长沙市文教党委的团委领导的宣传员非常活跃，而我们兑泽中学没有党支部，连党员也没有（只有几个民主同盟的盟员，校长杜迈之为民盟市委宣传部长、《民主报》主编），我是“党的宣传员”组长，事实上成了学校“执行”和宣传党的方针、政策的“代表”人物（我这几个“引号”是表明该如何看可以商量，然而，活动却是事实）。在这些活动中，我无疑是增长了才干的：出黑板报，从内容到形式，从编排设计到书写绘图，都亲自动手；开全校学生大会，从领呼口号鼓动到讲长达一个多小时的宣传活动专题报告，样样都做了。

过多的社会活动和工作耽误了学习，我的课桌上常常有一层灰尘。期末赶作业，开夜车，本来不很强壮的身体当然受不了，得了一场伤寒，几乎死掉而不自知。护士为我人工降烧，问这问那，左床抬出去一个，右床抬出去一个，我一点也没想到什么，只是不能起床，起床就发烧，躺在床上一个多月，下床时腿脚都不听使唤了。这样我就躺在床上看小说，记得一天一夜看了一本西蒙诺夫的《日日夜夜》，看的大多是苏联小说。

不知是因为社会活动的影响，还是兴趣的转移，我对历史关心起来。历史课赵学钧老师讲课很认真，借给我一本吴泽先生的《中国通史简编》，我竟因此而萌发了学史的念头，后来吴泽先生又成了我的指导教师，这一切都是巧合。

1951 年报考大学，我的志愿是北大考古专业，当时可填八个志愿，其他七个我一笔划掉了，足见决心之大，但没有考上。后来湖南大学（当时尚有文科）继续招生，我也没考上，生活费又无来源（家早已破产），跑到长沙县车马乡去教了半年小学，仅仅糊口，生活艰苦极了，但在教书（无所不教，还教音乐——就是自己喊一句，学生跟着喊一句罢了）的同时，也参加了乡下一些社会活动（因为一个乡只有两个青年团员），我写过（油印）拥军优属之类的慰问信（大概是抄报纸的），这些当也是才干的锻炼。

1952年在朋友周乐群的影响下（他先我一年上华中大学了），我报考了华中大学师范学院（现为华中师范大学）历史系，这样算是正式开始学史了。大学阶段继续干一些社会工作，例如1954年底代表我们一个班向全湖北省高校数以千计的干部作“先进集体”的经验报告，报告前反复修改、反复试讲，这无疑是培养了文字的组织能力和口头的表达能力等。学习的各科成绩都还好，一年级马列主义基础课只得78分，我一个暑假把斯大林的《联共（布）党史简明教程》（就是教材）圈圈点点读了一遍（书至今留着）。喻存粹先生（南开大学王玉哲先生的同学）教中国古代史，给我98分，二年级常常在课堂上点名让我发言，为讨论王安石变法，让我和几位同学读了王安石的万言书，接触和学习运用了原始材料。当然还有张舜徽先生教的《中国历史要籍介绍及选读》，也选读了一些原始材料。

大学毕业时被保送报考华东师范大学中国通史研究班，指导教师是吴泽先生、平心先生和束世徵先生等，还有施奇先生、戴家祥先生等授过课，听的报告就更多了。这里的一些情况，将结合下列一些题目记述。

以上是我治学治史的一些经历，根底是不深的，因此也不难看出我治学、治史的传统。这里，“传统”一词是否用得恰当，我没有仔细考虑。传统有大有小，有民族、国家的传统，有个人的传统，专门讨论起来，题目很大。我这里只是说个人传统，而且主要是有关个人学生的一些传统。我接受了几千年传统文化中的某些东西，后来治古代史后，当然越来越多，但主要的应该是新中国成立以后这几十年的传统，这些也都将在以下各题目中论述到。

二、做人与治学

这不是一个与史观有直接关系的题目，但我认为是一个不应、不可忽视的问题，所谓“道德文章”这样一句话就表明了它们的关系。

做人讲什么？无非是待人、处世之类，这中间也包括待人处世的态度、信念以及方法等许多内容，包括人生观、世界观等。题目大得很，学问既多且深，三言两语很难讲清楚。还是谈我自己的体会吧。

人是群体动物，是社会动物，有社会、有国、有家，形成了各种人与人的关系，父母兄弟姊妹，远近亲戚，古往今来君臣，上下各种隶属，同学朋友邻居……如何为人、如何待人乃至如何求人、依靠人，是谁都免不了碰上的问题。适乎社会之潮流，合乎人群之需要，这是大的原则。“做人难”之类的叹息，这是小的，个人的，但涉及社会、家庭、世道、他人。有的人面临的问题多而复杂，有的人略为单纯一些。我的家庭不太复杂，父亲只有两姊妹，我的姑姑家有一大群表兄弟姊妹。母亲娘家更简单一些，一位舅父我从未见过（解放前当兵去了，后来虽活着，但似乎后代也没有了）；一位舅父我有些接触，只有一位表兄，后来也音讯隔绝了。在我个人的人际关系中，突出的是老师、学生和朋友（包括同学、同事和同行等）。

过去的事记不太清了，模糊记得初中时，不知为什么曾经有很多人不和我说话，我感到很孤独。但我似乎是重友谊的，一是我曾邀约大群人来家，父母也热情招待，不只一次（满健兄现在沈阳评剧院，是我在桃源小学的高班同学，外出考学时在我家住过，受到父母接待）。二是我也有几个特别亲密、印象很深的朋友（可惜后来大多失去了联系）。另一个突出的印象是大学阶段以及工作后一段时间，老是说我群众关系有问题，说我自高自大之类（高中时因为前述社会工作，一位民盟盟员担任教导主任，临别赠言曾说我“锋芒毕露”）。但是近一二十年来，我上上下下的关系都相当好，而且越来越好。这个转变不知是如何发生的。今天的情况使我的生活充满愉快，给我的治学也带来不少好处。待人诚恳、忠实、讲信用、重然诺，这是我的自律，我经常有意无意地背诵曾参吾日三省吾身的话：“为人谋而不忠乎，与朋友交而不信乎？”有些同志对我的评价是“热心快肠，助人为乐”，当然这是“过誉”之辞，而且也有说我不能深交之类的评议，对此我非常注意。还有一点，如果在学问上能切磋琢磨，能够合作的朋友，那就更为可贵，我在这方面也是有所受益的。有的朋友对我所写的书坦诚地提出一些中肯的意见，帮助甚大。

处世关键是一个态度，我总觉得有些东西比较空，或者说比较奥妙。例如信念，我不敢说忠诚于什么事业之类的话，但并不等于我不忠诚，在事实上甚至是很忠诚的。但又觉得有些像大话、空话（虽然不是假话）。只有处世态度是可捉摸的，比较具体，当偶尔涉及谈人生观之类的问题，我有时想，我生活的主流方面可否概括为乐观、热情、积极、进取？有时遇到不太顺利的环境、条件，也能乐观、积极；在取得一个小小成绩时，能够不满足、继续努力。近些年也有人说我是“幸运者”，“春风得意”，高兴的时候当然有，但似乎没有“得意忘形”过。人的缺点是可以克服的，优点是可以形成的，如同我青年时由落后变先进一样，这道理我且不去探讨它。过去说我个人英雄主义，自高自大，名利思想，“白专道路”等，用不着今天来翻什么“案”，也许当时还真是灵魂深处的“实际”。假如真有所谓“功成名就”了，那批判名利思想是有力的。

在做人方面对自己有些“解剖”，对他人也就容易看到一些问题。世风日下，人情如纸之类也许有些危言耸听了，社会、群体中各种各样的人都有，有某些缺点的人也可能会变的，和我自己一样。这是我的持平的看法，也是一种信念。但我是教育工作者，人类灵魂工程师，为了不辜负这光荣的称号，我也经常在教学中和学生谈做人的问题，对“为人不正”者有时难免有点义愤、批评，冷静下来又会关心和教育的。

做人与治学究竟有什么关系？我讲不出什么大道理来，但我模糊感觉到，“道德文章”确实在看一个人特别是文人时应该统一起来。还是讲具体的。我觉得一个人对自己思想、品德的要求（包括缺点的改正）与精神产品的质量是有关系的。很难设想一个名利思想极严重的人会严肃认真地治学，会有高度的至少是一定的责任感去写文章和著作，粗制滥造往往是和急功近利联系在一起的。现在要我粗制滥造，我也不会干，因为至少我还要保护我这一点小小的“名声”，这并非说我现在和今后写的东西会没有缺点、错误或者如何了不起，而是说我一定会越来越严肃、认真。当然应该这样说，道德文章的“道德”主要是就“大节”方面而言的，所以有的学者写文章说：“爱国主义是学习的根本动力。”有的说：“理论工作者首先应该是革命者。”这些是有道理的。爱国主义，为共产主义事业、为人类的文明进步、为国家的繁荣富强等这些崇高的理想和目标，并非高不可攀，是经过努力可以达到的，有时也是比较具体的，这里有一个人的自我完善的过程。既有“大节”，也就有“小节”，文人常有“不拘小节”的毛病，当然有一个什么是“小节”及如何对待的问题。人非圣贤，孰能无过！宽容一点也是应该的。

三、历史与现实

这又是一个大问题。这里主要谈为什么要学历史、学历史有什么用以及历史与现实的关系诸问题。

在我学史的这几十年中（如果从上大学历史系算起，超过了四十年），经常碰到这方面的问题，有时候几乎成为最重大的问题。批判过“为学术而学术”，当然也包括“为历史而历史”，提出过为无产阶级政治服务、为阶级斗争服务之类的口号，为政治服务走向极端、荒谬，那就是由“批林批孔”到“评法批儒”，弄得历史与现实的关系问题几乎是声名狼藉。遗憾的是，我和许多“天真”（我想这是一个恰当的表达）的人们一样，卷入了那个错误之中，甚至是“虔诚”地卷入的。以我的“口才”向工人、农民、青年学生做过一些有较大影响的报告，以我的“文笔”写过一些有影响的所谓“大批判”文章，甚至有时是打着“工人理论组”的牌子。在批判我的老师张舜徽教授时，我的大会发言“最精彩”（不是“领导”的表扬，而是群众的“赞扬”，唯其如此，其影响也就最不好）。甚至在一次座谈关于柳宗元《封建论》的问题时，我愚昧无知，人云亦云，竟要与张先生一比高低，说“我们”将是“最后胜利”（最后结果是“最后失败”），等等。这又涉及做人的问题，在人品方面我问心无愧，我虽然“自觉地”参加了各种批判活动，但我当时是信仰着一条党的政策，“批判从严，处理从宽”，我在行动上又是“右倾”的，“文革”初期的大字报说我与“牛鬼蛇神”界限不清，批判张先生时，张先生住澡堂、牛棚时，我逢年过节也照样要去看他（在我思想上似乎没顾及什么，这又是“单纯”），本单位的人和张先生的家属都知道这一些。但我的言行又真正可以说是“虔诚”的，因为当时我个人独处、静思的时候，常常会想：我为什么这么没有阶级感情？真是剥削阶级的烙印太深了。例如，当“三忠于、早请示、晚汇报”时，当食堂卖饭之前有人领呼“最高指示：要斗私批修”时，我会联想到基督徒饭前的祷告（大学同班一位同学一年级时曾这样做过），真是该死，为什么这么“反动”。这些，我总觉得该一吐为快，今天借此写出来了，如何看待那时的虔诚，也是一个值得研讨的问题。凭直觉，我现在认为，可以说是天真、无知、不成熟！那时虽已至不惑之年，实际上天真、糊涂得很。这样说，但愿不是原谅自己。

经过那么多事，经过正、反的各种经验、教训，也经过不断的有关学习，我现在的看法是：

无古不成今，历史是不能割断的，忽视历史的传统，其后果的严重性是不堪设想的。站在现实的今天，如何看待历史，是一个很重要的问题。因为历史与现实的关系问题是一个值得研究的问题，从而学习和研究历史也有一个与现实的关系问题，也值得探讨。我认为，研究历史为现实服务，是不可、不应也无法回避的问题，自古以来，学习和研究历史，都是为了当时的现实。司马迁写《史记》，“究天人之际，通古今之变”，就说得很明白；司马光作《资治通鉴》，意思十分清楚，因而甚至今天，要讲爱国主义，要讲传统文化，都是为了现实，也是为了今后，这是一个既深刻又不言而喻的问题。传统文化就是历史，讲传统文化、研究传统文化，就是讲历史、研究历史。历史研究为现实服务是毋庸置疑的。但如何为现实服务却大有讲究，不外乎有直接的、有间接的。直接的要避免“评法批儒”时那种影射史学。适当找找历史根据未尝不可，什么都来一个“古已有之”，有时就不恰当了，这方面的事例不少，提出来引起注意罢了。间接的往往带有根本性的意义，属于精神文明建设的基本建设，是专业史学工作者的主要任务，百年大计，更值得注意。

四、史论关系

史论关系是二十世纪五十年代以来多次讨论的问题之一，也是许多学者经常教导青年的话题之一。有“史论结合”、“以论带史”、“论从史出”等说法，或者可以这样认为，这些说法各有其一定的合理因素，也出现过“以论代史”的偏向。这个问题是如何发生的？似无人考证过。我想，是因为解放以后宣传马列主义，以马列主义为指导思想，开始有些人不太接受，后来大多数人接受了，如何运用来指导研究历史，在这个过程中又出现了各种各样的问题，这就引起了讨论。大体上是如此，我虽然是从这个过程中走出来的，但并不了解全部的情况，只有自己的经历和体会是比较可靠的。

我属于新中国中期的大学生，如前所述，政治理论课学的就是马列主义，开始是列宁、斯大林的东西要多一些，学习《联共（布）党史》，特别是其中的第四章第二节，即“辩证唯物主义和历史唯物主义”部分。与此同时，还阅读加里宁的《论共产主义教育》之类的书，应该说这类书也是对个人的思想形成和发展有影响的。我1952年上大学的时候，刚好在大力宣传中苏友好，也有大量由俄语翻译出版的中文书，大多是列宁、斯大林的，价格又不高，几乎每个大学生都买有几本（有些至今在我的书架上）。顺便说一下，也就是在这前后，看了大量的苏联电影（几乎每周一场）和小说，如《钢铁是怎样炼成的》、《卓娅和舒拉的故事》、《古丽亚的道路》……这些也是影响思想的。当时许多同学都有一个苏联名字的外号，我的妻子被叫作卓娅，而我被叫作舒拉（我们是同班同学，但结婚是毕业以后的事）。

以上那些属于政治理论学习和教育，其影响也许是潜移默化的。至于个人理论观点方面的学习，那应该是读研究生以后及开始研究工作以后的事了。我是1956年上研究班的，那时似乎没有政治理论课，但我的导师吴泽教授是我国早期的马克思主义史学家之一，他要求我们认真地读几本马列主义原著，因而我们先后读过《资本论》（部分章节）、《德意志意识形态》、《家庭、私有制及国家起源》、《反杜林论》、《国家与革命》、《论国家》、《唯物主义与经验批判主义》等马列著作。这些著作，以后也反复阅读过。我在研究生阶段，第一篇习作就是关于封建制形成的理论探讨，发表在华东师范大学1956年出的一个《科学习作》集子上。

应该说明，当时似乎有一种倾向，某些苏联专家的著作，也当作马列主义理论著作学习，甚至他们的结论，也被作为经典理论来引用。1957年我第一次发表在正式刊物《历史教学问题》的文章——《石器时代的一般特征》，就是读阿尔茨霍夫《考古学通论》的笔记，由此可见一斑了。窥一斑而知全豹，当时确有一种倾向，写书作文章，靠引用几条马列的论述，乃至苏联专家的论述，再证以一些历史资料。这不能不说是一种偏向，史论关系的讨论与这种偏向多少有点关系。

在理论方面读得比较多的，还有《毛泽东选集》四卷，在“文革”初期就通读了的，有些篇多次反复读，甚至还背诵过（要求背诵“老三篇”）。

学习马列主义理论，本来应该是学习立场、观点和方法，解放初期，史学界的前辈翦伯赞先生专门有一篇文章讲这个问题，但后来人们几乎全部都忘记了，乃至于可以说教条主义流行。当然，二十世纪五十年代末六十年代初关于史论关系的讨论，是试图纠偏的，史学界几老，范老（范文澜）、翦老（翦伯赞）、郭老（郭沫若）等以及一批史学家讲过“反对放空炮”之类的话。但事实是“左”的东西越来越严重，一个“以阶级斗争为纲”、“纲”得历史研究相当片面的发展，这我已在拙作《汉唐文化史》的后记中提到了。

再说我个人的情况，马列主义原著的学习，对我的立场、观点、方法应该是有影响的，虽然这种影响很难具体地表达出来，但无疑对自己看问题、分析问题的观点以及方法都是一种训练。除了“具体问题具体分析”之类的语录之外，那些理论著作的本身，它们所体现的立场、观点和方法本身，就是一种很大的影响。当然，我也受过教条主义的影响，有时候甚至有很“教条”的表现，但是，在认真的研究工作中，在仔细地阅读资料的过程中，又会自然而然地克服某些教条主义，不会以“论”去代“史”，有些“论”也就自然从“史”中出来了，特别是一些具体的论点。只要实事求是，也就是有些学者常说的求真、求实（本文下面也将谈到），就不会出现“削足适履”（这是范老用过的话）。我自己“在游泳中学会游泳”，也许教条主义的影响就会越来越小了，马列主义立场、观点、方法的优势可能会越来越大。不知这个看法与我已经表现和将要表现出来的实际相符合与否？

史的问题，本文以下部分还要谈到。论的问题当谈点总的看法了。我认为，论有大有小；有宏观的，有微观的；有根本性的具备指导意义的，也有局部的随着时间、条件变化的。马列主义理论包括这种种情况，内容本身是相当丰富的。二十世纪八十年代开始，许多新的理论被介绍到学术界来，个人精力有限，学习得甚少，几乎一知半解都说不上，但也并不反对。1985 年与老同学谢天佑见面（他的理论学习比我好，可惜英年早逝），我曾说“三论”（系统论之类）都包含在马列主义理论中，他说，它们有很多具体的东西是马列主义中所没有的，我觉得很有道理。在“三论”比较风行的时候，一次史学理论讨论会上，有同志说我和安作璋先生合著的《秦汉官制史稿》就运用了系统论，后来又有同志说我写的《秦汉新道家略论稿》也符合“三论”。我说，在写那些书时，我还不知道“三论”。后来我想，这是否符合我说的马列主义包含了“三论”，因为我只有马列主义关于“事物的普遍联系”、“全面看问题”、“具体问题具体分析”等方面的基本训练。现在我认为，“三论”之类的理论是可以学习的，至少在方法论上面可以给人不少的帮助。但马列主义仍然是值得学习的，它的价值和意义决不可、不该忽视。应该坦白，这主要还是我的直觉，还讲不出更深刻的道理，但我想是有道理的。未知是否，青年同志不妨自己试试看。有一句话值得我与青年同志共同注意：“青年人相信许多假东西，老年人怀疑许多新东西。”但愿我们都不犯这样的错误，犯了则改。

五、博览与精读

许多学者经常谈这个问题，因为它是做学问（包括治史）中的一对重要矛盾。从读书来说就是博览与精读，从研究来说则叫通与专。

二者的关系并不太复杂，没有厚实的基础，建不起高楼大厦；没有广博的知识，专精自然很难深刻。而且做学问与建楼房还不同，知识的相互联系更为复杂巧妙。因此，既要广为博览，又要有精读，并且要由博返约，才能做出学问来。古今中外大学问家的事迹，都能给人以启发，这里仅举一点事例说一下。汉代是一个经学时代，那时的学问集中在经学上，就是传授和解说《诗》、《书》、《易》、《礼》、《春秋》等儒家经典的学问，几乎所有的知识分子都读经、讲经，有的人皓首穷经，一辈子连一部经书也读不下来，其中原因之一，也可能是只专攻一经。相反，有些人各种经书都读，经书以外的书也读，往往成为某一经的大专家。少数的也有专二三种经书的。限于篇幅，具体例子就不列举了。古今中外的事例都能证明既要博又要约、要由博返约的道理。

但是具体处理这对矛盾又不是太容易的，博到什么程度？如何博？怎样由博返约？如何约？谁也难说出十分有效而且人人适用的一套来，特别是博的问题，新学问层出不穷。早些年，学者们告诉青年，学理工科的要有文史知识，学文科的要有数理化知识，现在看来，这说法太笼统了，也太简单了。那么，今天该博到什么程度呢？我当然开不出什么处方，大约“开卷有益”。这里且谈谈自己的知识结构。

如前所述，少小时多少读过一点古文（包括中学时代学的国文课），这也许是一点语文基础；看戏、看小说（《三国》、《水浒》之类）或者算是历史知识的基础；数、理、化、生等课程就是仅有的自然科学知识基础了；音、体、美大概无一可说之处，排球沾不到边（身体也不行），只能两树之间拉根绳子，推推布制的球，偶尔投投篮，还带有赌输赢的性质（输了买个炒菜加餐），不过好像有一段时间打乒乓球较多，而且比较好。此外，社会上的封建迷信在我幼小心灵上也有较深的印象，看相算命，测字问卦，见过、听过甚至实行过。1948 年（时年 16 岁）孤身一人在长沙考高中时，在测字摊上问过"前程"，至今我还记得一种"掐时"的方法，在盼望某一结果时偶尔还试一下，求得心理的安慰。祖父、母亲信过佛，跟着母亲去过和尚庙与尼姑庵（有比较熟悉的师太），祖母去世时，和尚、道士都请了，做了好几天"道场"（后来我发现有点像唐代宫廷一样，佛、道二教人士相等），这也许是我关于佛教、道教知识的基础。天上的玉皇大帝、如来佛、观世音，地下的阎王、判官、小鬼，还有关帝庙、城隍、土地等，都是幼小时就知道的。

在上大学、读研究生以后，博的范围变化了，自然科学再也无缘，文、史、哲、经、教育、心理，既有课程，也各方面的书都看一点，那时也只有这几个方面，另有一些学科有一段时间是无人提起的。但这个相对也算"博"的基础是有用处的，1975 年我被下放到分院，当时领导也想搞点资料建设，年终又有点钱，我自告奋勇说，几千元我花得出去，文、史、哲、经的书我包了。这也不是吹牛，一次到北京，不到半天我超过了原定买三五千元书的计划，买了六七千元；又一次到上海（是我在上海读书时常跑的福州路旧书店），几位部队的同志还在那里问书店工作人员这本书那本书，我已经从书架上拿下来一大堆了。并不是乱买，而是买的极有价值的资料书，当时所买的大部头有一套"丛书集成"、一套"四部丛刊"、一套"四部备要"，好几套丛书，还有一些零散的书（大多是中华、商务出的旧书）。完成这样的任务，是要有一点目录学知识的。过去陈垣先生主张读《四库全书总目提要》，其意当也在此，要读书，首先要知道书的一些情况，这应该是"博"的一方面。今日书更多了，首先翻目录、看序跋，也许是一个基本方法。个人的知识面有限得很，离"博"甚远，谈不出什么有参考价值的东西来。

再说一下精读与专深。幼小时的死记硬背不能算。我读《联共（布）

党史》也许算精读，这本当年精读过的书至今保留着，书上有不同颜色各种形式的记号，有眉批、尾批、夹注之类的文字。上研究生班时，除了精读马列主义理论书之外，吴泽、束世徵先生规定我们仔细读《资治通鉴》。记得开始读时，标点本一小时只能读一面，因为每个字、词都要读懂，经过一段时间以后，阅读能力才慢慢提高，看几页、十几页。由于当时是上的“中国通史研究班”，是准备从事高校“中国通史”课程教学的，所以没侧重哪一段，曾经想学明清史，买了一些《明史纪事本末》之类的旧书，但是毕业以后回到武汉，我就近拜唐长孺先生为师，这样我先后读了《隋书》和新、旧《唐书》。与此同时，我又觉得《史记》是史书的源头，所以又系统读过《史记》，日课一二卷至数卷不等，至今留有日期。系统读了，也并不就是精读了，后来研究秦汉史、汉唐文化史，还是得反复去读的，不过不再是系统读罢了（也没必要）。因而精读又有仔细推敲、琢磨的要求，这样的精读往往能读出点名堂来，这一点我以下还要谈到，不多说了。

六、学·问·思

这里要讲的是学与问以及学与思两个相关联的问题。

学问，学问，学必须要问。东汉王充说得好：“不学自知，不问自晓，古今行事，未之有也。……故智能之士，不学不成，不问不知。”这是从学习这方面来说的，广泛一点说，许多自学成才的人，至少也要去问书本，也就是提出问题，从书本上去找答案（而且很难说自学成才者任何人也未问过）。因此，关键是提出问题，这就与思联系起来了。关于学和问的问题有许多方面，无法一一详谈，只有谈一点自己的经历和体会。

更早的记不得了，大学阶段还记得一点，总的感觉是提出问题很难，看书学习中往往难提出什么问题（特别是课程内容、知识方面的问题很难发问），但是我又是找老师辅导答疑较多的一个（教学中有辅导答疑时间，我读书和教书时都常常出现老师坐冷板凳，无人发问），这当然有很大好处（包括考试前“摸题”的提问，也不仅是“摸题”，还会借老师答疑加深和加熟所学的内容）。后来上研究生班入学时，导师吴泽、李平心、束世徵三位先生与我们12位同学在上海中山公园座谈，我记不得发了什么问，得到李平心先生这位思想敏锐的学者的赏识（后来吴泽先生告诉我，李先生问我的来历情况），内容记不得了，他发言之后好像还在报上发表过文章，大约是讲马克思主义、“旗鼓”之类的（要查还可查得到，大约是1956年的下半年，不是《解放日报》就是《文汇报》）。读研究生阶段，问学习内容的情况就多些。

研究生毕业以后，寻师访问有了更高的兴趣和积极性。凭着吴泽先生的关系，我在北京拜见、访问过吕振羽先生、侯外庐先生，后来又拜访过尹达先生，其中特别是吕振羽先生，不仅一般请教关于学习和做学问的问题，也问一些具体问题，甚至交自己写的东西请他批改。除了当面拜见之外，更多的是书信来往，至今我仍保留着吕先生几封信件（“文化大革命”中作为“黑材料”上交过，也遗失了几封），其中有的是较集中地谈对几个史学问题的看法，有的是对我所交“作业”的批改及意见，我已说过，这些论学信件我要找机会把它们公布出来的。

从上海回武汉后，也是凭着吴先生的关系，拜见过当时任武汉大学校长的李达同志。他是我国早期马克思主义者之一，得亲聆教诲，实在是一大幸事。这位马克思主义理论家，谈中国历史分期问题，随口背诵《诗经》的内容，并批评有些人不读马列主义原著，不读历史资料等，给我的印象极为深刻，对我的治学也有极大的指导意义。在武汉除了向我大学的老师张舜徽先生经常请教之外，又拜唐长孺先生为师，从他学习魏晋隋唐史。唐先生帮我批改过好几篇文章，有的写上密密麻麻一大张纸（困难时期，纸又不好，字又小，唐先生目力后来更差，我想培养我们这些人至少是影响之一，想起来感到不安）。好了，不能再一一讲下去了，一句话，我的成长是与师长们的教诲分不开的，也是我“问而知晓”的结果。

从以上不难看出，我的问学，有大问也有小问，有一般的问也有具体的问，我通过提问、发问增长了不少学问。这里最后还要提一下，还可以向朋友、同好发问乃至“不耻下问”，这方面我都有事例，只是篇幅所限，不能再写下去了。

再简单谈谈学与思。前面提到了，在学习中要能提出问题，是与思考有关连的，是什么？为什么？如何？怎样？等等（有的学者告诉青年在学习中要学会五个w：what什么、why为什么、how如何、who谁、where何地）。提出问题的过程，就是一个思考的过程。孔夫子入太庙每事问，他说："学而不思则罔，思而不学则殆。"这些道理人们几乎是都知道的，只是做起来不容易罢了。

我不是一个勤于思考的人，但有时候我得到朋友"才思敏捷"的过誉。我反应比较快，这是有时自己也能感受到的，但我自知天赋并不很好，并不太聪明。这不是谦虚，人贵有自知之明，有时候有点"小聪明"，它从哪里来的？也还是因为多少与认真学过一些时间有关，而且读书是学习，使用也是学习，从书本中可以学习，从实践中也确实可以学习（我加"确实"二字，当然是想强调一下）。这样，读书中有时会产生一点思想火花，特别是原著（包括马列经典和古代名著），味更浓，思也更新。实践中常常会产生许多好的联想，当然这又有些基本要求，例如要关心生活（包括过去常说的"关心国家大事"等），要博闻多识（这就要多学，多读书）。

做学问对于思考的要求更高一些，所谓"殚思竭虑"。甚至可以这样说，即便是产生思想火花的那一瞬间，消耗的脑细胞和精力也许是最大的。关于读书、关于现实的思考，做学问的人都会谈出许多体会，我也常有一点，只是不能详述了，且举一个最新例子。最近我写《秦汉文化志》的中西文化交流，读到《史记·大宛列传》一段材料，说张骞去世后，一些跟随他出使过西域的人继续上书要求出使（也算是"出国"吧），但他们的素质太差，完不成使命，而且贪求无厌，引起西域一些国家的不满，表现不好，甚至有倒卖朝廷赏赐物之类的不法行为……我产生的联想可想而知了。我并非想影射什么，但我把这可能引起许多联想的材料写出来了。这材料可以说还没有人使用过。别的不说了，只是可以写出一个值得写文章的题目。《后汉书·西域传》中说，汉王朝与西域的关系是"三通三绝"（这是就大的方面而言），这"三通三绝"的原因是什么？好像没有深入研究过。难道这不就是从思考中引出了进一步值得思考的问题吗？

关于学与思也就说这些。

七、求实与创新

人们喜欢追求新，时代也需要新，事实上任何事也都在日日新，治史当然也不例外。问题是：你是否真正在创新？如何创新？是否创了新？有些东西本不是什么新东西，或者你不知道，把它当成新，那并不是真正的新。近些年，学术界有些人宣传甚至构造新理论、新思想；其实并不是什么新东西。在史学研究中，真正的新东西，真正的创新，我看应该有几种情况，即：新材料的发现与研究；老材料的新解释与新运用；新问题的提出和探讨；新观点和方法的运用等。炒冷饭当然不是新，而且一般也不受欢迎。“唯陈言之务去”可以作为一个标准，但做到不很容易，首先要知道旧才能出新，也就是要学，要见多识广。有一个小例子，张舜徽先生早在 20 世纪 50 年代就发表了关于陈胜起义建立“楚”政权而不是“张楚”政权的文章，20 世纪 70 年代又有人作为新问题写文章刊布出来，作者、编者都当成新东西。此类例子可以说很多。其次，求新不能哗众取宠，必须老老实实、扎扎实实、实事求是，总之离不开一个“求实”。现在有些自以为新、被捧为新的东西，缺少一点“实”，这是一个功夫问题——扎实，更是一个态度问题——老实。不老实，急于求成，急功近利，那是不能真正创出真正的新东西来的。因此，我可以概括地说，求新必须求实，求实才能创新。

我治学的过程中，急于求成的时候也是常有的，但没有欺世盗名的思想，只是水平、条件、基础等限制，创不出多少新来。在以上所说二者关系上是有所体会的。我写的《秦汉新道家略论稿》或者多少有点新东西，为朋友所称道（虽然还很不完善，我还打算进一步努力创造这个新）。从历史、资料的实际出发，这是基础。在求实的基础上，提出自己一点新的看法，这就是提出新问题并进行探讨。有的同志对马王堆出土的帛书《老子》仔细研读；发现“法货滋彰，盗贼多有”与原来流传本子的“法令滋彰……”不同，值得研究，这是对新发现材料的研究。又例如最近我发现，《汉书·艺文志》中的《诗赋略》分五部分，屈原、贾谊等列为第一部分，陆贾等人列第二，杨雄、司马迁等入此类，荀卿列第三，杂赋列第四，古今诗歌列第五。这样分类排列的原因是什么，早就有人（如章太炎）提出过问题，因为其他几部分的排列都多少有些说明，这一部分恰恰又没有。也有人做过解释，如刘叔申说是“而分集之赋复分三类。有写怀之赋，有骋辞之赋，有阐理之赋”。此次我发现（灵感来），它是政治和艺术标准的统一，这虽是今天的提法，似乎太现代化了，但确可以作为该问题的比较明确的表达。所谓政治标准有两条，一是重为人，二是重现实。

屈原、贾谊之赋，忧国忧民，其讽谏意义十分明显，艺术水平又高，故列为第一。陆贾那一类全是汉代人，应该重视（厚今薄古），但艺术水平差一些，所以排第二。荀卿也是了不起的人，但比屈原要差，艺术水平更差，故荀卿为第三类之首，而汉代本身那些政治、艺术标准都次一些的入此类。然后列杂赋、诗歌。两个标准统一，现在我觉得越看越像，这应该属于对老材料的新解释。

从几个例子看，有大新、小新、全新、半新等的不同。有时听人们说，当今史学界没有任何大家，没有提出新理论、新思想的大家，没有出现新的传世之作，这是高标准、严要求。还没有出高、大、全的新，也是实事，焉知若干年以后不会在这一代中“突出”几个创新的代表人物来？

这里我用“突出”二字，只是由于种种原因，目前还无法“突出”罢了。有许多原因，其中之一，现在干这一行的人多（从各方面讲质量不够，例如献身精神、专业思想等），“成果”也多，良莠不齐，伯仲难分，还需要时间进行某种“自然”的淘汰，将来总会有这一时代的代表人物的。愿意“建功立业”的人，愿意“立功、立德、立言”的人，老老实实，踏踏实实，实实在在地去努力创造吧，这个时代的“新”一定会创造出来的。

但是还要强调几句。求实，就来不得虚假，要花时间、花功夫、花精力去求，要在书本上深入细微地搞“调查研究”（过去范老曾用过的话），不要粗心大意，甚至一个字一句话也是值得去推敲的（贾岛“僧推月下门”还是“僧敲月下门”本身就是讲一个字，这一个字确有意思），更不应“道听途说”。我是说辗转抄袭之类的行为（还不是讲剽窃行为）现在实在太严重了，应该大声疾呼一下。

我一再告诫学生，我们可以从别人的书或文章中得到启发，也可以使用别人引用的原始材料，转引也是可以的，但只要查得到的（应该尽可能地查），就应该去查原始的材料。我还结合自己的体会告诉他们，查原始材料有时还会得到意想不到的收获，别人引错了的你可以纠正，别人没有引到的也许对你更为有用。但往往是言者谆谆，听者藐藐，匆忙东拼西凑，急于“成文”、“发表”。有位同志的文章决定发表了，但一个从哪里抄来的东西一时查不到原文，另外，抄他人的东西多了一些也被发现，终未成功。这不就是具体的教训吗？当今有些洋洋大著，甚至获奖的作品，

“硬伤”不少。我不敢说自己写的东西没有问题，有的材料也是从别人的书中先见到的，但是我都查过原文（但没有太注意版本）。

还有“创新”。新东西一定会有，也一定是自己的见解和体会，应该注意的是不应想当然，应该实事求是。史学是实证的科学，可以从历史中悟出道理，可以借鉴，但历史和史学本身是不能想当然的。几乎可以这样认为，史学研究的每一句话都应该有根据，分析、推论也是以事实、材料为基础的。还有，在分析、推论当中，又切忌牵强附会。有不少新书中有些牵强附会的东西（太明显、太勉强），被人看出，因而受到非议，这是理所当然的。因为你写的是史学著作，应该严肃地向人们举供真实的情况，而不是任意制造的假的空中楼阁式的图画，史学著作不应该虚构。提供真实，联想、借鉴等是读者的事（当然自己也可以）。

求实与创新是一个大题目，我也只能结合自己的体会和认识谈以上这些。

八、癖与痴

这两个字都带了“疒”旁，是指的两种病态，但我这里不是讲病态，而是讲治史中需要这两个字。晋武帝时杜预曾说：“（王）济有马癖，（和）峤有钱癖，臣有《左传》癖。”贪财、好马成癖，是一种病态（社会病态），“《左传》癖”就不应说是病态了，是说他特别爱好。有人说：“兴趣是通向学习乐园的向导。”这一点我个人是有点亲身体会的。我1956年上研究班，1957年“反右”，1958年“大跃进”，这中间包括批“白专道路”，批“厚古薄今”等，有的同志就动摇了，学中国古代史有什么用？有的同志后来也确实改行学近现代史去了。我没有动摇，而且似乎有了点兴趣，甚至也说过“要爱好才能学得好”之类的话。也许从这一点兴趣开始，后来这兴趣当然是越来越浓，我终于对学习和研究中国古代史成“癖”了。这中间也许有更深的道理，但我说不出来。

关于痴，我认为现在有一个极为相似的说法，叫做“投入”。现在喜欢用“投入”这个说法，唱歌、演戏都讲投入，一投入歌就唱得特别好，戏就演得特别真。这个道理古人也说过：“书痴者文必工，艺痴者技必良。”治史当然也是如此。杜预特爱《左传》，可能也是如痴如醉了，他的

《左传》注成了传世之作。如痴如醉之后，就可以做到专心致志，绝虑凝神，心不外驰，就会如陆游《书巢记》所说："饮食起居，疾病呻吟，悲忧愤叹，未尝不与书俱。"太痴了，废寝忘食，也会损害身体的，但"衣带渐宽终不悔"，"为伊消得人憔悴"，这既是从实际行动讲的，更重要的是从一种投入精神讲的。有这种精神，就不会一边干一边喊苦叫累，真正投入了，虽苦犹甜，苦中有甜。有的同志对我说过，她邻居有些人不理解，见她每日爬格子爬得很苦，说她何苦来。但当她学问上真有点收获和体会时，她感觉特别好，应该说就是感到"甜"，是以苦求得了甜。也许那种感觉不会亚于歌星一曲成功之后。

20 世纪 60 年代初做学问时，我曾这样投入过，有时候一个通宵下来，东方开始发白，人已经相当疲倦了（当时条件差，半夜饿了只能啃点大麦、高粱之类做的点心，也有人嚼点萝卜干），但心里美滋滋的，似乎完成了什么了不起的大事。近一二十年来，写东西的机会更多，那大大小小的每有所得的感受是常常发生的，但是年龄、条件、经历等各方面的原因，情况又不同了，大约可以用得上一种形容法，有点像是"由必然王国进入自由王国"了。

现在读史、治史的中、青年，有兴趣的不少，但兴趣并不单纯，不是说兴趣广泛，而是说动机不太纯，因而还不能说有"史学癖"。没有病是好事，但没有较深的爱好和兴趣，又难以"通向学习的王国"，也"痴"不起来，虽然这也无可非议。目前的情况，我们的队伍不算太小，不可能都"癖"且"痴"，但是希望还是有几个有"史学癖"的人，而且能够如醉如痴的人，这种青年也是会不断有的，我是这样相信。

九、勤与巧

"勤"这个字似乎可以不必多说，"业精于勤荒于嬉"、"勤能补拙"都是比较明显的道理。我得到过老师"守规勤学"的夸奖，其实也是与实际不符的。记得上学时我很喜欢睡懒觉（大约与身体、精神不好也有关系），也比较贪玩，初中时得过"顽心太重"的评语。但是也有一条，坐下来就比较专心。过去听说某些伟人故意在闹市中去看书之类，多少有些影响。我看书学习比较专心，是锻炼出来的还是天生的不得而知，长时间习惯了，因而至今看书、写东西也能集中注意力，由此工作效率也比较高，这与勤是否有些关系？我读书和思考也还是有一些勤快的时候，特别是受到某种刺激、感到有某种需要的时候，例如前面我所说的读《联共（布）党史》，是因为考得不太好（成绩比别人差一点，不服气、不甘心，这种心态有利有弊，看来我利用了有利的一面）。又例如在学问上我感到基础太差，就下决心系统读《史记》等基本史书。所以说在我的治学过程中，也是有不少勤奋的时候和事例的。

如何勤法？历来有人开过不少“处方”，无非是眼勤、手勤、口勤、脑子勤等，各有各的具体方法，我看主要靠自己摸索、体会和运用。也不单纯是一个方法、技术性的问题，抓紧时间是重要的，但如何抓紧却有不少讲究。有时我们看到，有些中学生（特别是女孩子）整天坐在书桌前，但是学习效果不太好，究其原因，他（她）坐在那里，看看窗外，玩玩手指，注意力很难集中在书本上，这实际上没有抓紧时间，当然也说不上勤。

巧，当然不是投机取巧，也不能弄巧成拙。把巧与勤放在一起，是想讲学习和研究的方法问题，勤学的时间安排问题，等等。许多学习方法在于自己巧妙地运用，搞研究也有方法，所谓系统论、控制论、反映论之类就是，也有一个“巧”字。张舜徽先生曾经说：“善抄书者成著作。”这有一定的意义。当然，“抄书”不应该是抄袭、剽窃别人的研究成果。对于历史研究来说，免不了大量抄古书，但抄什么，怎样抄，包括如何删节，如何连续，这些都有一个“巧”的问题。巧是条原理，是个精神，如何“善抄书”实际上关乎整个研究工作。具体途径、办法也许可以讲一些，但主要的还是“运用之妙存乎一心”。所谓“熟能生巧”，是一个需要反复实践的问题，不妨边实践边总结，或可以功到自然成，也许注意经常总结是必要的。总结并不一定要长篇大论，有些实践之后回过头看一看，想一想，收获是什么？经验是什么？还有什么问题（包括内容上、方法上各方面的问题）？这也就是总结了。

时间的巧安排是学习和研究方法方面的一个大问题。在我们现实的生活中，不可能只是读书和研究，还有许多各种各样的活动（政治社会活动、来往交际活动、文化娱乐活动等），还有日常生活（不仅是个人的吃饭、穿衣，还有家庭生活，老人的照顾，孩子的上学，开门七件事，油、盐、柴、米、酱、醋、茶，等等），有的人稍少一些，有的人多得不堪负荷。这样，人们的时间不可能是完整的，因此，要善于抓紧较为完整的时间，也要善于利用零散的时间，不同时间干不同的事，这要巧安排，要养成一定的习惯。例如，有的人学外语，强调没有时间，有位同学工作之后在房间内挂一小黑板，进进出出看上几个字，记得住的就擦掉，这就是利用零散时间，至少是一定时间和一定条件下的一个好办法，我们应该举一反三。我们也还可以根据自己的习惯（例如何时脑子最好使之类）来安排时间，这方面我是有安排的，但不一定适合别人，也就不必说它了。

但有些带有普遍意义的时间安排是值得一说的。例如，为了保持精力充沛，劳逸结合十分必要。这方面经验、教训很多，有些教训十分惨痛，不少人英年早逝，是劳累所致的。我不忍心再具体说下去了。总之，“一张一弛，文武之道”，好像过去常引用列宁的说法：不善于好好休息的人也不善于好好工作。但如何好好休息也不是很容易的，我个人有点体会值得一说。五十岁以前，身体虽弱但还顶得住，加上劳动锻炼又不少，体脑并用的机会也是有的。五十岁以后，身体抵抗力日差，有时一年感冒好几次，甚至好了再患，每一次都拖很长的时间。如何休息？如何锻炼？生来性急，太极拳、气功老是练不下去，没耐心。有一段时间每天与老伴晚饭后散步，也没坚持多久，下棋、打扑克总没兴趣，也主要是没耐心。好像总找不到合适的休息和锻炼方法。大约三年前，恢复了少年时代的“功夫）——打乒乓球，好极了，运动量可大可小，有时注意力高度集中（例如参加学校组织的比赛，我得全校老年组第二名），大多数时候是轻松愉快的，而且和许多年轻同志一起，每天下午一两个小时，什么思考、冲动、烦恼等一概被抛到九霄云外，常常大笑不止，对于我来说，应该是最好的休息和锻炼。在近几年确实保证了我的精力充沛，当然也增强了体质，三十多年不变的瘦弱身体，居然体重增加了五公斤！我高高兴兴地把这写出来，但愿每个人都能找到一个适合自己的休息和锻炼方法，以保证充沛的精力，这是搞好学习和研究切不可忽视的。

十、学无止境

二十岁左右读《钢铁是怎样炼成的》，保尔·柯察金说：要在回顾往事时“不因虚度年华而悔恨，不因碌碌无为而羞耻”（大意）。我今年年满花甲，如何回首往事？是否“虚度”？是否“无为”？不太好说。上大学以来的四十年，立过志，下过决心，也做过努力，虽不是毫无作为，但也贡献不大；虽不是虚度（我用的“不是”而不用“没有”），但又几乎可以说浪费了三分之一乃至一半的时间和精力。这一辈子是和书打交道的，却有三分之一左右的时间没有能好好读书，有点可惜。

现在仍然是读书、写书，这方面多少有点经历和体会，前面几部分已经分别谈了一些。这里最后谈一个“学无止境”的问题。不能也不该说自己老了，但年满六十又是客观事实。世界人口组织的标准，60—74 岁是年轻老人，总归有个“老”字了。好在我还人老心不老，这也是很重要的一条。因为毕竟是老，又仍然是和书本打交道，所以对“活到老学到老”、“学然后知不足”、“学无止境”之类的格言，就有些切身的体会了。经常地，感受也很多，有些具体东西也都不断感受不断遗忘了。抽象一点说，现在要写东西，要培养青年，就要读书，有些书即便多次读过，也是常读常新，所谓“好书不厌百回读，多温深钻意自新”。为什么读一次有一次的体会？因为每次读所带的问题不同。另一方面，写书时有些问题极难下笔，青年提问，有时候一时答不上来，得查书，“学然后知不足”。我从来没有认为自己饱学过，而是越来越担心，担心自己“出洋相”、“掉底子”，但这又是极容易发生的，因为自己知道的东西实在太少了。这就要求自己活到老学到老，恐怕还要到死。

“学无止境”这个题目，还可以说说写书。我长期想过要用的一句话，前两天向上海人民出版社虞信棠、张美娣两同志说出来了。好像是有人问球王贝利，你踢的球哪一个最好？他说是下一个。美娣同志脱口而出：你写的书下一部最好。的确如此，我当写完一个东西时（包括写的时候），都觉得很好，甚至自鸣得意，一旦发表之后，又觉得不尽如人意，的确感到后一本比前一本好，正在搞的比过去的好。现在这篇东西，我认为是目前最好的。写文章不是要有自己的思想吗？这一篇思想最多，最真实。从武汉到上海然后回武汉都坐船，截至现在为止，还只有三天半时间，写了足足两万字，手头一本书没有（只是在上船前两天翻了两天治学经验谈之类的书，拟了一个写作提纲）。所谓“奋笔疾书”，时时感到思想火花在闪烁，我是用心来写的，所以，我认为是写得最好。也许这就是“敝帚自珍”吧！当然，我已经酝酿和计划下一步写的东西会更好，因为设想就比以往的好。“下一本最好”、“学无止境”，也许是非常可贵的一种精神，也是一种很好的动力。

好了，主编者和出版社要求的二万字刚好完成，我也可以打住了。

附记：此文预约很久了，此次为参加恩师吴泽教授从教治学六十年及八十华诞的纪念活动，我专程赴沪，利用途中这几天时间完成此文。

1993 年 12 月 23 日上午 11 时半于
江申 7 号轮上

由一件不大不小的事说开去

五月十六日上午收到图书馆外借部一个“电话预借书”的通知，很有兴趣。十七日一到上班的时间，赵聪果然很好地实践了外借部决定，她要求“送书上门”，询问住址。

这不是一件很大的事，但也不是一件微不足道的事，它的意义很大，使我联想了很多。

无论是全国范围的学孔繁森，还是全校性的推选校领导，都会涉及每一个岗位上工作的人该怎么做。有一位同志说治校原则应是一“公”、二“实”、三“活”（并且说包括“和”）。上面这件事就是“实”事，做这件事的同志是出于公心做好公事，给图书馆的工作注入了活力，图书馆的领导乃至学校的有关领导都可以抓住这活事。图书馆的工作该怎么做？长期以来是有讨论的。有些老的传统，也许不符合新时期的新情况；有些国外的经验、办法，也许不符合国情，没有条件。我们可否像外借部这样，认真研究本部门的工作，从一件件的切实可行的工作做起。

说这个部门好，这个人好，并不等于别的部门、别的人不好，道理上是都懂的，事实上往往会引起误会。很多人都可以说自己的工作忙，好强的说我不比谁差甚至更好，或者说对得起那几百块钱了（过去是几十块钱）。的确，多数同志的工作是辛苦的、认真的、称职的，当然也不排斥少数、个别的人是“混”的。

我如此津津乐道，就因为我受到了特殊的“服务”吗？非也，老实说，我还有些不习惯，还有点怕人说“特殊化”（什么是“特殊化”也是不容易说清楚的），还有些过意不去。我之所以要说，而且希望更多的人知道，是因为有许多联想。

生活中常有这样的事：有的人有什么要求或工作，盛气凌人地指责有关同志：你应该如何为何！结果是大家都不高兴。只有分工不同，没有高低之别，这是大家都承认的，但不同的人又会有一些不同的想法和看法。

人与人之间，在工作关系上，关键在于互相关心、互相理解、互相支持。一个人做事，不能片面地讲“功利”，一心想得到什么“回报”。

外借部的这项“服务”工作，眼前看不出会得到什么明显的报答，既不会有人发奖金，也不会因此而马上得到其他什么。但换一个角度考虑，受到应有的称赞和敬佩，不也是一种奖赏吗？

（原载《华中师范大学学报》1995年5月31日总第635期）

忆舜徽先生

五年前舜徽先生去世时，我未来得及单独写悼念文章，事出有因，当时为先生丧事奔走呼吁，几乎是不容许我写点什么。今天，纪念先生逝世五周年，举行学术讨论会，我又拿不出关于先生的学术论文，这是不应该的。旁人难免会有想法和看法，但是，如果先生在天有灵，他是一定会谅解我的。凭我们几十年的相处，先生非常了解我这愚顽的学生，我虽不能写出关于舜徽先生学术的研究性论文，却可以且应该写出自己的回忆。先生仙逝不久，我的一位研究生桑士显君又英年早逝，这一老一少，一师一生的去世，当时使我十分沉痛，感叹良多。由于我文字表达方面天生愚钝，几次提笔而未能成文。但各种回忆经常在脑海中浮现，也经常在言谈中流露。值此舜徽先生五周年忌辰即将到来之际，我要努力表述一二。

有许多事是有目共睹的，但各人感受不尽相同。先生谢世当时，给我们两个突出的印象：一个是安详，一个是突然。先生突然仙逝，是任何人都没有想到的。乃至于先生的子女当时说："今天是父亲一生中唯一一次没有起早床!"确实是未见他老人家起早床才发现他去世的，我是比较早地赶到床前的人员之一，映入眼帘的先生神态，安详如同闭目养神。我握他的手是温暖的，不由自主地喊了两声张先生，徘徊很久，一再向医生提出疑问。当时所有的人脑中是一片空白，以后才慢慢回忆起许多事来。舜徽先生一生就是读书、教书、写书，作为一个有幸相随四十年的学生，我是有不少特殊感受的。

我用了"舜徽先生"这个称呼法，这不是我个人对先生的称呼，读书时我称先生为张老师，后来长期称先生为张先生。舜徽先生，是几十年共事的老少同仁们共同使用的一个称号，既尊敬又亲切的称号，一般是在对先生用第三人称时使用。人们曾经总结二十世纪五、六、七十年代的习惯说：同志四、五、六，先生七、八、九，七十岁以上才称先生，先生这个称号，解放以后先是敬而远之，后是敬而亲之。"舜徽先生"这个称号，从五十年代起——也就是先生年还未到五十，就已经开始使用，一直沿用下来，而且主要是敬而亲之的，几十年的风风雨雨似乎没有大的影响。是先生读书、写书的榜样令人钦佩，是先生教书、诲人的精神使人尊敬而亲近。

我这个学生有点特殊，先生和我的师生关系也有点特殊，在风风雨雨的几十年中有点特殊。“文革”初，曾有一张大字报概括说，在当时的历史系，先生和章开沅先生还有我是“三个典型，一条黑线”。可见我是够不上“左派”的，但我却有较严重的“左派幼稚病”。在二十世纪五十年代末的“拔白旗”运动中，我是青年学生的“高参”，“文革”批判先生的时候，可以说我又是“一马当先”。例如1969年，学习所谓“六厂二校”的经验，批判反动学术权威，我上台发言（当然是有组织的——但不想推卸责任），振振有词，把先生书中所说南星、附子的功用，指证为“宣扬大毒草”，上纲上线。当时似乎效果“很好”。这里我不想把这些事提得太多，也不想做很多辩解。我只想说，有些做法在我思想上是“自觉”的，是出于一种盲目的“忠诚”。但与此同时，我头脑中也还有另一类思想起作用，诸如“政策”、“批判从严，处理从宽”之类……后果是没有想的，幼稚！因此台上是批判，台下仍是张先生。台下接触之时，似乎没有发生过和台上有关的任何事。先生是大人大量。

大家知道，“文革”中，先生全家曾很长时间住在澡堂——两间原来的澡堂，窗户又高又小，潮湿，不通风，生活之不便自不待言，我算是这澡堂“宿舍”的常客，不但逢年过节，平时也常去。值得一说的是，不论何时，先生对我谈的都是读书、写书之事，彼时彼景，似乎没有发生过什么“文革”、“大事”！记得最清楚的是谈他的《说文解字约注》，既讲述其写作意图，又以手稿相示，举例介绍，说明如何从众多注释中“取其义之精者”，说明文字意与声的关系，等等。可以说是单独为我授“说文”课，此种幸事，唯我独享，在当时我是身在福中不知福的。不过，对我也有不小的影响，我缺的正是文字学的功底，在先生的指导下，我也曾用毛笔抄写过《说文解字》，只可惜未能进一步深入下去，现在仅留下一点很不像样的抄本，但也是有纪念意义的东西。还有一点，当时由于我对先生“约一名而含三义”没有认真领会，居然不知高低地说可以取名《说文张氏注》。先生睁大眼睛看我，笑而不语——因为我在先生面前常常是幼稚的。

先生 1971 年自序中关于“约一名”的那一大段文字，是否因我而发，不敢断定，我们曾有这一段经过却是事实。

我在先生面前无拘无束（不包括所谓“批判”），表现得赤子童心——而且是顽童，先生一向宽厚待我，对我的种种幼稚从不计较，让我自己觉悟，但有一点可以肯定，先生对我是没有戒心的！所以几十年当中，先生对我始终是亲切地直呼熊铁基之名，即使“大革命”、“大批判”的时候也是如此。到了我五十多岁以后才有时偶尔叫一叫老熊。我们师生之间的关系曾令学界朋友羡慕。大家知道，先生 1982 年为我一本小书题辞时写道：“（熊君）每有所得，辄奔走相告，因与赏奇析疑，有朋友讲习之乐。余虽未尽究其义，而深叹君新意创见层出迭起之为不可及也，……君年未五十，而所学专精至此，继自今以后，恢弘其志业，精进不已，其所诣殆未可量。余虽老，愿观其成也。”我曾经说把先生的这一题辞当作鼓励和督促——可以告慰先生的是，至今我仍不敢荒废学业！当时，广西师大徐硕如教授读此题辞和我的后记之后来信，看到和感动的是我们师生关系的融洽；香港中文大学王煜先生也据此肯定我为张师门生。这师生关系之为人所称道、羡慕是有时代背景的。史无前例的“文化大革命”之后，常有师生反目之例，令人寒心（古往今来也不乏欺师灭祖之徒）。如前所说，我不是没有当过批判先生的“马前卒”，但先生对我的幼稚的宽容，却是我们师生融洽的根本原因。由此人们又不难看出先生的豁达。不过还应该说，先生心中的是非甚明，其所非者敬而远之，甚至常人所难容忍的事，也以宽厚对待。

先生在世，对我的学业帮助极大，从受先生的“历史文选”课开始，到先生谢世为止，整四十年，我所受教益极多。毫不夸张地说，我之所以学习和研究中国古代史，首先得益于先生，是先生旁征博引、形象生动的授课，引起了我的学习兴趣；是先生点面结合、深入浅出的讲述，把我引入门。此后，先生无论是结合自己的研究，给我讲《说文》、讲通史，还是对我学习中疑难的解答和指点——“因与赏奇析疑”是一句含义很丰富的话，都令我受益良多。在先生在世时，我是习以为常的，大到文章的构思、理论的探讨，如新道家之类，小到一句话的出处、一个字的辨认，我随时提问，而先生的回答却是极认真的，有时是当即回答，或指导我看什么书，有时是次日见而时给我一张纸条。例如有一次我记不起“诸侯用夷礼则夷之，进于中国则中国之”这句话的原文和出处，先生第二天给我的纸条既有原文及出处，还有相关意思的一些其他文字。这种“特殊”的析疑，与我这“特殊”的学生有关。我虽不如先生所夸奖的“好读书……能为深沉之思”，但喜欢提问却是经常的，随问随答，这种机会恐怕不是很多人能享受得到的。先生所说“朋友讲习之乐”，先生以这样对我的讲习为乐，实又能反映先生诲人不倦的精神。

以上零零碎碎，反映的是先生一生中三件大事之一：教书。

读书，先生在《八十自叙》中说：“惟视读书为性命。”这一点几十年的同事、学生都是深信不疑的，因为大家都能看到，先生多年的习惯是早起治学，从不中辍。不仅是不分酷暑或严寒，更重要的是在任何逆境中也不间断。因为先生能够“升沉宠辱，委之自然”（《八十自叙》），所以我们看到，白天遭批判或者参加那些浪费时间、消耗精力的活动之后，当晚或翌日早晨，先生照样伏案读书、写书，先生的许多著作，都是在一些逆境中产生的。二十世纪六十年代出版几部书是五八、五九年“拔白旗运动”后的事，有些后来出版的如《中国古代劳动人民创物志》，也是完成于当时。《说文解字约注》的《自序》写于1971年10月5日更是一个明显的例子，先生写道：“自识于武昌寄庐之霜红轩。”这“寄庐”就是前述之“澡堂宿舍”，两间大澡堂，间隔成四小间，现在可以笑谈往事，实际是令人伤心的悲哀，表面看来很雅的庐号，外人岂知这“寄”字的艰辛！1971年写此序言之前，我们又有一段共同的“特殊”经历，那就是被集中在湖北大冶黄金湖“搞斗、批、改”，“军事化”，集体生活。当时历史系几十名男教工被集中在一个小仓库的小楼上宿寝，先生和另外年纪大的两位先生睡在被一板隔成的小间中，当时先生仍一样是黎明即起，但被迫中断读书，《自序》中所说“或因事牵扰，则由春徂秋不及一字”当指此时。“或值时清闲，则自朝达暮可逾十名”那就包括在“寄庐”之中，其实这“清闲”的时间，也是相对而言的，大办大轰的年代，能有几日清闲？这里我想要说，先生之“值时清闲”的取得，有两条是要紧的：一是由于先生的胸怀恬澹和锲而不舍的境界和精神，所以能够“等穷达”，“修身寄情于卷帙”，“不敢暇逸”，“犹惜分阴”，时间完全是“自强不息”争取得来的，这种勤奋刻苦精神，永远值得我们学习；二是我们敬爱的贤德的师母，先生《八十自叙》追念师母写道：“俾余得壹志刻厉于学而无内顾之忧者，皆君力也。”几十年的同事和学生对此是深深理解的。

先生如何读书之种种，晚辈学生所见极多，看一部两百万字的《说文解字约注》即可见其一斑。先生数十年如一日，读书、著书皆是一笔不苟，先生读过的书，或工整地“记其异同于书眉”，或端端正正地写下读书笔记。先生的治学精神、态度，我辈小子望尘莫及，何时觉悟，能学习其一二就好了。

先生把梁启超读《通鉴纪事本末》的话引申为善抄书者成著作。近些年小子不恭，曾经在不少大小会议上宣扬过，也有人颇感兴趣，但各人如何理解此话？当然会是见仁见智。我的理解，这话是很有一些道理的。这道理先生在《中国古代史籍举要》及《讱庵学术讲论集》中多次解说过。我认为，书籍作为传统文化的载体，前后的继承性是很大的。例如写诗作文，常引用典故，借用乃至引用一些古书、前人精彩的文句，从而又产生一些新的佳作。社会科学特别是历史学的著作，依靠的是大量“抄书”，但如何“抄”法是大有学问的，这些就不进一步发挥了，个人的理解和运用会千差万别。先生此言，当然也包含着自己长期丰富的经验。先生的记忆超群，授课时常常凭记忆板书大段古书原文，一字不错。先生板书一笔不苟，写字时粉笔是转动的，我们曾下课后看过先生用的粉笔，用过的笔头是圆形的，此等小事亦可见其处处用功之深。另一方面，先生提倡手脑并用，而且是身体力行的，先生认为读书要动脑动手，力求边读边记，有得必录，倘若只读不写，断不能吸取书中精义。例如先生在《郑学丛著》中说：“在学习过程中，写了许多笔记，辑录了一些精义。”这也是先生一生读书的总括，所以“治《说文》之学”，读有关书籍时“记其异同于书眉，亦间出己意，附述于末，密行细字，书之上下四周皆满”。又例如先生年轻时就读过大量的史书，“自唐以上诸史，遍施丹黄，悉加图点，唐以下诸史，也仔细涉猎一过”。先生阅读过且尚存的书，皆多类此。《说文解字约注》之写成，是“将自学以来数十百家异说，去粗取粗，肯定他们的创见，扬弃他们的谬解。对许书本身，也采用金文、甲文，作了许多补充和订正。将许慎在文字学方面的贡献，有重点地又写在《广文字蒙求》里面，总结下来了”。先生的大量著作，就是在更大量的笔记中产生出来的。我以为这就是“善抄书者成著作”。先生的笔记，有些是写在书眉之间，也有一些是单独作的，例如今存尚未出版的手稿中就有《经传诸子语选》、《周秦政论类要》、《清儒论学辑录》等即为“辑录精义”的札记。先生读书必动手，甚至读马列著作、读《毛泽东选集》也有数万字的笔记，是供自己学习思考用的。这是先生所讲究的“功夫”，晚年几部大书的刊印，与早年所下的“功夫”是分不开的。

但是并不是简单一个作笔记、抄书即可成著作，“善抄”的“善”字还更应该大有学问，恐怕关系到人们所常说的“才、学、识”，这里我们就想到先生提倡而且力行的“周览纵观”、“由博返约”。先生无论在口头上或文字上都告诉我们，他是由小学、经学入手，而博治子、史、文集，先生著述之多，范围、种类之广，就是有力的证明。《八十自叙》客观地总结说：“爱集录治小学所得者，为《周秦道论发微》、《周秦政论类要》；集录治文集笔记所得者，为《清人文集别录》、《清人笔记条辨》。而平生精力所萃，尤在治史。匡正旧书，则于《史通》、《文史通义》皆有《平议》；创新新体，则晚年所独撰《中华人民通史》以诱启初学。至于辨章学术，考镜源流，平生致力于斯，所造亦广。若《广校雠略》、《中国文献学》、《汉书艺文志通释》、《汉书艺文志释例》、《四库提要叙讲疏》诸种，固已拥彗前驱，导夫先路。此特就平生著述中较费心力者，约略言之。至于薄物小书，不暇悉数也。”也许另一些著作，如《清儒学记》、《爱晚庐随笔》、《讱庵学术讲论集》等当时尚未出版，故《八十自叙》中没有提及，但这些决非“薄物小书”，有很高的学术价值。先生对清代学术研究是有贡献的，应该是我们研究先生学术思想的重点之一。复旦大学蔡尚思先生称张先生为国学大师，当之无愧！武汉大学肖萐父先生说应在国学大师丛书中为张先生立传，理所当然！张先生一生在学术上的追求，他的学术成就和贡献，他的治学道路和方法，他的治学精神和风范，都值得一一加以总结。张门子弟应努力为此奋斗。至此，我又难以写下去了，我虽为张门弟子，但对先生的学术未能窥其堂奥，不敢妄加议论，仍只能奔走呼吁。不过，人微言轻，能做成些什么还很难预料。我知道先生照样是宽容我的，但内心之不安，旁人也难以知道。所幸者张门弟子不少，群策群力，大家共同努力，自然会形成气候的。有的学生还打算做较深入的研究，写成博士论文、写先生评传，可观其成，这方面我或者还可以多少贡献一些意见，因为与先生的长期相处，有些问题是看得较为清楚的，可以做出比较客观的评说。

这里仅举先生晚年独撰《中华人民通史》一例。我曾听到个别老先生直叙己见，但不太客气地认为张先生不该写《中华人民通史》。因为是年纪大的先生，当时我不便说什么。但我认为至少是一种误解。先生对这部书是很看重的，出版之后仍广泛征求意见，赐书给我的便签上（先生所赐之书均用此法），特别写了几句话："从内容、体例以及排版时的错字，均请逐一指出，以便修订。"并且亲自用毛笔改序文中"睹颜事仇"的"睹"字为"觍"字。先生所关心的不仅是排版错字，还在考虑内容、体例。之所以如此，我认为是先生以此为"名山"事业，是他一生理想追求的一个总结性的实践。可以这样认为，完成《中华人民通史》，基于三个基本思想：一是对"通"的追求，二是坚信"历史是人民创造的"这一史学观念，三是要对社会做贡献。前者是学术理想和历史观，后者可以说是政治信念和人生观。

熟悉先生一生治学、教学的人，大都知道，先生早年出版的《中国历史要籍介绍》（后改名为《中国古代史籍举要》）中，有"百科全书的通史"一章，这是新中国成立以后，最早、最详细地论述了司马迁和郑樵在编纂通史方面的贡献，同时张先生认为："'集天下之书目为一书'（郑樵语），那更便利学者，在继承五千年文化遗产方面，起了传递和翻译的作用，在今天仍然是十分迫切需要的。我们祖先，早在二千年前，为通史的写作开辟了道路，创造了条例；现在仍有待于学问渊博、识断精审的学者们运用马克思列宁主义的观点和方法去做，以期能有合乎理想的通史出现。"先生在《中华人民通史》的序中说："在很早的时候，我便有意自创新体，试写一部《通史》，务求简明易懂，利于广大人民阅读。"这是1987年写的，与前面的话对照，前后是三十多年，一脉相承！当然，发此宏愿，"却不是一九五九年才开始有的"，但从"日有课程，开始撰述"到"完成初稿"，却只有三年多的时间，而且是"七十三岁时，忽下决心挤出时间，偿此夙愿"。人生七十古来稀，舜徽先生"不知老之已至"，"打起精神，锲而不舍，争取晚年在学术上做些有益的工作，以贡献于社会"（1980年《自传》）。我们的确可由此见到先生之志趣。我们也知道，先生在七十岁前后，大力倡导编写此"新编章"之时，曾经设想过借众人之力来完成《中华人民通史》的编写，不仅在大小会议上号召过，例如在中国历史文献研究会第一届年会上就正式提出，而且着手具体组织过，因为种种客观情况，未能如愿，这才下决心的。以七十三岁的高龄，花三年多的时间，完成107万字的大著，而且“自属稿以至誊清，皆不假手于人”，人们不能不佩服先生的学识、功力和锲而不舍的精神。先生“不习惯于草率了事”、字迹“力求端正”等严谨的治学态度，都是有目共睹的。单就“务求简明易懂，便于广大人民阅读”这一点来说，也给我们留下榜样。先生认为“善取不如善弃”，平生精力集中于经世致用之学术，不屑于诗词歌赋，尝以扬雄“雕虫小技，壮夫不为”以自警策。但先生的词章足以传世，如其《晴川阁修复记》就可说是已经悬诸日月。先生的文字表达是堪称典范的，由于古文功底很好，因而白话文也写得特别流畅准确，百万字的通史，除少量引用了必要的而且较易懂的原文之外，全部是自己用口语写成的，简明易懂而又准确流利，这在当今图书中可以说是少见的。顺便还要说一句，《中华人民通史》是值得进一步推荐给广大读者的，可读可信！

在创体例方面，先生抱定的一个宗旨是：写人民的历史。写人民的历史有多大的突破，也许会见仁见智，但先生在这方面所作的努力是很显然的，这在他的通史序文中有提示。在此之前先生出版的《中国古代劳动人民创物志》一书可以作其努力的一个证明，在他的书中发掘和表扬了一些历来为人所忽视的人物，也是先生所作的努力。为人民而写，努力写人民的历史，有什么不对吗？我百思不得其解！知识分子讲气节，对那些见风使舵的，以学术迎合某种政治的人，即使地位显赫，也表示不满，这是理所应当的。先生以“敷文华以纬国典，守贱薄而无闷容”自勉，无可非议！

舜徽先生的学术吾尚未能深究，舜徽先生的志趣是昭然若揭的。

以上回忆显得有些零散，但我是用心写出来的。以此聊表缅怀和悼念之意。

（原载《华中师范大学学报》1997专辑）

秦军中的一支劲旅

——秦俑馆学者学术研究述评

在秦俑发现二十五周年、秦始皇兵马俑博物馆开馆二十周年之际，我想唱一支赞歌，以表达我的“秦俑情”。1974 年夏季摆在临潼博物馆的陶俑，我是比较早的参观者之一，当时留下很深的印象。后来秦俑馆建立，与研究室的诸位同仁参加秦汉史学会，经常一起活动，特别是我的老同学袁仲一先生任馆长之后，我多次到馆内参观、学习、座谈，参加秦俑研讨会，得到惠赐各种图书资料，等等，使我结下了深深的“秦俑情”。

二十年，对于人类历史来说，不过一瞬间，对于一个人来说，却是够长的了。二十年的历史，在整个历史长河中，大多不值一提；但在人一生中没有几个二十年。二十年的足迹是值得一述的。不少先生就为“秦俑”献上了宝贵的二十年，甚至二十几年，并且还将继续奉献。他们辛勤的二十年，对社会作出了很大贡献。这种社会贡献是多方面的，这里我想从学术研究的角度来谈谈。在学术研究中，或者具体说在我们历史学和考古学的研究中，陕西学者可以说是一支有特色的秦军。已故的秦汉史研究学者林剑鸣教授曾这样说：陕西学者得天独厚，也很辛勤，在秦史研究中作出了突出贡献，形成了一支秦史研究的秦军。我把秦俑馆的学者们称为秦军中的一支劲旅，这是有充分事实根据的。

有目共睹的是：虽然秦俑馆和许多博物馆一样，既供人参观学习，又以科学研究推动各项工作。但无论哪一方面，秦俑馆都是非常突出的。展出参观的社会效益是数一数二的；科学研究的工作和成就则更为突出，诸如有一个强有力的起着核心作用的研究室，定期出版《秦陵秦俑研究动态》（季刊）和《秦文化论丛》（年刊性质），组织并实施“秦俑秦文化丛书”，编辑大型文集《秦俑学研究》（前此还有《秦俑馆开馆三年文集》、《秦始皇兵马俑博物馆论文选》、《秦俑研究文集》等书的及时出版），多次举办秦俑和秦文化学术研讨会，以及利用各种机会（走出去、请进来）与各方面的学者进行学术交流等。为了交流信息，推动科学研究，还做过许多工作。馆内同志一方面积极向外投稿宣传，另一方面除以上所说出版物之外，还有编印《秦始皇兵马俑博物馆年鉴》以及编印出版各种普及性读物等，并且扩大范围出版《博物馆学研究丛书》，以促进整个博物馆学的研究。恕我冒昧地说一句：恐怕很少有几个博物馆在科学研究方面有如此的规模和成绩。其科研成绩的取得，我看有这么几条：一是从开始就注意“建馆、考古、科研之结合”；二是坚持不懈，在实践中日益走向有序化，其中包括制定和实行各种规章制度、条例、细则，有效地保证了有序化的进行；三是有一支强有力的队伍，而这最后一条是至关重要的一条。最近重新浏览一下手头历年所得有关的资料，得出了以上这种印象，所以我要述评一下这支劲旅。

在秦俑馆的科研队伍中，首先应提到的当然是前任馆长袁仲一先生。他虽然出生于江苏，学成于上海，一生的工作奉献却是在陕西，而工作的大半时间，二十几年是用在秦俑上。从 1976 年开始，和杭德洲、柴忠言、王玉清等几位先生一起，踏勘、发掘常年不断，辛勤工作，使兵马俑得与世人见面。他们一边进行考古工作，一边及时写出勘察、发掘简报。与此同时，袁仲一先生还勤奋地进行科学研究，《秦俑一号坑发掘报告》、《秦陵铜车马发掘报告》等这些基础性的著作是他主持编写的。同时又开展多方面的专题研究，涉及考古学、秦文字学、历史学以及艺术史、科技史诸多方面。他的资料是第一手的，他的论述是权威性的。重大问题的分歧，他的意见是举足轻重的，例如《对〈秦始皇陵墓向与布局结构问题研究〉的一点商讨的意见》，就是这样的代表作。袁仲一先生发表学术论文百多篇，其中不乏独到的见解和精彩的论述，其主要学术观点集中在《秦始皇陵兵马俑研究》一书中。其《秦代陶文》、《秦文字类编》、《秦通假字集释》等文字学著作，当然也是传世之作，袁先生在科学研究中的辛勤耕耘，结出了丰硕之果。

还应该指出的是，在这支秦军劲旅之中，袁先生是将帅之才。他自己的科研不仅硕果累累，而且还领导和推动了全馆的科研工作。他从 1988 年开始接任馆长职务，直至 1998 年，十年之久。这十年正是秦俑馆的科研在过去十年的基础上，有序进行、蓬勃发展的十年。前面提到的绝大部分科研工作和成就，都在这十年之中，恐怕是不容否认的事实。当然，由杨正卿先生开始的前两任馆长前十年在科研上的奠基工作是不容忽视的。这期间成立了科研组织，开了两次学术讨论会，出版了一些研究成果，他们作了筚路蓝缕的拓荒工作。杨先生于离休后还著有《秦始皇帝陵志》一书。

其次我想应该着重说一说的是长期担任过研究室主任的张文立先生。在这支劲旅中，他的角色定位，是古代的军师，现代的参谋长。张文立先生刚刚年过花甲，他工作的大半时间，也是属于秦俑馆的。他是从秦俑馆开馆开始就来的人员之一，正好是二十年。一来就是搞科研工作，先被编在考古队的资料室，实即文献科研人员。1985 年研究室建立就担任主任，可说是秦俑馆科研工作主要的具体组织者。我们在《年鉴》中常常可以看到，许多重大的科研举措，都是他策划和组织的。张文立先生应该算是一位关中才子，既有史才，又有文才，这两方面的才能，最后凝结为《秦始皇帝评传》、《咏秦诗》（选注）和《秦俑学》三本代表作。前者的写作，面对着已经出版的大大小小多种关于秦始皇的专门著作，这需要勇气和胆识。因为他的写作，不是迎合某些出版商的需要，而是出版后要摆在专家面前审视。文立先生仔细研究了已有的各种著作，仔细分析他人引用过的史料，并注意利用秦陵等文物新资料，用新的观点和方法，重新写的《秦始皇帝评传》，用亡友林剑鸣先生的话说："这是一本足以代表当代研究水平的、具有较高学术价值的专著。"文立先生与王云度先生合作主编的《秦帝国史》也是如此。说起主编，张文立先生是属于真正既主又编这一类的学者，从他主编的《秦史人物论》一书中就可以证明。由于他文史兼备，下笔有神，所以不但著作甚多（计 200 余篇），而且我常常羡慕他的文采。

张文立先生和秦俑馆的其他学者一样，不是那种夸夸其谈的人，有突出的实干精神。他力倡秦俑学，既有理论，也有行动。我想秦俑学已经得到学界的承认了，馆外学者的论著中已经使用了，似乎没有人表示异议。我想进一步明确的是，秦俑学研究的中心就在秦俑馆。在新近出版的拙作《秦汉文化志》中，我已经明确写道："秦始皇兵马俑博物馆"，"同时还是一个秦陵秦俑的研究中心"。书是最近才出版的，这话却是五年以前写下来的，今天看来，更是不容争辩的事实了。

秦俑学包括多种学科，现任馆长吴永琪先生、副馆长张仲立先生等，则是馆内秦俑研究中另一些学科的代表。将近知天命之年的吴馆长，二十七岁就来到秦俑馆工作，也是二十年馆龄的秦俑工作者。他主要从事文物保护、修复等工作，结合他的工作从事科研，著有《秦陵铜车马修复报告》，系统的总结提高了秦俑馆的实践经验，且有一定的理论性。有的学者在评论这部著作时，便说这本书是“一部文物修复的理性思考之作”，（见《陕西日报》1999 年 4 月 20 日）。在馆内学术研究中，他发挥了特殊的、重要的、决定性的作用。秦俑馆的科研成就的取得，吴永琪先生是与有力焉。同时也参加一些其他的科研工作，如编写《遗址博物馆学概论》之类。张仲立先生结合其考古工作，就二号和三号坑一些问题发表多篇论文。并撰写了《秦陵铜车马与车马文化》这样的专著。

吴、张两位是第四任领导班子成员，从年龄和工作经历结合看，或者可以大体上称作第二代。正是这个第二代表明秦俑馆的研究力量是一个群体，是一支队伍。这第二代领导成员以及和他们年龄相当或略小一些的科研人员，是在这支队伍形成、发展的过程中成长起来的，秦俑学后继有人。

秦俑馆的人，人人都可以搞科研。各个部门的工作人员，都不忘把自己的工作与科研结合起来。这方面的具体情况我虽不太熟悉，但可以感受得到。我主要与研究室的先生们交往，但也曾两次与宣教部等其他部门的同志进行过交流。他们的学习和钻研精神是少见的。其他就只能从研究成绩看了，如和吴馆长一起从事文物保护和修复工作的张志军、郭宝发、周铁诸位先生，他们用现代科学技术保护秦陵和兵马俑等出土文物的同时，就进行了科学研究，既有论文发表，也有专著出版。

当然我最熟悉研究室的各位，在老主任张文立先生带领之下，近十年来我们看到一批年轻学者迅速成长，可喜可贺。现任主任徐卫民先生，由而立之年到不惑之年，就是在秦俑馆成长起来的。生活在秦俑馆，利用秦陵、秦俑坑的建筑实物材料，与呼林贵先生合撰《秦建筑文化》，填补了秦建筑史研究的空白。他还和贺润坤合著了《秦政治思想述略》，同田静合著了《秦始皇陵·兵马俑·铜车马》，独著《世界第八大奇迹——秦陵兵马俑》。另外还有近四十篇论文，表现出知识面较宽，科研能力很强。作为研究室的带头人，是能够继续发展秦俑馆科研工作的。

研究室李淑萍、田静、党士学、王关成、郭淑珍诸位先生，以及其他业务部室的更年轻的一批学者郭宝发、许卫红、李秀珍、史党社等，是一支不小的有生力量，发展前途极大。李淑萍的学术活动相当活跃，关注着整个秦俑、秦文化的研究。她个人的学术研究方向已经从秦俑研究辐射到秦文化的深层研究，并且扩大到博物馆学，主编有《博物馆学研究论文选》、《遗址博物馆学概论》，策划并主持博物馆学丛书，正在撰写《秦始皇帝陵——被埋葬的一代文化》及《秦学术史》等。田静和李淑萍一样，其研究也明显是着重于秦代历史和文化的探求，著有《秦宫廷文化》，主编《秦俑艺术论集》等。王关成、郭淑珍合著的《秦刑罚概述》，和秦俑、秦文化研究丛书中的其他著作一样，是有特色的著作，多取秦陵秦俑出土的文物资料。研究室的成员，各有自己侧重研究的方向，配合馆内其他部门的研究内容，形成了一个多学科互相配合的研究局面。

这里必须说明的是，以上所说，仅就现在秦俑馆的研究队伍而言。有些原来在秦俑馆工作过的考古工作者，我这里没有详述。实际上最早进入兵马俑工地的杭德洲、柴忠言、王学理、王玉清等诸位先生，不但发掘秦俑，也研究秦俑。他们和袁仲一先生一起，是秦俑学研究的开创者和奠基者。其中王学理先生关于秦俑的研究，决不容忽视，虽然他于1988年已经离开了秦俑馆，但心系秦俑，著有《秦始皇陵研究》、《秦俑专题研究》以及《秦物质文化史》等，这些都是他的代表之作。有学者评论他的《秦俑专题研究》是“解读秦俑的佳作”（《陕西日报》1999年3月19日）。

秦俑学，虽然以秦俑馆为中心，但秦俑学的研究者遍布海内外，有多学科的专家学者从不同方面进行着研究，有些与秦俑馆的关系十分密切。陕西的许多学者同属秦军，对秦俑的研究自然有更多的关心和行动。我这里要说的是，由于秦俑馆——特别是研究室诸位及时发布信息、提供资料，乃至提供有关科研多方面的条件，才使海内外学者有可能开展研究。我这里举一个具体的例子，我校邱紫华教授批评格尔曼·汉夫勒的“欧洲文化中心论”所写的《秦俑是中国先秦审美文化的结晶》，就从我这里借阅了秦俑馆所提供的各种资料。由此可见，无论是定期发行的《秦陵秦俑研究动态》，还是及时出版的《秦文化论丛》等资料，都极大地有利于秦俑研究的深入，有利于秦俑学的发展，因而秦俑馆不失为秦俑研究的中心地位。

洋洋洒洒数千言，对秦俑馆的科学研究妄发一通议论，言多必失，还望馆内、外同行见谅，原谅我的一片“秦俑情”。我没有写过一篇秦俑的文章，但并不等于我不关心秦俑的研究，我也曾书面建议，把秦俑学与秦文化研究更好地结合起来，这样秦俑学才有更深更大的意义。秦俑馆、研究室的同仁了解我，所以没有对我另眼相看。如有可能，今后我将更珍视与秦俑馆的联系。不写秦俑的文章，非不为也，实不能也。不是我的长处，不敢妄置一辞。我这人水平、能力有限，不但秦俑文章未写，秦史文章也写得不多。不过这里顺便说一下，馆内几次编选《秦史论著要目》，我的三四篇文章都未能入选“择要收录”，本无可非议，不过拙作除开《秦代的赋税制度》发表在敝校学报之外，《秦代的封建土地所有制》是收入中华书局出的论文集中，《秦人早期历史问题》发表在《社会科学战线》，《秦代的邮传制度》发表在广东的《学术研究》之上，等等。朋友们不要介意，我这里一方面是实话实说，另一方面主要说明——也是研究同仁们常说的，还有许多工作要做。

张文立先生把秦俑学研究划分为几个阶段，看得很清楚，一个阶段比一个阶段的成绩大。今后的阶段，五年或者十年，秦俑馆的新生力量精进不已，其所诣殆未可量。我们有着“秦俑情”的一批老人，完全可以乐观其成。

（原载《秦俑动态》1999.3）

我与华师图书馆

《桂苑信息》向我约稿，请我谈谈“我与华师图书馆”。这个话题，当然有不少东西可写，只是年纪大了一点，又是学历史的，难免说些“老话”。

我在华师快50年了，是在华师成长的，是华师培养的。一生是读书、教书，与书本打交道，这当然就离不开图书馆。想当年（1952年）做学生时，集体从图书馆借来一些参考书，如郭沫若的《奴隶制时代》、《青铜时代》等，既如饥似渴地学习了专业知识，又对自己学习马列主义、社会发展史有很大帮助，从而帮助了世界观、人生观的形成。虽然是教书，除了自己要借很多参考书（当时规定是每人二三十本）之外，还要给学生开参考书。二十世纪五六十年代，自己的书比较少，从图书馆借书是主要来源，值得再提的是（我曾在校报上提到过），当时图书馆的同志（如我记得的袁洁如同志）亲自上门联络、登记（那时我还只是青年教师）。几十年与图书馆的关系，写很长的回忆录都是可以的，这里只能简单说几点。

一、联系不断，至今依然，只是现在形式略有变化。有人会说近些年我到图书馆很少，这是事实，原因有几条，一是学习和研究的范围更窄了，而有价值的专业新书或许我比图书馆所藏还多。二是院、系的资料也比较多，有些是因为我们需要，就从图书馆调来了。三是图书馆的旧书家底我比较清楚（手头就有过去的几种馆藏书、刊目录）。四是有些事由研究生代劳了。因此，去得少了，但并不等于联系少了。例如最近一年，我们从事老学研究，咨询部、课题组就为我们编制了专著和论文目录索引，有些书还是课题组的同志以自己的名义借出来给我使用的。我是不可能离开图书馆的，任何一个与书打交道的人也是离不开图书馆的。对年轻人说，更是要多泡图书馆。

二、联系方式多，建立了感情。图书馆为我提供图书并协助我做资料工作，我也参加过图书馆的活动，例如在图书馆开过讲座，给图书馆同志上过课，参加图书馆的职评工作，给采编同志提过参考意见，甚至在办分院时为图书馆采购过图书。因此，老一辈的同志如孙公望、杨世亮、汪大邦、袁洁如等，都是我的老朋友。我与杨世亮馆长共同采购图书的事，至今还记忆犹新。新朋友也不少，现在图书馆工作的同志，我至少能叫得出十几个人的名字。我与图书馆友谊长存。

三、喜看华师图书馆日新月异。从几期《桂苑信息》的“信息”看，从延长开放时间等重大举措看，图书馆的工作是日新月异在发展。馆领导的1999年工作总结和今年工作的指导思想是很明确的，也是很全面的，重要的是要一一落实到实处。例如专业学习问题，旧的新的东西很多，各人情况不同，如何学习、落实、保证实有必要。图书馆人员的专业水平，从采购到管理各方面都至关重要。现在有关的报刊一再呼吁，出版物太滥，稍不小心就买进一些“出版垃圾”来，而我们的经费有限，如果一些重要的图书资料不买进来也不好，如何把有限的经费用到刀刃上，这就与专业有关（当然还可辅以征求专家意见的办法）。编目最好不要出现差错。有一段时间我曾听说过“我们馆内的孤本”一语，我说“孤本”是由“海内孤本”一词而来，那是真正的独一无二的“孤本”。看来，现在这问题在我们这里已解决了，叫“保存本”。不过“保存本”如何管理？怎样让它发挥更大更好的作用？我是用馆长“特批”的办法解决了，其他人怎么解决为好？不也是值得研究吗？

好了，就此打住，努力“条理”一下，也还是拉拉杂杂。总之，我与图书馆浓得化不开的情结不是三言两语说得清的，我衷心祝愿华师图书馆永葆生机，不断发展。

（原载《华中师范大学校报》2000.4.30）

传统与现实

这是一个很大的题目，它涉及社会生活的方方面面。我们在日常的生活中，大到天下大事，小到家事和个人生活习惯，无不或明或暗涉及二者的关系。这是一个与现实社会发展，与当前精神文明建设有密切关系的问题，同时也是一个历史上反复发生过的问题。从头说起，也许能更好地理解这个问题。

现在很流行的“传统”一词，在古代用得不多，但“传”字作为延续、继承之意却是开始得很早的。古代所谓“薪尽火传”（源于《庄子》）最切近此意，前薪烧完，火到后薪，火种传续不绝，传统就是不绝之统（一脉相承之系统）。火，既是具体的，也有点抽象性。而传统则主要是一种文化现象——文化既具体也抽象，包括思想、道德、风俗、艺术、制度等，还有革命传统、优良传统、传统教育、传统产业、传统节目等。现在常常提到的“传统文化”或“文化传统”是两个既有联系又有区别的词。一般来说，传统文化指过去曾有的东西，可以从古代遗迹、遗存（例如遗址、建筑、文物等）体现出来，更多的在典籍文化中保存下来，靠现代人去理解、发现。文化传统则不同，既是过去有的，而且又正在现实的社会生活中发生或大或小的影响和作用。在这里，传统本身就是与现实联系着的。

现实，当然是现代之实。但是，历史上任何时候都是有当时的现实的，都有传统与现实的关系问题。例如，中国古代春秋战国时期的传统与现实，不少人都知道，当时的传统是“世卿世禄”制度（相应的还有很多文化现象），当时社会现实的发展，就要求打破那种政治和文化传统，因而有“变法”、改革运动。在历史上此类事例很多，著名的如“王安石变法”、“张居正改革”、“戊戌变法”等。近代以后，传统与现实矛盾的形式和内容与古代又有所不同，表现为新学旧学之争，中西文化之争等。当时的现实是西学东渐，欧风美雨强烈的袭击，有几千年文明的中华受到严重的挑战，因而发生了传统与现实的种种关系。而现今，人类进入了信息时代，地球变成了一个村落，中国即将进入世贸组织……还有传统与现实问题吗？回答应该是肯定的：有。

传统，文化传统，不管你承不承认，或者你是否意识到，它都是客观存在的。国有国的传统，家有家的传统，个人有个人的传统，现实的生活——国家的、社会的，乃至个人的生活，都会与传统发生关系。从大的方面看，如在我们国家的政治生活中坚持四项基本原则，既是针对现实中的问题，也有我们国家的革命传统。这里我想说一说国家的大传统，中国有几千年文明史，可谓传统深厚，影响自然也深厚。但我国还有另一个重要的传统，那就是近百年来，特别是近50年来，中国共产党在革命和建设过程中形成的传统，当前国家的政治生活与这传统有非常密切的关系。但我认为，这后一传统与中国自古以来的传统本身也是有过一个结合过程的，二者有一个马克思主义与中国革命实际相结合的过程，事实上应该说这个过程还在继续和发展。有人说，在中国有影响的还有西方的传统，当然主要是指欧美资本主义的传统，因为马克思主义也是西方的东西，不包括在这个常用的“西方”之内。但我认为，西方传统的传入和影响，也离不开中国人的选择、适应甚至改造，历史上有一个长期的冲突、融合发展的过程。

小而言之，每个人都有自己的传统。现实习俗和道德等方面，老年人与青年人之间有代沟。有的年轻人会劝老年人，现在和你们那个时代不同了，青年人和你们的想法、看法不一样。老年人的文化传统确实不一样，最近看《钢铁是怎样炼成的》的种种反应，就是个人传统的一个显例。因为这部小说在20世纪50年代对不少人的世界观和人生观的形成，确实起了不小的作用。当时的青年，对于“回首往事时”，“不因虚度年华而悔恨”，“不因碌碌无为而羞愧”，曾反复吟诵。现在，注重现实、注重自我的青年，恐怕很难产生那种激情了。但是个人传统总是有的，20世纪80年代的“知青情结”可以作为例子，我也曾无意中听到过比“知青”小一些的当时少年的谈话，他向年纪更小的人叙说当年吃“忆苦”饭之类的经历。在人的一生中，或者社会，或者家庭，或者师友，可能会有对自己影响很大的事或者人，对个人传统的形成起一定作用，有时甚至会起决定性的作用，从而直接影响和决定他的现实生活和发展。

总而言之，现实是过去的延续、发展，现实离不开传统，薪尽火传，文化传统绵延不断。因此，如何对待传统，是现实生活中不可回避也无法回避的问题。

传统有时候会对现实起消极作用，甚至成为现实发展的障碍。因此，如前所述，历史上就不断有“变法”、改革，改造起消极作用的传统。但主要的它还是随着历史的车轮前进而发展变化（包括上述的改造），对现实有积极作用的主要是优良传统——随着时代发展而不断丰富、完善。当然，无论是批判、改造旧传统，还是发扬优良传统，主体都是现实生活中的人。

思考也不能凭空而想，“思而不学则殆”，思考必须学习，学什么？学习传统文化，学习保存和记载传统文化的典籍，例如儒家的《论语》、《孟子》，道家的《老子》、《庄子》等，这些古代典籍为世人瞩目。有人说儒家文化对亚洲四小龙有很大影响，也有人特别注意道家文化，例如世界上有些科学家曾从中得到启发。过去有“半部《论语》治天下”的说法，现在有人说“一部《老子》慰天下”。此外，还有人常说，外国有商人从《孙子兵法》中学到生意经等。

现在的问题是，研究传统文化的人对现实了解、关注得不够，而现实生活中的忙碌者又缺乏对传统与现实的文化思考。解决好传统与现实的关系，后者，也就是实践者，是非常重要的。现代人在现实生活中，不妨抽点时间，读一读《论语》和《老子》之类的典籍，提高文化素养，从而更自觉地认识我们的文化传统，把优良传统在现实生活中更好地发扬。

（作者系华中师范大学历史文献研究所教授、博导）

（原载《深圳特区报》2000.5.21）

导师寄语

历史与现实，或者传统与现实的问题，在任何时候，任何事件上都是存在的，对于任何人群、任何个人都是必须面对的。不是反传统，就是继承、发扬传统（自觉或不自觉的），学史之人对此应有更好的理解。学史之人以史为鉴，应该更聪明。聪明也许有一定天赋，但“小时了了，大未必佳”，还必须依靠勤奋。“勤能补拙”是人们常用以自勉的话。学历史必须更加勤奋，不要死读书，但要多读史书。

（原载《文史之舟》2001.4.15）

缅怀先辈黎昔非先生

我在拜读了有关黎昔非先生的资料之后，对这位平凡而伟大的先辈不禁肃然起敬。黎昔非先生的事迹，正好与我目前思考的一个问题联系起来了。

我正在思考的是：中国学术及其发展的特点，包括什么是学术，什么是学术的载体，精英与基层以及时代、社会与思想等问题。简而言之，社会的进步，文化的发展，学术思想起着指导的作用。而学术的发展，有一个形象的恰当的比喻，叫作“薪火相传”，靠的是古往今来的众多学人和他们留下来的著作。从人来说，可以叫作精英，历史上不只几个、几十个精英，而是成百上千、成千上万。不过有一些名扬四海、青史留名，有一些在当时是幕后英雄，后来则成为无名英雄，后人很难知情了，乃至历史留下不少遗憾。如此说来，黎昔非先生算是有幸的了，幸有朋友和后人还怀念他。

黎昔非先生对中国的文化事业是有贡献的，其主要贡献就是自始至终从事出版发行《独立评论》的工作。这一点，黎先生的同学罗尔纲先生的回忆最清楚，幸有黎虎《先父黎昔非与〈独立评论〉》保留了罗尔纲先生的回忆（见《学林漫录》第 14 集），一般书籍均缺记载。《独立评论》在现代社会、文化思想发展中是有一席之地的，具体如何评价这个刊物也许会有不同的看法，但是许多大师级的学者，除主编胡适之外，如丁文江、蒋廷黻、傅斯年、翁文灏等都在上面发表文章，其以宣扬民主为主的内容（要具体分析）以及挽救困难（九·一八之后）的文章，恐怕是无可厚非的。这样一个在当时有影响、有历史意义的刊物，黎昔非先生虽非前台“演员”，却可说是后台“总务”。特别令人敬佩的是，黎先生是在忍痛放弃了自己学业的情况下担任此“为他人作嫁衣裳”的工作的。可以断言，如果没有黎先生全力以赴、勤勤恳恳的工作，恐怕不会有连续五年（1932—1937）244 期《独立评论》的顺利出版。

黎先生牺牲学业，积极勤恳地担负社会工作，也可称是中国知识分子责任心的代表。今日有一个“为人民服务”的明确说法，当时也许不好这样说，但他的工作应该可以说是社会需要的。即使用阶级分析法，也恐怕是无可厚非的。

黎先生的老师胡适，黎先生的同学罗尔纲、吴晗等，都先后成为著名学者，他们的学术不断精进，有大量的著作传世。黎先生则因为烦琐的事务工作，因经历的不同，传世的作品不多。但仅从留下的论文和读书札记等情况看，他并未荒废学业，而且学习也是很勤恳的，学问的功底非常之深。例如有一条札记“束脩”写道：

> 论语“自行束脩以上”，朱子训束脩为干脯以后，即变为弟子奉先生学费的名词。
>
> 汉书王莽传：
>
> 安汉公自初束脩
>
> 师古注：“束脩谓初学官之时。”

干肉（脯）之说流传至今，无人怀疑，杨伯峻《论语译注》作如是解，时下的中国教育史亦采此说。《辞源》、《辞海》虽有其他解释，如“约束整饬”、“收拾行装”之类，均未注意到《汉书·王莽传》及师古注这一记载。从“安汉公自初束脩”注“初学官之时”看，恐非仅仅是一个“入学”的问题，这就颇值得再做探讨，如果有时间深究下去，黎先生完全可能写出像《从“其军三单”说到古代兵农之分》（天津《益世报》“史学周刊”，1937 年 1 月 24 日）的学术论文。这样的札记，对于我们了解黎先生读书之精细、学与思之结合，真是可以窥一斑而知全豹。他做读书笔记，就是提出问题，并且解决问题。例如：

> 章甫——殷冠……是则章甫乃殷人之冠，并非儒者所专有之儒冠也。

在读到《后汉书》关于三年之丧的记载后，与《论语》、《孟子》的记载相比较，提出“抑其时平民阶级也未曾遵行呢？还是至汉代才中废呢？”

的问题。在读到《汉书》广川王“画屋为男女裸交接”等记载后，提出“为春宫之所自昉欤?”和“裸舞之作俑耶?”的问题。他的读书札记，既能提出深研的问题，可作为发明或发现，又有一定的针对批判性。例如“犬子”一条写道：

> 汉书司马相如传，“始”名犬子，因“慕蔺相如之为人也，更名相如”。而一般国粹学家对于名字为“狗儿”之类者，不知以为“古已有之”而列在“保存”、“发扬”之数否欤?

此段文字表现了对所谓的“国粹学家”的嘲讽。由以上例子可见黎先生学问的精深、思维的敏锐。

黎先生有其专精的学问，那就是对《诗经》的研究，他在认真写作读《诗》札记的基础上，曾有《诗经学史》及《诗地理考》等著作，只可惜“因‘七七’事变遗失”，后来也没有机会完成。假如其诗学著作能出版流传，必为当今“民国丛书”的经典著作之一。可惜，太可惜了!

以上一个简略的回顾，不难看出黎昔非先生之为人与为学反映了中国的优秀传统。

我们缅怀黎昔非先生，一是出于崇敬之心，二是为了更好地认识过去，当然也将有益于启迪未来。

2001.12.12

从《老子》研究看吕老的治学风范

在过去长期从事中国古代史和中国古代思想史的教学中，吕老的著作是我主要的参考书之一，吕老的某些学术观点已深深地印入我脑海之中，但我一直没有对吕老的学术进行过深入研究。即便是吕老给我的几封极有学术价值的信，我在整理那些信的稿子中也未能展开，这始终是我欠的一笔债！值此吕老百年诞辰纪念之际，我又失去了一次机会。但是和以往一样，最近我在组织编写《二十世纪中国老学》时，又重读了吕老《中国政治思想史》中有关《老子》的一章。这里略谈几点感想，以表心意。

从吕老对《老子》的研究，也可看出他的治学风范，值得学习和发扬的治学精神，现在我想说的有三点。

一、古为今用，观点鲜明

众所周知，吕老的学术研究，与时代的需要和发展是紧密相连的。吕老有很强的时代使命感，自觉性很高，这从他之所以研究社会史、研究思想史等都可以看得出来。例如《中国政治思想史》初版序言中就说："在批判继承民族文化遗产的课程下，给中国社会思想史的发展以初步估计，以及从历史上来给予时代以较系统的暗示，又是我的一种不可逃避的义务。"这种自觉性是十分明显的。这就是后来概括的"古为今用"，是值得学习和发扬的。虽然前些年学术为现实服务的实际，有过一些问题，但并不能因此而否认"古为今用"这个永恒的原则。古往今来都是如此，孔老孟庄以及历代的思想家，史迁班固以及历代的史学家，皆莫不如此。

吕老的"古为今用"，旗帜鲜明的是用马克思主义理论研究民族文化思想之史，这也是在同书初版序言中说得很明确的："深入地展开民族文化思想史的研究，把研究的结果提供到实践中去，对中国马克思主义者来说是必要的课题。"吕老坚持以唯物论、阶级和阶级斗争观点研究思想意识，对于《老子》，冠之以“没落封建主集团的政治学说——老聃的复古主义”，这是他关于中国政治思想发展“三条线索和两大阵营”（刘茂林、叶桂生同志的概括）的具体内容之一，并且发表《老聃派哲学思想的发展——由老聃到庄周》论文梳理“没落阶级或阶层的政治思想”。这种观点今天也许会有不同看法，但仍不失为一家之言。并且，我们从这中间还可看出，吕老独辟蹊径、筚路蓝缕之功，吕老在学术研究中的创造精神是值得我们学习和发扬的。

二、拨乱反正，以理服人

吕老著《中国政治思想史》，具体的大背景是：“百年来，特别是近二十余年来，中国思想界及其对民族文化思想的估计，适应于社会诸阶级阶层的存在及其相互关系，有着各种不同的立场和系统。”而其研究《老子》面临的情况是：“有些学者，一论到老聃哲学，便说他是辩证唯物主义者；一论到他的政治思想，又有人把他看作社会主义者。”所以吕老才针锋相对地以“没落封建主集团的政治学说——老聃的复古主义”为文章标题，并且有“老聃的辩证观的唯心主义认识论”这样的明确观点。和全书一样，其战斗性和批判性是很强的。“战斗”、“批判”在今天看来似乎有点“左”，其实这也只是前些年极左造成的误解，因此我用“拨乱反正”来作标题。在当时的社会思潮中，吕老说：一方面“从五四运动开始，资产阶级各派学者，应用不彻底的、虚伪的科学方法来研究中国思想史”，另一方面“如陶希圣、李季、叶青之流为着反对马克思主义便伪冒历史唯物主义的招牌，来贩运反历史唯物主义的商品”。这些话今天是否会被认为过激，今后该如何评价某些人物，那是后话。吕老用马克思主义观点写一部系统的中国思想史，用历史唯物主义具体分析和论述中国古代的哲学、政治思想，无疑在当时是起着“拨乱反正”作用的。

如上所引，以及序言中还有一些话，火药味是很浓，但在具体研究中，吕老却是实事求是，以理服人的。这表现在，他以事实为根据，在全面充分的分析基础上得出结论。例如在分析春秋时期经济发展、社会变化的基础上，认为在“没落领主意识的基础上，便孕育出老聃复古主义的政治学说”，并且紧密结合当时的“社会实践”，具体论证《老子》成书的时代及老聃的社会身份。分析“老聃的辩证观的唯心主义认识论”时尤为辩证。虽然认为老子是属于唯心主义的，但又充分注意他“发现了现象之对立的矛盾性”，并且企图说明“事物之发展法则”，“确是一种比较伟大的进步的观念”，并且肯定：“老聃的辩证法，是比八卦哲学和五行哲学有了进一步发展，是进步的东西，是中国哲学史上的一点宝贵遗产。”在研究和论述中，吕老充分地运用历史唯物主义的理论和唯物辩证法。尽管某些结论还可进一步讨论，但吕老运用马克思主义理论和方法的精神及态度，是永远值得我们学习的。

三、注意原材料，关注新研究

时至今日，回过头去看吕老的著作，看他的《老子》研究，我们不难看出，吕老对原始材料极为重视，同时又能够对原始材料作恰当的取舍，由此也可见吕老作学问的功力之深。例如为了说明“由于封建领主相互间兼并的扩大，引起大群中小领主的灭亡”，就选取了《左传》中一些非常典型的材料。至于《老子》的思想，吕老更是充分运用了原始材料，对于“无”，对于“道”，对于“无为”等，进行了深入的分析，虽然对这些问题至今人们还在研究、讨论，但吕老从原始材料得出结论，至今也不可否认为一家之言。

中国古代原始材料浩如烟海，真伪杂存，精华与糟粕都有，如何选取有用的材料，始终是学术研究中的一个大问题，要有一定的见识能力。在《老子》研究中，吕老有一段文字对我们也有很大启发，他写道：“有人说老聃就是太史儋（创此说者为毕沅与汪中），我前此亦颇以为是；但细考太史儋于孔丘卒后百零六年见秦孝公（《史记》谓为二十九年），其时为三十四岁。是其生在孔丘六七十年后，与《论语》所说不符。又有云老子即关尹者，实则这种辩论尤无必要，因为我们只在说明某一时代有某种思想代表已足。”前者讲的是一种判断方法，从研究《老子》思想来说，老聃是否太史儋，或者是否关尹，确实无关紧要，这又是一种取舍方法。治学讲才、学、识，吕老见识能力之高人处，由此可见一斑。

从具体的《老子》研究中，我们不仅能看到吕老对原始材料的重视，同时还可看到吕老对有关的研究状况也十分熟悉，并有自己的明确判断。

历史和当时的研究，从毕沅、汪中以及梁启超过去的研究，到《古史辨》中的各种讨论，从胡适的考证到叶青的论断，吕老都一一注意到了，并且可以说进行了“总批判”。

以上这方面的治学精神，对今天的学术界特别是年轻人尤其值得注意。今天有些研究者，不愿看原始资料，或者不愿深入学习和钻研原始资料，满足于二手、三手的转抄者，比比皆是。不注意，或者不尽力全面关注有关研究动态，而闭门造车者，也为数不少，以至于学术研究上大量的重复，好一点的或者是“英雄所见略同”，极恶劣的那就是抄袭、剽窃。由此看来，吕老这方面的治学风范是值得大大发扬的。

这虽然是一篇很小的文章，而且是属于急就章，但却是吕老言传身教对我影响深刻的几点体会和认识。我虽然学习得不够，但事实上已融入了我的思想和行为之中。

（原载《吕振羽研究文丛》，中共中央党校出版社，2002 年 5 月版）

关于“追忆”的更正和小议

早就收到校报“岁月如歌”的约稿信，一个星期天早上，忽然来了灵感，一气呵成，写成之后再三看了几遍，未发现什么问题，打印出来后几位“第一读者”都指出了一些字句问题，尤其是责任编辑的删改，更好看一些。但见报之后再看，开头就有两错，那就是“华中高等师范学校”（简称“华中高师”）的校名写错了，一处错为“华中师范高等学校”，一处错为“华中高等学校”，这当然是疏忽，不是什么记忆问题。但有一处说我入校时是“华中大学师范学院”，章开沅老师指出这恐怕不是正式校名。但此事我印象较深，因为我是1951年未考上北大考古专业而又不愿上其他学校停学一年，第二年在亡友周乐群已来华中大学的情况下报考的，第一志愿是他们读的中文系，第二志愿才是历史系。当时报上招生是写的“华中大学师范学院”，此事若要查证，一靠当时报考本校且现在学校的诸位同志的回忆，二靠查找有关报道。这不是很大的问题，但我联想到最近看到《中华读书报》一篇《亦真亦假的追忆》还想说上几句，文中讲到季羡林先生1999年追忆胡适先生的事，季先生说1948年解放军已在北平周围，北大50周年校庆时，“胡适之先生，满面含笑，做了简单的讲话”，后经查证，胡适当时在南京，在北大庆祝会上“泣不成声”。季先生没有删改，而是写了一个后记，在承认自己回忆错了的同时写道：“已经发生过的事情是一个现实，我脑筋里的回忆也是一个现实。既然我有这样一段回忆，必然是因为我认为，如果胡适之先生当时在北平，一定会有我回忆的那种情况，因此我才决定保留原文……（写后记）以正视听。”该文还引用了另一篇《回忆的缺陷》说：“回忆录大多是人到中年以后对过去的回忆，这时，人们的思维活动已经形成一个‘意义结构’，人们不但依据一种价值标准进行思考判断，也在无意识中依据这种标准进行记忆和回忆。”还引用了一些心理学家的议论等，这里不必多引，有兴趣者自可去阅读。这里我只是想说，我们看“岁月如歌”的文章，如果以作者的“意义结构”、“理想化的自我意象”去看，会看出更多的东西，受到更多的启发，发此小议，也是自己的一点心得体会。

（原载《华中师范大学校报》，2002.12.20，复刊第 833 期）

我眼中半个世纪的华师学生

半个世纪不算太短，时过境迁变化很大，但有一点不变，都是讲大学生。华中师范大学的学生和其他高校的学生相同，但也会有些不同。

华中师范大学的变化大，半个世纪来三易其名。我 1952 年入校时叫“华中大学师范学院”，很快就改为“华中师范高等学校”，当时还发有像“中国人民解放军”那样的一个“华中高等学校”的布制“符号”（使用时间不长，大概很难找到了），我还在读书时就改为“华中师范学院”了，直至二十世纪八十年代改名“华中师范大学”至今。校址的迁移、校舍的不断增加、各种设施条件的不断改善……变化很大，常令回校的老校友感叹不已！

我们算是中原大学教育学院与华中大学合并后所招的第一届学生，学生以系为单位，男女同学同住一栋平房宿舍，各住一头。生活中集体性很强，一个三四十人的班中，有三四个学习、生活小组，有学习组长和生活组长，八个人的寝室有一个木桶，冬天每天早上由一人去食堂提一桶热水回来洗脸。自来水管龙头每栋宿舍前头有一个，但大家用水时很少开着龙头冲，常常是一次只接半脸盆水，洗衣洗被大多是用在四栋宿舍之间的一口水井里的井水，当时学校并没有规定这样做，大家只是自发或者自觉的。我想不论怎样提高生活质量，水资源的爱惜都有必要。当然，集体做操、跳集体舞、听大报告等那是日常生活的一个重要部分。开始每人还发了一套灰制服，在数十人、数百人中想找一个人那是很难的。学习上也有较多的集体性，开始一两年，学习小组是男女同学混编的，自习时以学习小组为单位，集体在一个寝室里围着几张方桌拼成的书桌看书（也许当时图书馆没有条件，但教室似也未去），而且是课间才能活动、讲话。学习好的同学帮助学习差的同学，有时候还是学习小组长分配任务。这些讲起来，像是“讲古”了，但确实是事实。那样的生活和学习，也许有革命传统的影响，当时更有不少苏联的影响：学的是苏联的教育学，买的是莫斯科出的中文版书，看的苏联电影，读的苏联小说。但是有一条，同学们充满朝气，单纯、热情、积极、团结、友好……一切都是出自内心的自觉。像我这样有点个性的人，最多也只评为“个人英雄主义”的表现，“自私”这个词似乎都很少使用。在大家的心目中，有许多东西是神圣的，革命是神圣的，共产党员是神圣的，甚至爱情也是神圣的……当时男女同学亲如兄妹、姐弟，但从不勾肩搭背（不知现在为什么禁也禁不住），同住一栋宿舍的两头，没有听说出过什么事。并非不谈恋爱，长期相处自然会爆出爱的火花。我们班十五六位女同学，毕业后与本班同学结成了七八对，嫁给老师的三四位。这都是毕业以后的事，学生期间，完全可以用“纯洁”二字来形容，纯洁之美是真美。我很荣幸我的班级二年级过后就成为全省的先进集体（没有奖状也没有奖金），我以“可爱的集体”为题向全省高校数百名团干部做过报告，在校外还与华农“古丽娅小组”等集体进行过联欢。当时有一本苏联小说《大学生》，我也曾想以我们这个集体写一本小说，只是未能实现，讲稿也被一位低年级的文学爱好者拿去了，不知下落。听说有人写过这时期的大学生，但我没有看过。

毕业以后就是教大学生了，大体上有三个阶段，一个是二十世纪五十年代末和六十年代的大学生，这些人现在大多老了、退休了，这几年毕业四十年、三十年、二十年的聚会不少，爹爹、婆婆的聚会别有一番风味，多半是笑谈往事。他们基本完成了回报社会的使命，在不同岗位上做出了自己的贡献，除了少数还在继续发挥余热之外，大多数都在享受天伦之乐了。我看这一代学生，没有五十年代初“单纯”了，年龄偏大的也较多，他们受了一些损失和负面影响。例如58级，一入校就是“插红旗，拔白旗”，与“资产阶级知识分子”的老师“唱对台戏”，辩论、批判，辩论中当然也能增长点才干，只不过书读得少了一些，思想偏了一些。这种情况中断过一两年（60年前后），后来则更加升级，随着学生参加“社教”、“四清”、“文化大革命”的政治实践越来越多，读书越来越少，整个六十年代及其前后的学生，直至七十年代初的“上、管、改”，在学习上是受到了较大损失的，这也是毋庸讳言的历史，将来必有评定。

1977年恢复高考，77、78级的学生，大多数曾经“上山下乡”（包括下厂当工人），知道学习机会难得，加上整个社会形势的变化，教育拨乱反正，重视教学，教师能真正重操旧业，认真教、认真学的风气重新建立，学生的学习如饥似渴，一时间人才成长很快。以历史系为例，我毕业的1956年，留在系里的有9人，77级现在系里工作的也是9人（外系还有几位）。同样57届和78级留校的也有好几位。这前后25年的两个相同数字或能表明社会发展的需要和人才培养的成绩。留下来的人，已经和正在为学校教学、科研的发展做出贡献，这是有目共睹的。

二十世纪八十年代、九十年代是新的时代，我们每年送旧迎新，一批批地迎来，一批批地送走，在我眼中，都是一样非常可爱的青年学生，单纯、上进、认真学习……都还是一样的，毕业后都走上了不同的岗位，也有不少人考上了研究生继续深造，这是新时代新发展的重要表现。八十年代我还在本科教学第一线，与学生像天天见面的朋友一样，看不出什么大的变化。带研究生之后，对大学生就有些生疏了，耳闻目睹一些片段，道听途说一些传闻，很难做好整体判断。有人说，现在的学生更讲究个性，更注重自我，甚至“我行我素”，谁也别管我。再也看不到统一发的灰制服或者“文化大革命”中那种大家都穿的绿军装了，花花绿绿色彩鲜艳，这是过去想做也做不到的。二十世纪五十年代末兴起了一阵穿“布拉机”(连衣裙)、跳交谊舞的潮流，很快就遭到了“批判”，甚至明令禁止。人本来就是一个个的，应该有个性，如果在学习上充分发扬个人的聪明才智，那绝对是大好事。但人又是社会的，谁也离不开社会，这就不应在心目中没有社会、没有集体。这话再说下去就会被当作空洞的“说教”了。过分的、不恰当地注重自我，主要责任不在学生，而在社会的不良风气，在某些错误理论的引导，在教育的不得力。

青年学生是天之骄子，是社会、国家、民族的未来，大学是他们走向社会、为社会服务之前最后、最重要的阶段，他们主要甚至唯一的任务就是学习，学习知识同时学习做人，但学什么？如何学？这些都与学校和老师有很大关系。

“百年老校育新人”，学校、老师确实光荣，但也责任重大！

（原载《华中师范大学校报》2002.12.20）

我所认识的朱绍侯先生

这是一篇回忆性的文字，算是“口述历史”，主要是写过去的事，也是“当代史”，既有曾经发生过的事实（记忆不一定完全准确），也有现在本人主观意识的参与。这是回忆和“口述历史”的一般规律。

我和朱绍侯先生的交往开始于互称“同志”的年代。20 世纪 70 年代，知识分子中有一种说法，“同志四、五、六，先生七、八、九”，只有 60 或 70 岁以上的人被称为“先生”，多少有点“敬而远之”的意味。我见绍侯同志的时候是 1972 年，他虽然比我大七八岁，但年纪尚未到 50 岁，而且是我的同事、他的同学吴量恺同志介绍我去找他的，自然是“绍侯同志”相称了，这个称呼延续了一些年，20 世纪 80 年代初我们互赠书籍时还用过。那一次见面给我的印象很深，一个忠厚长者的形象，特别和蔼可亲，接待安排，满足了我们参观访问的所有要求，特别记得的是他手缠绷带、我们一起挤在公共汽车上去相国寺等地的镜头。挤公交车这样的事，对于今天或者更晚一些的年轻人来说，也是有历史、时代意义的。20 世纪 70 年代开始，学术界的活动、交往日渐多起来，在当时条件下，交通、住宿都是不小的问题，可以举两个例子：一个是北大的邓广铭先生（属于称“先生”辈分的）接待客人当时也是挤公交车的；另一个是 1985 年漆侠、宁可、田昌五（三人联名给我电报）说许多先生由庐山来汉，我急得没办法，找了一辆校医院的救护车，把他们从汉口接到武昌。这也是历史，反映时代内容的历史。这样的历史，在人们交往中当然会留下深刻的印象。

1972 年以后，我们的联系渐多起来，其中特别值得一说的是朱先生主编的《中国古代史》，这部十院校合作而影响很大的书，我戏称我是第十一院校的代表，从 1980 年烟台会议讨论大纲开始，多数的讨论会我都参加了，有些是一般的学术研讨会，有些是编写实际操作的讨论会，例如后两次芜湖、济南会议我都参加了，所以最新版的《中国古代史》我被列名为顾问，名实还是相符的，这当然是朱先生对我的关照和错爱（时髦话）。

在这些活动中我们也因而加深了对彼此的了解。关于这部书，我有一定的资格，也有责任说几句话。首先这部书可称为也已经是传世之作，二十多年来已修订改版4次，发行量达百余万册。我还想说，不完全是一册书一个读者，我手头的新、旧版《中国古代史》，就有不少于十余人借去系统阅读过。这不就是广泛传世了吗？据我所知，从20世纪50年代开始，全国各高校都编过《中国古代史》教材，我校就编过3次，1958—1960年、1974年，我就具体组织过两次“发动群众”的大编写，都印刷、使用过。其他许多院校也大体如此，但是多半只“风流”一两年（这方面可说的话还不少，但不宜多说了）。而朱先生主编的这部《中国古代史》，已经畅行了二十多年。其次，这是一部“空前绝后”的合作成果。我之所以这样说，是因为十院校的参加者，都是当时各校中国古代史学科的主要骨干，而且是全身心地投入了编写工作。我认为，这两点过去很少有过，以后也很难有了，所以可以说“空前绝后”。既然是骨干，而且是全身心投入，那就保证了水平和质量，事实也是如此。其后的修订本，还可以说是“与时俱进”。这些我都是见证人。最后，这部书影响大，功不小。二十多年几乎是一代青年从书中受惠，甚至还有不少成为各种学术骨干的青年从中受惠（实例应该是有的），这就是该书为国家、为社会培养人才所做的贡献，功不可没。至于功绩大小，那就看怎么说了，保守地说也是很大的。最后，我以上看法，始终是和朱先生联系在一起的。朱先生这位主编，与时下满天飞的挂名主编有天壤之别，无论原则、体例，或者章节安排，他都殚精竭虑地和大家一起讨论，一直到字斟句酌地反复修改，还有，合作者之间的组织、协调、出版等事的联络奔走，事无巨细，莫不躬亲。这部书耗费了他一生中最重要的年龄段，50岁或60岁这是一个人学术（特别是社会科学方面）成熟发展的时期，朱先生做了有意义的奉献，为社会、为国家所做的奉献，是有功的，而且是较大的功，这个功在我心中记着，我很敬佩他。

我们虽异地相处，三十多年中却不乏交往，除了《中国古代史》的编写、讨论之外，秦汉史研究会的各种活动，是我们接触较多的另一种机会。1999年在昆明开秦汉史学会第八届年会，连续参加八次的老人就是我们两人，多次活动中我们常有十分默契的配合。在早期活动中，我“过分积极”（有时遭到个别非议），朱先生像对待年轻人一样宽容，有时还会说

“我听熊铁基的”。所以我在朱先生面前是无所顾忌的，同时又更加尊敬他，一开始的忠厚长者印象，日益加深着。作为长者，对我个人也是时有关照和鼓励的，例如前两年收到我的修订本《秦汉新道家》之后，他就来信说“已成一家之言”，我把这看成是鞭策。“君子之交淡如水”，并不等于没有感情，也不会在交往之中没有乐趣，相聚之时也有许多欢乐。记得1984 年在峨眉山下，朱先生与高敏先生竞走，我当裁判，还有林甘泉等同志当拉拉队，欢乐无比，虽然都是年过半百、花甲之年的人了，乐起来与年轻人毫无差别。

开头我就说了，回忆不可能十分准确，美好的回忆会更加美好，这是人生乐趣。我带着美好的回忆、美好的印象，敬祝朱先生永远美好，庆贺八十大寿。

（原载《史学新论》，河南大学出版社，2005 年版）

理想与青年

看一批当代优秀大学生的自述，看他们写自己的学习、生活和理想，觉得很有意思。就此，我说几句话。首先，我用“优秀大学生”称呼这些年轻朋友，尽管平一些，但要准确些。我不太同意用“精英”、“成功”这些词。我以为所有大学生都是社会的精英。对于青年来说，也不好轻易用“成功”二字，而应该是“百尺竿头，更进一步”。但，不管怎么说，这些年轻人是很不错的，他们的自述能给人多方面的启发。

我个人一下子就联想到五十多年前自己的大学生活。任何时代都一样，大学生入学前后会有各种各样的理想。1951 年我高中毕业时听报告说，民国初年的青年都愿意学法律，因为受日本明治维新成功的影响，后来又热衷学经济、金融，因为是谋生的好出路。时代变化，社会环境不同，人们的理想是变化的。20 世纪 50 年代初流行的是“学好数理化，走遍天下都不怕”，可我不知为什么，因为读了一本《中国历史简编》（吴泽著，吴泽先生后来是我的研究生导师），当年高考时八个志愿，我只填了一个北大考古专业，没有填其他志愿，结果是名落孙山，第二年才来华中师范大学历史系读大学。毕业后又读研究班，当时以为：郭沫若也没有什么，一级教授不在话下。现在看来，一方面事实是至今也没有赶上郭沫若；另一方面如果当时不是那么“狂想”，恐怕会更差。这也许就是“法乎其上，得乎其中”吧。有理想当然比没有理想好，而能够踏踏实实地为理想而奋斗，积极进取，总会“日日新”的。

关于理想还可以说很多。1952 年读苏联加里宁的《论共产主义教育》，他就说他小时候曾经想当海员，想在海船甲板上看蓝蓝的大海。当时，还读过苏联小说《三个穿灰大衣的人》、《大学生》等，描写苏联卫国战争后大学生生活的，深刻的印象保留至今。现在我悟到一点，青年的理想是变化的，时间不同理想各异，受家庭、社会、教育多方面的影响。当今青年应如何在大学生活学习？应有怎样的理想？我个人不敢也开不出什么良方，读读这些优秀大学生的自述，是会得到启发的，不过，也应该全面正确地领会才好。

2005年11月

（原载《如何经营大学你的大学时光》，湖北教育出版社，2005年11月）

永城访古

今年5月，我有幸与秦汉史研究的同行老友朱绍侯、安作璋、周天游、王子今、宋超、李振宏等在河南永城市相聚，一起参观当地的历史文化遗址，共同探讨当地的文化遗产保护等问题。我个人未能有什么好的献计献策，但收获却是意外之大。

永城市历史悠久，可称为“汉兴之地”。之所以称为“汉兴之地”，是因为出生于沛县的汉高祖刘邦兴起之地便是在永城芒砀山，故永城有“根据地”意义，也留下了西汉早期一些重要的遗迹和传说，如刘邦斩蛇处、陈胜墓、萧何造律台以及汉高祖庙、紫气岩、赤帝峰等。此地还是汉前期的一个诸侯国梁国所在地，故而留下了丰富的墓葬群，有弥足珍贵的早期画像石、壁画存留至今。

陈胜墓的新启示

相比时下许多伪古迹而言，永城芒砀山脚下的陈胜墓，则是可靠的。司马迁的《史记·陈涉世家》记载：“高祖时，为陈涉置守冢人三十家砀。”砀即芒砀，“守冢”即在此地。时至今日，附近还有丁窑村居民自称是守墓人的后代，这是世代相传下来的，其可靠性也较大。因为在古代谁也不会为“盗贼”守墓而感到荣耀，故可推想在汉代，陈涉的地位还应该是较高的。过去有一段时间，研究者特别重视农民起义，乃至于有研究者认为，司马迁把陈涉列入“世家”是其思想具有人民性的体现。此说虽未被广泛认可，但有些问题值得深究，除了要探究陈涉被列为“世家”的原因之外，刘邦的措施如何看待？刘邦“置守冢人”的措施不是单独针对陈涉的，同时还有秦皇帝陵及楚、魏、齐、赵诸国无后之王之墓。再联系到刘邦临死前的其他政策（如“不负天下贤士功臣诏”之类），可见如何评价刘邦也有待继续深入。小问题如置守冢人多少户（十户或者三十户），大问题如后世对陈涉认识的变化是怎样的，这些课题都有研究价值。早已毁坏的陈胜墓近来已经修复了，2005 年又扩建了大殿和廊房，只是陈列的内容还有待于充实。如今在国内其他地方已很少有这样比较真实的农民起义领袖之墓了。

梁国墓的再认识

因为有芒砀山金缕玉衣的出土，梁王墓已经有相当高的知名度，但是它的特点尚未被充分认识。芒砀山区的汉墓已发现的有 20 余座，数量之多，规模之大，结构之精，价值之高，目前仍可居全国第一。已发掘并开放的梁孝王及王后墓、柿园壁画墓等，各具特色，除了一般墓葬所有的墓道、甬道、前庭、后室、侧室之外，还有回廊和排水系统。王后墓中储藏室、庖厨室、冷藏室、浴室、厕所等设施一应俱全。厕所内的水冲式便池及扶手特别引人注目。柿园壁画中的四神云气图，其时间之早，绘画之精，也堪称稀世珍宝。这样一处以西汉梁国王陵为主的墓葬群，其文化底蕴是有待进一步探讨的，精美完备的墓葬，而且是“斩山为廓，穿石为藏”，在石山上穿凿而成，这要多少人力、财力？又要有多么高超的知识、技术（墓室、回廊上还有一些施工遗迹有待进一步研究）？能否从一些侧面反映当时整个社会的经济水平？再进一步，汉初的整个社会经济水平如何估计？“文景之治”的“清静无为”、“崇尚节俭”与梁王墓的奢华对比该如何说明？还有梁国作为当时一个主要的诸侯国，与淮南王、吴王、河间献王一样，招贤纳士，聚集了大批人才，特别是文士，与梁国有关系的，就有贾谊、枚乘、羊胜、公孙诡、邹阳、庄忌、枚皋、司马相如以及《易》学专家丁宽、焦延寿，《礼》学专家戴德、戴圣等，他们在当时和后世都颇有名气。这算不算一个群体？可否作为一个群体研究？在参观梁国墓群之后，我们想到了一个较大的研究课题：从一个地区（汉代梁国）研究秦汉史，研究它的文化内容，研究当时梁国经济、文化的地位和作用，既可以作宏观的、综合的进一步研究，例如梁国发展与文景之治、分封与统一、礼制的演变等；更有不少有价值的细节值得探讨，如柿园的那个墓顶壁画，除了可以誉称其早于敦煌之外，具体的问题还有四像中的玄武与后世一般的不同，这很值得深思，可以探微当时人们思想观念和绘画的演变等不少问题。

夫子庙的古风韵

夫子庙很多地方都有，而此处夫子山上的文庙却有它的独特之处。传说孔子曾在这里避过雨，今夫子庙后有一石洞可容数十人，被称为“夫子避雨处”。洞中有后人雕塑的孔子及其弟子的石像，其中还有时间比较久远的。洞前又名晒书台，文庙即建于台上。孔子“去曹适宋”，史有明文，在游历途中“与弟子习礼大树下”的记载也有（见《史记·孔子世家》）。此处遗迹是否完全为当时的实地已经不很重要了，后人于此设庙进行纪念，少说也有千年以上的历史了。现有重修之庙，也有二三百年，应该算是一处真正的古迹，其本身的文化韵味不容小视。庙东还有 3 座砖石雕玲珑古塔，世称郭塔，形成夫子山胜景，山色如画图，赏心悦目。

遗产的展示与保护

永城芒砀山区还有许多别的遗迹，如张飞寨、三圣殿（纪念水浒英雄李衮、项充、樊瑞聚义）以及芒山寺等，更多的是关于汉高祖刘邦斩蛇起义的一些遗迹，如刘邦斩蛇处、御龙泉、紫气岩、皇藏塔、赤帝峰以及高祖庙等。为纪念刘邦斩蛇起义，过去就曾建庙立碑，近年重新修立之后，新碑在黑夜灯光照射下，会出现一种神奇的灵光幻影，有一尊金光灿灿的威武影像呈现，被誉为“天下奇观”。当地旅游部门正在筹划修建高祖庙，因为斥资较大，坊间略有微辞。我想，这类东西既然已经修了，而且有观景之用，可以登高眺望，似不必修了又拆。不过，这类现代的人造景点，我以为还是少建为好。由此也引起我们思考，究竟该如何展示和保护我们这个泱泱大国的文物古迹？有些国家的文物保护政策是可以借鉴的。据《光明日报》今年 6 月 8 日的报道，在意大利，不仅罗马这个现代化的城市中有“历史中心区”，保存罗马自古以来的许多残墙断垣，甚至全国 8000 多个市镇中，有 900 个罗马那样的“历史中心区”，对此区内的历史遗存——房基、残墙、断柱、洞穴、树木等进行保护，原则是必须原地保存，不准任何形式的拆除、移动、修改或修复。20 世纪早期的宏伟建筑祖国祭坛与古罗马的一簇残墙为伴，和谐相处，体现文物古迹的历史衔接。永城芒砀山，和全国许多地方一样，有着十分珍贵的遗迹，例如在芒砀山顶，就发现有一座古遗址，虽然它的情况还没有弄清楚，但其意义绝不会低于古罗马城墙，而且有极高的研究价值，一定要好好地原封不动地保护。又如高祖庙可以重建，但其间的古井和古银杏树具有很高的文化价值和观赏价值，更值得保护。我国的文物古迹实在太多了，如何展示和保护是一个大问题，原封不动地保存、保护应该成为一条基本原则，修旧如旧（也只能是尽量了）也是应该遵守的。这里顺便说一句，今人喜欢搞人造古迹，窃以为应该缓行，或者不行，我们能把前人留下的东西完整地保存下来就不错了。

（原载《光明日报》2007.8.3）

安先生和铁基

安先生——我现在改口了。过去较长时间称老安，不是不尊重，而是因为这是很亲切的称呼。当时还没有考虑年龄问题，现在我再叫八十岁高龄的老安，旁人不理解，学生们也不会答应的。但他一直称我铁基，看来是不必改的，而是越叫越亲切，毕竟我要小五六岁。

我与安先生的交往，称为金兰之交，应该是比较恰当的。我们异地而居，却交往的时间长、关系密，有令人称道的良好合作。

众所周知，我们合作而成的《秦汉官制史稿》，出版二十多年后的今天又以第二版重印了。对于这样专门的学术著作，重印是不容易的，因为虽然社会上有需要，但出版者眼下还不能不考虑经济效益。其实重印的呼声已经二十多年了，因为它还有一定的参考价值。记得孟祥才同志（这还是我长期的老称呼）曾告诉我，他对他的学生说，研究秦汉官制史，这本书是不应该绕过的。我们的合作及其成功也是一段佳话，曾为已故的宋史专家漆侠先生所称道。记得 1985 年（应该是 5 月），漆先生和他的学生辈同事路过武汉，住我所在华中师大的招待所，他就问起我们是如何合作的，并当着他的学生倍加赞赏（其背景是有些合作者不欢而散，甚至反目为仇），而我们当时的良好合作，一直延续到现在重新出版都是好好商量讨论。这里不妨简单记述一下我们彼此合作的一些逸事，以兹纪念。

1980 年 11 月，教育部组织的以朱绍侯先生为主编的“十院校《中国古代史》”教材审定会在山东烟台召开，安先生和我都是十院校以外的特邀代表。因为转车，我首先到济南，是特别相约还是商量着同行？记不清了，而且似乎没有其他人（按说应该还有不少院校的人是应该经过济南的）。我们在济南下车，等（当时是要等候的）公共汽车到安先生家，他们家陈老师和孩子们都上班了，安先生自己找煎饼、豆浆凑合了一顿早餐，我印象特深的是豆浆不放糖，而我又特别喜欢吃糖（几十年后他说他家有糖）。我有意记这些琐事（而且不只一次，在写与朱绍侯先生交往时记了类似挤公共汽车的事)，是想让年轻人特别是更以后的年轻人知道，不同历史时期的真实社会生活史。如果按照现在看到的，安先生出入前呼后拥，车进车出，以此写《安作璋传》，那就失真了。

就是这一次“历史性的会晤”，就是这次从烟台到济南的同行，我们谈论并确定了合作。很具体的讨论记不得了，大致是安先生先提出合作写一部新的《秦汉史》，但我早在 1978 年上海一次会上就得知，林剑鸣同志已开始了此项写作，并先有《秦史稿》交付上海人民出版社了，然后才确定合作写“官制史”，而且我们分别在秦和汉已经有些初稿，所以好像没有什么犹豫、波折，很快就开展了，分工合作，配合默契，而且比较快地就完成了初稿。1985 年 6 月出版的下册（上册是 1984 年 1 月出版的)，最后记下来的是“一九八零年八月二十二日初稿”，“一九八一年二月十七日二稿”，“一九八四年七月一日改定”。这是比较准确的记录，可惜，异地而居，如何往返商讨等，几乎全部忘记了。

官制史完成后，本来还有继续合作的打算，安先生又先提出写一部“秦汉兵刑史”，我则主张兵、刑分开，安先生也同意了。但是“形势”变化了，当时我们都再难有集中的时间从事这方面专门的研究工作。本来，“法制史”的写作提纲安先生都已经拟好了，终未能实现。我曾动手写了一两个题目（后以单篇文章发表过)，就放下了，安先生后出版的《秦汉官吏法研究》，作为“《秦汉官制史稿》的续篇或姊妹篇”，也算是一种继续了。后来我也单独完成了《秦汉军事制度史》的撰写，这些都可说是那一次合作的延续。

具体的合作告了一段落，其他方面的联络还是有很多的，我们共同参加历史大辞典秦汉部分的编审工作，经常一起出席有关秦汉史研究的学术活动和教学活动（包括研究生论文的评审、答辩等)，其间我们又常有“同心之言”，平均一两年至少有一次见面，平常有书信的来往和近些年更方便的电话联络，还有家人之间的来往，联系是很多的。

说到家人之间的来往，主要是我们家给他们家添了不少麻烦。1986 年至 1990 年犬子嘉忠在山东大学读书，得到从思想到生活各方面的关照。小女嘉慧有一次去泰山等地旅游，下得山来住在安伯伯家，有如自己家一般，蒙头大睡一整天，给安伯伯留下了深刻的印象。多年来，安伯伯经常询问嘉慧、嘉忠的情况，关心备至。而他们家只有爱婿亚非来过武汉，又是因公出差，没有什么招待。近些年，我们都带夫人外出参加活动了，陈老师和李老师老姐妹俩，似乎也特别合得来，我们算是通家之好了。这是缘分。

今年五月，我们两对老年夫妇又在汉兴之地河南永城见面了，相见甚欢。陈老师与李老师相叙年齿，二人同年同月生，陈老师又晚出生十来天，这又是以后相聚的新话题了。虽然都年事已高，但彼此并无异样感觉，没有什么大的变化（身体、精神方面），这对于老年人也是可喜可贺的了。大家可以高高兴兴地庆祝安先生八十华诞了。

（原载《安作璋先生史学研究六十周年纪念文集》，齐鲁书社，2007 年 11 月版）

舜徽先生二三事

前两天两位年轻朋友不约而同地访问我关于张舜徽先生的事。先是一位办网络报的中文系同学，想写张先生的生活故事，以“求真”为目的。紧接着校报的小曾同志打算出一期张先生的专版，约我写稿。我知道，这没有什么背景，但我却想到这又有一个大背景，年轻人想从前辈学者身上看到和学到一些什么。

网络报的同学是想通过张先生的生活，找到一些有趣的、有启发性的故事，比如情爱故事之类，甚至询问张先生平时如何对待师母的，是不是师母有一件外套是张先生买的等。我只好无可奉告，因为我见到张先生时的1952年，先生虽然当时还不到五十，已经属于“老年教师”的行列，而且是解放初期，知识分子刚经过“思想改造”，浪漫的事不多。我只能告诉该同学，张先生和师母相敬如宾，是传统的美好夫妻关系。师母先辞世一步，先生在告别会上痛哭失声：“我今后怎么生活呀！”

如何写生活？如何写故事？写什么？怎样写？乃至为什么写？不能不说是值得思考的几个问题。

传统的知识分子，包括张先生这样的国学大师，一生的追求可以概括为“治学”与“修身”，也就是我们现在所说的做学问和做人。他著录过《诸子书中有裨治学修身之精言》，也写过《张元济之博学与高行》之类的文章，说明张先生同样是关注这两方面的。

舜徽先生在治学方面当然是值得学习的楷模。我想其孜孜不倦的精进精神特别值得一说，数十年如一日的早睡早起，早上大约是四五点起床，这一点我们在“文革”中同处一大室中亲见过的。除“文革”那“军事生活”的两个月之外，早起当然是读书和写作，不会也没有间断，无论是1958年“拔白旗”，天天开会、被“批判”，或是“文革”天天学习、挨批斗，先生都是早晚治学如旧，一些著作完成于这些期间可以证明。尽管“文化大革命”热火朝天，张先生全家又被“革委会”强迫迁居到间隔成住房的洗澡堂，我去他“家”时，给我看的是没有出版的二百万字的《说文解字约注》。“潜心著述，孜孜不倦”这句话用在张先生身上再合适不过了。

孔子曰：“学而不厌，诲人不倦。”以上说了“学而不厌”之“一斑”。再略说先生对人如何教诲。先生教学之认真也是我们该学习的榜样。二十世纪五十年代初，各种教材很少，先生教“历史文选”，为了让学生容易听懂，他把原文书写在黑板上，边讲边写，大段大段，一字不差，一是教学内容很熟，二是认真准备，这种认真准备讲课的结果，就成为著作，一本很长时间影响海内外的《中国历史要籍介绍》就是当时给我们讲课的内容。有趣的是，我们学生偶然发现，先生板书之后粉笔头是圆的，次次如此，这是一种“功力”，也是认真的一个具体表现。

先生在《爱晚庐随笔〈自序〉》中写道：“近数十年来，自讲学著书处，以对客之时为多。”对于“老友新交及门后进”各方面的质疑问难，“所问虽杂，吾必一一答之”。有一些已集结成《爱晚庐随笔》一书，还有一些是分散了，我自己就保留有两三张小纸条，如有一次我问“内中国外夷狄”典出何处，第二天先生就用二三寸长宽的纸条抄给我几处原文。先生答问，要言不烦，我们看《爱晚庐随笔》中条目都是二三百字，短而精，有一次刘筱红博士和我说：张先生回答问题，话语不多。我说：重要的话不会很多，这叫“要言不烦”。张先生的学生中，有些人对先生的教诲是受用不少的。

《庄子》云：“常宽（容）于物，不削于人，可谓至极。”我感觉，张先生对人之宽容，可以说达到了顶点。近四十年中，我亲自经历的各种运动中，没有看到或听到张先生揭发、批判过任何人。我也曾就此求证过崔曙庭、邹贤俊两位教授，确实如此。而对批判他的人，可以说是不计较，以本人为例，曾经“奉命”在大会上作过“精彩”的批判，也曾在小会上“顶撞”张先生的发言，但会下他若无其事，上述去澡堂张先生居住的地方，谈《说文》之类，就是这期间的事。师生之情、师生关系似无所损，这体现的是先生之宽容。事后想来自己常爱争好斗，惭愧！现在自己年纪大了，多少学习、懂得了点“宽容”的意义。

（原载《华中师范大学校报》2008.6.12）

悉心指教，终身受益

——忆吕振羽先生对我的教导

时间虽然很久，有些事情却使人终生难忘，印象极深，影响一生，虽然具体细节不一定记得很确切，甚至错位。吕振羽先生对我的教导是终身受益的，好在至今仍保留着的几封吕老亲笔信（不全，“文化大革命”中被迫交“工宣队”审查，后来找“造反派”学生要回来的），可以理出一个大致的线索。

1961年我准备到北京进修，请我的研究生导师吴泽先生介绍拜访老一辈的学者（在武汉拜访了李达，后来在北京除吕老之外，还拜访了侯外庐、尹达同志等）。吕老在中国大学任教时，吴泽先生当时是学生。我在去北京之前，把吴先生的信先寄给了吕老，大概我自己也写了不少，所以1961年5月28日吕老的信中说：

> 你的信及吴泽同志信，均已于一周前收到，今日才作复，请你原谅。我们虽从未见过面，从来信，可以知道你是一个对马克思主义史学研究用力颇猛而又肯切实作工夫的同志，我很愿意有你这样一个朋友来相互切磋。
>
> 你这次来信提的几个问题，都很重要，希望在你将来有机会到北京时详细谈谈。对这些问题，目前国内外史学界的意见还不一致，在一封信里很难谈清楚，只能提提我的基本看法供你参考。
>
> …………
>
> 我以上谈的不一定对，仅供你参考，并希望将你的意见告我。

当时我回信没有，记不得了。但暑假我就到了北京，原计划在历史研究所进修一年，后因报不上临时户口，没有粮票吃饭（当时是一个十分紧张的问题），只待了几个月时间就离开了。在京期间，大约有两三次去西单石板房甲19号向吕老请教——“文革”之后我曾多次去找也未找到那个地方（房屋已拆），直至1996年参观故居展览，见物如见人，勾起了我过去拜见吕老的一些情景以及吕老对我教导的回忆，他耐心指导我的学习和研究，他的教导融化到了我的思想当中，变成了我自己的思想观念。现存有两封信的内容可以证明，一是上面提到的未见面的那封，其中谈了三个问题：

> 一、关于我国统一的多民族国家形成的问题，我自己也还钻研得不深，但认为我国和世界其他多民族国家有共性，但又有极大的特殊性（按：原信笔误殊在性后）。几千几万甚至几十万年来，（借）以生息于祖国大地上的各族人民的祖先，交往频繁以至交错杂处，在长期共同生产、共同斗争的基础上，在经济联系、文化联系的不可分割的纽带上，奠定了这个大家庭的基础。
>
> 二、关于中国封建社会的分期问题，目前大家正在争鸣。我以为应该按照马克（思）列宁毛泽东同志所揭示和阐明的历史唯物主义的公式来分期，不必另创新说；同时它也同样有一个形成、发展和衰落的过程的。这样去解决问题，不容先有一个框框，而应通过具体分析，必然能显现出它的客观的规律和过程来。
>
> 三、关于中国初期封建社会的一些问题。这在目前，有些科研和教学工作的同志，似乎全不重视马克思、恩格斯关于农奴制及其特点的规定，各说一套，因而就达不到共同的语言。
>
> 其次，过渡性和不平衡这个规律，尤其在多民族国家是更不容忽视的。但此也每每不易达到共同的结论。于此还应多做工作，以期逐步达到一致。
>
> 十一年来，史学也和其他学科一样，进步和成绩都很大，因而就把问题步步提得更深更细了。

对以上内容，现在我想说明以下几点：首先，这是当时古代史研究中一些根本性的理论问题。“有些人似乎全不重视”云云，这话我在1960年拜见李达同志（时任武汉大学校长）时也曾听李老说过，他说现在教古代史的教师不懂社会分期，然后他背了一些《诗经》中说明农奴生活的句子，证明西周的封建制。说明老一辈的马克思主义学者当时都有共识。其次，吕老的一些看法，是他的一贯思想和主张，在各种著作中都有体现，好像20世纪60年代还在《新建设》上发表过关于“不平衡发展”的文章(待查证)。再次，这些教导，长时间在我的思想上起作用，并指导过我的工作，例如我教学、编教材，都曾采用初期封建社会、统一多民族国家、不平衡发展等这些观点。

另一封信的内容关系到当时另一重大问题，关于农民战争问题。我写了一篇关于农民战争史的理论文章请吕老指导，吕老除了在文稿上仔细批改之外，又写了一封很长的信，现将主要内容抄录如下：

> 农民战争史在中国史研究领域中的重要性，已渐为史学工作者所承认和有了不同程度的认识，近来在两百方针下的争鸣，也有了一定的深度和广度，并取得了一定成绩，虽然，也似是没达到应有的深度和宽度，也还存在一些问题。我以为，一个比较重要的问题，是农民战争史和中国通史的关系问题，前者应在后者的基础上，并在后者的既有研究成果的基础上前进。近年来若干研究者对这个问题的处理，似乎是不够严肃、认真的。对通史既缺乏相当系统相当深入的理解，而又每每过分看重自己的片面推论或感想，凭以纵观和论述全史；在这样的情况下，即使也尽量去搜罗一些自己需要的史料，而能言之成理，恍似论证凿凿，实质上仍不过是拿史料去证概念，仍不能不违反马克思主义的史论结合或理论和实际结合的基本精神和原则的。我想这应是一个值得注意的问题。
>
> 近年来在中国农民战争史的研究和讨论中，不只创造了不小战绩，而且提出了不少重要的问题，都应进一步展开讨论和进行深入研究。例如有关中国中世农民战争的性质和作用的一些大问题，譬如说，它是不是把封建地主阶级作为一个阶级去反对，是不是有反封建制度的性质，等等，都是有关历史唯物主义的重大理论原则问题，都应步步深入，以期获得解决和达到一致的认识，是对教学和科学研究都有重大关系的。尊稿提出了不少很值得重视的问题，并且有很多好的、积极的见解。这些，我都不详谈了。现就我认为尊稿中某些值得进一步考虑的问题，就我一得之见，提供参考。
>
> 一、研究中国农民战争史的目的，“是为了继承和发扬我们中华民

族的革命传统”的问题。继承和发扬中华民族的革命传统，无疑是我们研究中国农民战争史的一个重要目的和任务，但还不能包括全部目的，譬如说：必须透过对中国农民战争史一类的重要环节的研究，我们可以而且才能深入地揭发中国封建社会发展过程及其某些侧面的客观规律，连同对中国历史的其他重大特点的研究，便能使我们得以更深入地去掌握毛泽东思想的精神实质，并从而有可能去丰富历史唯物主义。

二、关于中国“自古以来就是一个集权化的国家”的问题。这是一个很大的问题。首先，关于夏，是否已进入国家的时代，目前尚有不同意见；即使说，它已进入了国家的时代是不是集权化了的国家也是非三言两语说得清楚的。其次，奴隶所有者的殷商国家，是否集权化了，在第二次国内革命战争时期敌我论战（包括我自己队伍里的争鸣）中，是有着不同意见的。再次，关于西周、春秋、战国时期的社会性质，几十年来，一直存在着争论和意见分歧，因而当时国家的组织形式或政体，也就有了不同的看法和论断。主张当时社会是属于封建社会阶段者，认为是初期封建的领主制的国家，是封建分散性的；主张西周奴隶制论者，则认为一开始就是所谓“新兴地主”的集权国家。由秦汉到鸦片战争前的国家组织形式，我们不少同志认为是专制主义的中央集权的国家，也是统一的多民族的国家；但有的同志认为只能说是多民族的国家，而不能说是统一的国家；有的同志认为到清朝才形成为统一的国家。既然不是封建性的“统一的”，那是不是也不认为是中央集权的呢？因此，我以为关于这类问题的论断，须慎重而详晰。你此（笔误，应为“文”）中对此也应慎重、准确。

三、关于隋末农民战争是唐朝封建经济繁荣的基础的问题。这可能只是一个用语的疏忽，但却是一个重要的疏忽，故提出来说一下。隋末农民战争，也只有它，为唐朝的生产发展和文化繁荣等，开辟了道路，准备了条件。但我以为不应说作“基础”，马克思主义关于“基础”这个范畴，是有一定的含义的，不多赘。

四、关于唐代普遍地出现了不同形式的租佃农民的问题。这个问题，不只牵涉到中国封建时代是否存在农奴制和劳动地租的阶段的问题，还直接牵涉到实物地租从何时开始以及它与佃耕制的关系的问题，等等。我以为这个问题须从马克思关于封建地租的三种形态通过中国历史的具体过程去进行研究和理解。自然，我并不要求你在这篇文章中来谈这个问题，而只在说，用语须有分寸和准确。你在这里又谈到农民的人身依附关系的问题，这在近年来是一个普遍存在的问题。有的同志甚至从是否有人身依附去作为中国封建制分期的标志，等等。好像，在某个时期，农民就感到人身依附的束缚，而在另一个时期就不感到这种束缚了。同样，好像某个时期农民感到徭役赋税的奇重负担，而在另一个时期就不感到这种奇重负担了。同样，好像在某个时期，农民丝毫也没有土地要求，而直到某个时期才有这种要求似的，等等。其实，封建的徭役赋税或超经济的榨取，正是以人身依附或“超经济的政治强制”为前提的，经典家所阐明的理论原则和我国历史具体情况，都充（分）说明了这一点。因此，在我国封建社会的长期历史过程中，由于广大农民群众不断的、各种各样的斗争，使人身依附不断有所削弱，徭役赋税不断有所减轻。但它是波浪式的，时轻时重，一弛一张的，并且都是与封建时代的历史过程相始终的，因此，不能从这些方面去寻找区划中国封建时期的标志。

你的文章，我觉得还有一些地方的措词、分寸、举例不够恰当，说明不够清楚、透彻、全面，我都写了几个字或用红笔做了记号，请参考斟酌。

以上信手写来，不一定妥当，仅供你参考。

匆匆

敬礼！

吕振羽

1962年2月3日

以上内容非常丰富，涉及理论和方法诸多方面。如此细心指导，当今某些导师看后，恐无地自容。更值得一说的是，我一篇很不成熟的近万字的文章，花了吕老不少精力，并且是在他身体状况不怎么好的情况下批改、指导的。信开头吕老写道：

你去年九月底寄来的文稿，现在才阅读给你寄还，务请原谅。这由于你寄来文稿时，还是我与吴、范诸老南去的时候，加之我从鄂豫回京后，即患病住进北京医院，直到除夕才出院，出院后，医生嘱咐不许过用脑力，要继续休息。

这是1962年2月3日的信（连同批改的论文），实际上1月20日还曾给我信：

铁基同志：

真对不起，大作至今还没有看。我从武汉、河南回京后，即患病住了北京医院，上星期才出院，现还头晕不能看东西。大作如急须，请来信，即寄还；如不急须，得我身体较好时看一下再寄还。匆匆，祝你今年好！

1月20日到2月3日，不到半个月时间，仔细批改了近万字的文章，还写了一封长两千多字的信，并且非一般拉家常的信。不知我怎么回的信，如此去催促一位病刚痊愈的老人！

现在自己也老了，回想这些往事，百感交集。也许可解释为当时年轻好胜，考虑得很不周到。事实上也许正是如此，当时不仅对吕老的处境、身体状况没有关心，吕老的处境如何也根本没有想过（也不知是什么），只是作为当时史学界的元老之一去拜见、请教的。从1963年起，我去参加“社教”、“四清”直至“文化大革命”，终断了联系。“文化大革命”我也受冲击，才有交出信件等事情发生。

按辈份，吕振羽先生是我老师的老师，是师祖，但吕老又亲自细心地指导过我，当今研究生的指导也不过如此，有的甚至远远不及。此种情况，不知我可否算作吕老的关门弟子！当然弟子不才，没有能负起光大师门的责任。

（原载《学术界》2011.4）

向张舜徽先生学习什么

值得纪念的，就是应该学习的，今天我们纪念张舜徽先生诞辰一百周年，重要的是要向他学习。学什么？主要是他的学问和治学精神。

首先，应该如何看待张先生的学问？我很赞同刘梦溪先生前不久的说法："倒是钱穆、张舜徽两位，如果称为国学大师，未屈尊也不算溢美。钱、张都是通四部，而尤以张舜徽先生的小学根底深厚。张的《说文解字约注》就有近三百万言。"（见《领先》杂志 2009 年第 4 期）这里有刘先生关于国学的理解，也有对张舜徽先生学术的定位。我也同意刘先生所说，很多大师级甚至世界级的学者，不必要冠以国学大师之名号，甚至可以说国学大师不足以说明他们的学术地位。而通晓经、史、子、集四部，而又"小学根底深厚"的张舜徽先生，当然是名副其实的国学大师，"未屈尊也不算溢美"。

舜徽先生"小学根底深厚"之言不虚，他在《自传》中写道：六七岁时，父亲"采用王氏《文字蒙求》教我识字，画着日、月、山、水诸象形字，为说明其所以然。我一生对古文字学深感兴趣，便开始于此时，到十五岁时，自取王氏《说文句读》、《说文释例》，段氏《说文注》，郝氏《尔雅义疏》诸书通读之，并作了札记，始稍有所得。十七岁时写成《尔雅义疏跋》一文，指出了《尔雅》、《说文》的异同和郝氏《义疏》不足之处，这是我自抒心得、撰述考证文字的开端"。尔后继续攻治《说文》之学，参考清人各种著作，"记其异同于书眉，亦间出己意，附述于末。密行细字，书之上下四周皆满"。二十岁时，丁福保《说文诂林》印行，"争先购取读之"，"病其丛杂猥多"，"徒令人望洋兴叹，不知何所适从"，打算就其书"删繁就简，取其义之精者"，"别为一书以便初学"，这是 20 世纪 30 年代之事。以后一二十年博治经、史、子、集，这中间当然未完全脱离小学，直到 20 世纪 60 年代以后（年五十后）才"重理旧业，自造新注"，前后经历了十年，完成了三百万字的《说文解字约注》。我曾半开玩笑地说是《张氏注》，从张先生关于“约”字的解释看来，“约注”之意当然更好。张先生造此新注的原意是“以便初学”，现在看来，此书的价值就在于此。攻治中国古代经、史、子、集，必须依靠文字、音韵、训诂之所谓小学，小学著作也很多，初学之人、一般学者，不可能广泛阅读，作为清代以后，20世纪最后成书的这部《说文解字约注》，应该是一个最合适的读本。这是国学大师对于国学的新贡献，有阶段性、标志性的历史意义。

舜徽先生“通四部”之学，治经、史、子、集均有代表性的著作，这在他的《八十自叙》中有一个概述：“爰集治小学所得者，为《说文解字约注》；集录治经学所得者，为《郑学丛著》，集录治周秦诸子所得者，为《周秦道论发微》、《周秦政论类要》；集录治文集笔记所得者，为《清人文集别录》、《清人笔记条辨》。而平生精力所萃，尤在治史。匡正旧书，则于《史通》、《文史通义》皆有《平议》；创立新体，则晚年尝独撰《中华人民通史》以诱启初学。至于辨章学术，考镜源流，平生致力于斯，所造亦广。若《广校雠略》、《中国文献学》、《汉书艺文志通释》、《汉书艺文志释例》、《四库提要叙讲疏》诸种，固已拥彗前驱，导夫先路。此特就平生著述中较费心力者，约略言之。至于薄物小书，不暇悉数也。”

作为20世纪有数的几位国学大师之一，张舜徽先生的许多著作确有承前启后的地位，有一些的确是“导夫先路”的。20世纪50年代，以教学讲义为基础出版的《中国历史要籍介绍》就是开了一条先河，所以当时海外都有关注，译本不少，国内日后也相继出版了一些介绍、题解之类的书籍。而《中国文献学》的开创性和奠基性就更为明显了，与这部著作相关，还有一些重要的成果：首先，是一些前期性的著作出版，如《中国古代史籍校读法》、《文献学论著辑要》等；其次，20世纪80年代初，在张先生倡议之下建立起了一个历史文献学的新学科，成立了一个有重大影响和意义的中国历史文献研究会；再次，陆续出版了一些以“中国历史文献学”、“中国古典文献学”为名的著作，再延伸扩大又有“史料学概论”、“目录学概论”、“版本学概论”、“校勘学概论”等多种属于文献学的著作。所有这些，都可以说是张先生的《中国文献学》推动了中国文献学的理论探讨。

张先生的许多著作，虽然分别已有不少的评介，但有些著作的意义、影响和地位还是阐述得不够的，例如关于《清人文集别录》之类的著作，最近我才阅读到戴建业教授几年前的大作，强调从学术史的角度读《清人文集别录》、《清人笔记条辨》，戴教授拿张先生关于清代学术的著作和梁启超、钱穆的《中国近三百年学术史》等著作相比：如果说梁、钱二人的学术史只是清代少数著名学者的“特写镜头”，那么张氏二书便是清代学者的“集体合影”；如果说梁、钱二人只是描绘了十几株或几十株清代学术史上的“参天大树”，那么张氏二书给读者眼前呈现的便是清代学术史茂密的“原始森林”。这个形象生动的描述，发人深省，虽然二者各有千秋，但是如果后人重新研究清代学术史，张先生的著作应该更有参考价值。

张先生的各种著作，都是有一定学术地位的，其意义、作用和影响，则有待进一步发现。发现其价值，才能更好地学习。

至于张先生所谓“薄物小书”，也是值得我们学习的，其中如《爱晚庐随笔》、《旧学辑存》、《讱庵学术讲论集》、《霜红轩杂著》等，都有很大的学习参考价值，可以增长我们不少文史知识乃至生活常识，其中也不乏有较大意义的考证和议论。举例来说，《爱晚庐随笔》中有“史文有因后人误解而失其原意者”一条，讲陈胜为楚王，“名为张楚”乃张大楚国之意。我印象很深，记得20世纪50年代我就在听课或听报告时听张先生讲过（是否已有文字发表记不清了），1979年前后，一大型杂志又有人以“新观点”标出，我当即大不以为然，后来“张楚政权”的讨论越来越多，张先生仍坚持说：“或谓近年地下文物发现，实有以‘张楚’为标题者，须知此乃当日旛帜所书以宣传革命之辞，而非自名其国为‘张楚’，此亦不可不辨。”如果要寻真实的历史，实在不可不考辨清楚。最近读到一篇《西汉王朝为何黄金滚滚》（《老年文汇》摘自《中华遗产》），引证西汉有黄金百万斤（约248吨）等说法，对比张先生的《古人所称黄金非即今之黄金》，这个结论也是值得深入讨论的。类似的例子，可以举出很多，这里无法一一列举、详述。张先生这方面的著作，类似过去的随笔、札记、日知录之类的著作。

张先生一生读书、著书、教书，从教讲学是其一生的事业。张先生的《讱庵学术讲论集》中一部分是“多主于辨章学术，考镜原流”，另一部分对众讲话，“便重在发越志趣，开阔胸襟”。这后者讲的是为人治学的道理，讲如何治学的内容，讲做人问题的内容较少，但言语中却常常是摆在第一位的，在纪念他的老师余嘉锡先生诞辰一百周年时写道："先生平日常言：'读书人第一是讲究做人，第二才是讲究做学问。否则有学无行，读了书有什么用?'这几句话……尤值得后人学习。"

我们今天纪念舜徽先生，除了从他的学术成果中学习之外，还应该学习他的治学为人之道，我个人对于这后一方面的体会，突出的有如下几点：

第一，尚通。张先生一生做学问，始终注意的是一个"通"字，崇敬通人，提倡贯通，撰写通史。我们比较熟悉的，是他对司马迁、郑樵的推崇，几十年如一日提倡"走博通之路"。他在1980年的《自传》中写道："我所以努力读书，遍及四部，穷老尽气，不愿走太窄的路是有我的志愿和目的的。"他几十年中一直教导青年人做学问要走博通之路，现在见到最早的，是1946年在兰州大学文史各系大会上演讲："今后肄业文法学院的青年，特别是学习文史的人，有必要恢宏志气，将治学范围推广，博览兼收，务求通贯，必通贯而后能免于弇陋。希望大家在学习文史的基础上，从多方面的储学练才，争取将来成为国家有用的通才。"这样的话，在以后八九十年代的许多演讲中，乃至在大小课堂上，我们都可以听到。张先生治学、教人一直有这个尚通的精神。

第二，贵恒。张先生治学数十年如一日持之以恒的精神，是值得我们学习的另一个重点。人们很容易见到先生书房清晨的灯光（邹贤俊同志作邻居时的感受），我也说过十年动乱中先生的坚持做学问，但是不如张先生自己写得清楚，他在1985年的一次演讲中说：他研究、整理《说文解字》，"恰逢其时国家处于大动乱期间，我由于过去出版了几部书，被人目为冲击的重点对象，进行无情的大批小斗。我却不忧不惧，照常研究、整理《说文》的工作。深信疾风骤雨，不会久长；中华文化，不会中断；终必有豪杰之士奋起拨乱反正的。自己坚定了信心，中有所主，不为外物所动，对于整理《说文》，从未间断。白天忍辱接受批斗，晚上仍回家写书，今日考明一字，明日证说数文，这样日积月累，成绩也就可观了。虽当时有人将我全家赶入破旧浴室去住，上漏下湿，处境至艰，我仍克服困难，不懈益勤，终于在极其恶劣的环境中，完成了《说文解字约注》整理、誊写的全过程"。这一大段征引算是简明扼要的，一起走过来的人都知道，其中包含很多具体内容，我曾经写到过的，包括大小批斗会的前前后后；

包括住浴室；也包括我当时去浴室看望时，张先生每每拿几个字考证的结论给我看；等等。更重要的是，我们可以从以上述说中看到人生信念，深信中华文化不会中断，拨乱反正之日必来；可以看到先生的治学精神，忍辱负重，艰难困苦。三百万字的著作，就是今日一字，明日数文，坚持不懈，日积月累而成的。其实，张先生的所有著作，也都是这样持之以恒而形成的。

第三，诲人不倦。张先生一生读书、写书、教书，教书就是教人、诲人，“学而不厌，诲人不倦”是先生的信条，他在纪念前辈学者顾颉刚、余嘉锡、钱基博、杨树达等许多文章中，一再表示对他们的怀念、仰慕与学习。他在赞扬杨树达先生“奖掖后学循循善诱的前辈风规”时写道：“我平日教导后生，亦以奖许鼓励为先，而收效为大，实仿效先生教人之法行之。”张先生学习前辈风规，身体力行，这也是我们晚辈所能感受得到的。

张先生在《追忆先师余先生的教人方法》中写道：“在自己五十多年的教学过程中，也就学会了不以自己治学的途径去要求学生。即以近年指导博士研究生而论，从不拿自己喜爱的专业去要求他们。……在讲完治学的基本方式方法以后，便让他们各择其性之所近，自选专题进行研究。所以历届博士研究生中，有研究《史通》的，有研究太玄的，有研究田赋史的，有研究近代史的，有研究金文的，有研究训诂的，各展其长，充分发挥每个研究生的智慧而有所成就。大家感到有自由研究的气氛，而不受丝毫束缚，他们三年攻读，是乐意的。”张先生学余先生的教人方法，我们也有意无意地继承了，1994 年我招的四位博士研究生，分别研究的是“中国漕运”、“饮食文化”、“汉字文化”和“清代考据学”。“各择其性之所近”去选题和研究，成为我指导研究生的指导思想，同学们是常能听到我讲述的。这样，教人的方法就能薪火相传。

我曾经说过，向张先生问学，当时他未回答时，第二天必有一张小纸条予以答复。前些天文献学一硕士生问我一字，我回家查找后立即电话（现在方便了）回答了他。张先生诲人不倦的精神和方法，还可以从许多具体事例中反映出来，诸如教学相长、与时俱进、要言不烦等，都是值得我们学习的。

第四，待人宽厚。我在《舜徽先生二三事》中已经说过张先生的宽容美德，这里不再多说了，主要是会涉及一些令人不愉快的事。20 世纪 50 年代以后，一系列的“运动”，张先生都是被“批”的对象，许多同志和我一样，与张先生共向经历过“拔白旗”、“横扫牛鬼蛇神”等活动中一些几近荒唐的事。张先生从无怨言，无人见他发过任何牢骚。在与人相处中，是非曲直心如明镜，对他无恶意的同事和学生，他视为知己；对他极“无理”的人，他敬而远之，但从不还以非难，真正能做到宽和、宽惠、宽容、宽厚。

张舜徽先生一生勤奋，给我们留下了丰富的不朽著述，值得我们学习，并在其基础上继续发展；先生身体力行的治学为人之道，更有许多宝贵的东西，是我们学习的典范。

（原载《张舜徽百年诞辰纪念国际学术研讨会论集》，
华中师范大学出版社，2011 年 6 月版）

为“华中高师”校名纠点错

校庆快到了，有关资料提到，我校曾名为“华中高等师范学院”，错，应该是“华中高等师范学校”。根据《荀子》“名定而实辨”的主张，这里可以补记一段小小的历史。1951 年到 1952 年，中原大学教育学院与华中大学合并，大约 1952 年 10 月确定为“师范”性质，1952 年的招生广告（或目录），是华中大学师范学院（见了报的，可查）。可是入校以后，全校学生每人发了一套灰布制服（还有帽子），佩戴白底蓝边的华中高等师范学校“符号”。我常常想，这制服和“符号”是绝无实物可寻了。时间不过一年左右，却是很有意义的一小段历史。记得这些事的人不多了，再过一些时就没有了。我和中文系刘兴策教授是 1952 年入校的，丁成泉教授是 1951 年入华中大学的，“改制”后和我们一样的配装。三人都清楚记得的事，就不必去求证了。将来写校史时，再不要忽略了这“院”、“校”二字，那就好了。至于那段生活历史，如果能记述一下也是有意义的，大小集会，浅灰一大片，也许时下每年新生入学的军训可有一比，在集体活动、生活中的当时青年，有一段生动、鲜艳的历史，可供我们老人回忆、纪念，也可供青年人欣赏、借鉴。

（原载《华中师范大学校报》，2013.3.20）

华中师范大学历史文献学研究所渊源考论

华中师范大学中国历史文献研究所建所三十周年了。三十年为一世，在整个历史长河中很短，但在百来年的历史中，还是有一定地位和意义的。孔子说："如有王者，必世而后仁。"王治天下，经过三十年的努力，可以使仁政大行。某一个百年时段中，三十年的人和事是有许多可以言说的，但说起来又并不那么容易，有些还可能发生各种歧义。

华中师范大学"中国历史文献学研究所"（这里一定要用全称，此所非别的同名之所）是怎样建立的？有何历史意义？现在来考察和讨论还为时不晚，这里仅就个人经历和见闻来做一些记述。

我是1952年入校的，所学课程中就有中国历史文选这一门，这门课上了两年，授课老师就是张舜徽先生，也是中华人民共和国成立后张先生第一次系统上课。在1955年出版的《中国历史要籍介绍及选读》一书的序言中有较详细的记述，当时是根据教育部的有关规定，1954年由《中国历史文选》改为《中国历史要籍介绍及选读》。张先生接受这一教学任务，一边讲课，一边"发愿竭尽心力"写了一本当时有很大影响的《中国历史要籍介绍》一书。从20世纪50年代末开始"拔白旗"等运动到"文化大革命"，教学无法正常进行，研究自然也时有中断（张先生做学问并未中断），一直到70年代后期才逐渐恢复。此时张先生进一步提出"中国历史文献学"问题，发起并组织了"中国历史文献研究会"，根据《中国历史文献研究会成立纪要》（油印本）的记述：

中国历史文献研究会于1979年4月4日在桂林市成立。

中国历史文献研究会是在《中国历史要籍介绍及选读》教材定稿会议期间（3月14日至4月4日），由参加编写、修改教材的19所高等院校的同志们倡议、组织成立的。

张舜徽会长致开幕词并就中国历史文献研究、整理的范围、方法、态度等问题作了简要的报告，提出了个人的看法。

根据以上记载，“历史文献”名称是张先生倡导的（应该说与此前的“历史文选”、“历史要籍”有关系）。以后再进一步，张先生以“历史文献学”的名目申报招收博士生的学科点，申报过程中是有不同意见的，略经周折（当事人之一的章开沅先生也记不准确了），终于成功。这就有了一个后来所谓二级学科“历史文献学”的成立，1981 年开始招收博士生。很有几年全国只有我校和社科院历史所两个历史文献学博士点。在开始招收博士生之后，中国历史文献研究所成立了。

另一个渊源关系，是与中国古代史教研室的关系。从 20 世纪 50 年代初开始，张舜徽先生授课即为“历史文选”（名称也曾有各种变化，但内容基本相同），此课与中国古代史相辅而行，因而张先生也一直与中国古代史任课教师同在一个中国古代史教研室，张先生一个人任该课时是如此，1956 年、1957 年相继留校的崔曙庭、李国祥两位作为他的助手后也是如此，大家在一起开展政治学习、教研活动等，“集体性”较强。直到 20 世纪 70 年代后期，张先生独立的、广泛的学术交流活动加强了（崔、李二位又随着分别参加一些），1979 年发起和组织中国历史文献研究会就是突出的事例之一。随着张先生长期积累的学术成果陆续出版，在学术界、文化出版界影响越来越大，张先生的独立活动也就更加频繁了，研究生的招生就显出了其独立性，华中师范大学历史学科最先招收硕士研究生的就是张先生的中国历史文献学和章开沅先生的中国近代史，那是 1979 年的事。中国古代史开始招硕士生是因为“历史文献学”有了博士点之后才有的，不需再另外申请了，1983 年最早一届明清史硕士生招生还挂上了张先生的名字。历史文献所成立之前，张先生和他的助手们（包括崔曙庭、李国祥、马良怀、彭益林诸位）都属于中国古代史教研室的成员。历史文献所成立之初，张先生也把古代史的几位老成员（王瑞明、吴量恺、邹贤俊和我）视为“当然”的成员，开始我们都曾领取过所里发的稿纸（在电脑尚未普及的时代，稿纸是文房四宝之一）。后来因为编制以及某些人为因素，古代史的几位就未具体参加文献所的活动了。80 年代后期，我和吴量恺先生两次申报古代史的博士点，都被学校“平衡”掉了，因为历史学科已有了中国近代史和历史文献学两个博士点，学校要争取更多的学科上。实际上这又是有利有弊的事，如果我们有三个二级学科博士点，历史学科一级学科点就可以早几年获得。1993年，张先生去世一年之后，我才从历史文献学博士点申报博士生导师，当时国务院学科评议组讨论时，没有注意区别我学、教中国古代史的身份，这也说明这两个学科没有根本性的区别。当时历史文献学这个博士点可以说“岌岌可危”，因为据传，一个博士点三年不招生就有可能被取消。1994年我开始招生，这个“危机”算化解了。当时，我出于好心，但“自不量力”，想做两件事：一是想把桂子山上带“古”字和“史”字的学科都带起来，甚至考虑到“数学史”之类的问题，并且多少有些行动，举行过讨论会之类的活动，中文系的周光庆、戴建业等当时很年轻的教授都参加过；二是想振兴历史文献所，我曾经说：“历史文献所垮了，我是要挨骂的；历史文献所继续兴旺，我起不了多大作用。”这话基本上是对的，如果当时真是垮了，学术界熟悉这里情况的朋友一定是要非议的，兴旺是会陆续有后起之秀。以上虽是微不足道的小插曲，但也包含着一些细节的信息，或能反映和说明一些问题，不记下来，也就永远消失了。

再从历史文献学博士生招生和学习情况看，历史文献学是包含中国古代史乃至文史许多内容的。例如两位首届博士，周国林研究的是战国至隋唐的田租制度，属于经济史；张三夕研究的《史通》，属于史学史。以后刘韶军研究《太玄》，属于哲学史；赵丽明研究《说文》，属于文字学；冯浩菲、傅道彬研究《诗经》，属于文学史；段喜春研究明成祖属于古代史；程涛平研究“楚史”，属于地方史……张先生逝世一年之后，我开始招生，自觉不自觉地继承了张先生的传统，首届学生姚伟钧、吴琦、王作新、郭康松四位分别来自史学和文学两个专业，论文也是经济史、文化史（饮食）、考据学和文字学。从1994年到1999年，在年轻博导增列、招生之前的四五个年头，继续着这种包含多学科内容的研究。2003年以后，华中师范大学历史学科有了一级学科的博士招生权，博士生导师也多了，我的招生方向改为“中国古代史·秦汉史”，历史文献学的招生方向也有一些不同名称，但研究生所选研究题目仍然是比较宽泛的。

历史文献与中国古代史的关系还有一件具体事可以说一下，在历史文献所成立之前，张舜徽先生就获得了招收硕士研究生的资格，1979年开始招了第一届，当时的专业目录是“中国古典文献学”，1981 年以后开始招收中国古代史研究生，就因为有这个“文献学”的招生权，无须再作申请。章开沅先生回忆，学位制开始是以人带点而申报的，有了张先生这个点，我们就无须再申请了（个中手续、程序也可能有些细节，这里无法似也不必再做细考）。当时吴量恺先生招“中国古代史·明清史”研究生，指导教师署名还把张先生写在自己的前面。这种细节反映的是学科发展的脉络，附属于“中国古代史”的“历史文选”，在名为“文献学”招研究生之后，又带动“中国古代史”发展了。1983 年开始，中国古代的“秦汉史”、“宋史”、“明清史”开始招收硕士研究生，至今已有三十年。

有关事实的考证，就写这些，应该是基本准确的（不确切的我已在文中说明了）。我打了数十次电话，查阅了一些可查的材料，确有一些当事人都难讲清的情况：周国林教授是第一届硕士研究生，专业名称是什么？“文献学”？“古典文献学”？经查，现研究生院李志明副院长保存的资料表明当时的专业名称为“中国古典文献学”。许多事情的发展、变化，会有些意想不到的情节。我校开始招研究生，79 级 57 人，80 级只有 6 人（文献学未招生），81 级 25 人（李志明同志保存的资料所示）。开始学校只在科研处下面设了一个研究生科，后来才有研究生处，而今成了研究生院。因为客观形势、条件等原因，建立一个学科、设立一个机构，会有种种大大小小的困难和问题。当时听说，张舜徽先生曾亲自扛着“中国历史文献学研究所”的牌子（就是后来挂在文献所办公室门口旁的方牌子）找学校要办公房子，这一今天后人难以置信的事实，却是确实发生过的。反映院（当时的校）、系对学科建设的不够重视，反映某些物质条件的缺乏，反映人们对新事物缺乏认识和热情，反映张先生为建设而付出精力……这里已经由“考”而“论”了。

着重要“论”的是“历史文献学”这个名称和华中师范大学历史文献学研究所这个实体，讨论其意义、地位和作用。

首先，“历史文献学”这个学科的建设，张舜徽先生功不可没。甚至应该说，这个名目是张先生提出和强调的。虽然，1982 年出版的《中国文献学》（1981 年初写的前言）未用“历史文献学”之名，那是因为这个名称正在酝酿之中。这个过程有如下事实可以证明：1. 如前所引“中国历史文献研究会”成立的材料，张先生曾就这一问题作过系统说明，可惜这个发言未能记录下来，但张先生自编的《讱庵学术讲论集》中收有两篇论“历史文献”研究和整理的文章，其基本思想是和《中国文献学》的前言一致的。2. 如前所述，申报“历史文献学”博士点有些周折，具体情况怕是再难弄清楚了，同时申请“近代史”博士点的章开沅先生也说有“周折”，并说“好像张先生还去北京找过什么人”。我经查找，发现北师大的白寿彝先生在1981年第2期的《史学史研究》上发表过关于讨论“历史文献”的文章，题目是《谈历史文献学》，以答客问的形式发表，其中有一段问答写道：

客乙：请问历史文献学，是最近才提出的一门学问，还是以前就有呢？

答：你问的是关于历史文献的历史。这方面的历史还有待于研究。简单一点说，对于历史文献的整理和研究，很早就有了。我们可以说，就在这个时候，历史文献学就开始出现了。但如果作为一个学科体系来要求，现在还正在建设中。

另一段答问中写道：

历史文献学，一直到现在，也没有一个人给它规定个范围。作为一门学科提出来，还是不久以前的事……

文章写作时间是1981年3月，1982年7月在《再谈历史文献学》一文中又写道：

客丁：听说有些高等学校要开历史文献这门课程，但不知要讲些什么……

答：历史文献学这门学科还没建立起来。从总的方面来讨论，是很需要的。我想，历史文献学，或者更正确地说，中国历史文献学，可以包含四个部分……

这些文字明确告诉人们，历史文献学或者中国历史文献学，刚提出来不久（应该就是20世纪70年代末80年代初），正在建设之中。谁提出来的？张先生是否找过白先生？现在两位先生均已作古，章开沅先生只知道到北京找过什么人，北京师范大学瞿林东先生是在白先生写第一篇文章后才回校的，所以他说不知道白、张二位的交往（最近电话联系时所说）。但是很可能找的是白先生，因为当时白寿彝先生是国务院学位委员会唯一的历史学代表（据说每一个学科一个委员），又是历史学科组的召集人之一。张先生要申报历史文献学的博士点，到北京自然应该找白先生（张先生学界渊源与陈垣校长多少有些关系）。白先生未提张先生是因为：一、文章答客问是虚拟的，包括“马福月笔录”都是虚拟的（瞿林东说）。二、当时白先生在教育、学术界的地位比张先生高，张先生的学术成果多数是20世纪80年代以后面世，并日益受到重视的。

如上引白先生文章中所说，“有些学校要开历史文献学这门课程”。所以20世纪八九十年代出了不少中国历史文献学的教材和专著，另外一些大体相同的著作则沿用稍早的《中国古典文献学》（中文学科中较普遍用此名）。张先生培养的博士中，有的用“历史文献学”（如王余光），有的写“中国古典文献学”（如张三夕）。这两者确实有联系、有区别，倒不如20世纪80年代中国青年出版社分别出版的《中国史学名著题解》和《中国文学名著题解》。但是其他学科呢？最近我与仓修良先生（中国历史文献研究会的元老、台柱）通电话，他认为与“古典文献学”相比还是“历史文献学”为好，可以涵盖一切（这个观点他愿意坚持、公开，故而转述于此）。

“中国历史文献学”这门学科之名是张舜徽先生倡导的，相当长一个时期（十来年），全国以“历史文献学”招收博士研究生只有两个点，一个是中国社科院历史所（先是张政烺，后是李学勤），一个就是华中师范大学历史文献学研究所。后来相继增加“敦煌学”、“档案学”。当前情况我倒不是太清楚了，应该是仍在发展之中。

华中师范大学历史文献学研究所（全国高校唯一以此命名的研究所，另有少数省市、图书馆有“历史文献”之名）是因张舜徽先生倡导并申请成功的教学与研究单位，是一个平台，可以为历史文献学的发展做很多事。30年来，这个所在培养研究人才以及教学科研各方面做了不少事，这是人们心中有数的。但愿走上这个平台的人、与这个平台有关的人：第一，喝水不忘掘井人；第二，继续努力为历史文献学这个学科的进一步发展作出自己的努力。

下面写一点我与张先生的关系。

20 世纪 90 年代，香港学人王煜（后来我们见过面，好像也来过我校）在一篇文章中提到“张舜徽的学生熊铁基”。1993 年我被评博导时学科评议组的诸位先生就是让我接张先生班的（事后北京大学田余庆先生告诉我）。我算不算张先生的学生，有人认为当然是的，也会有个别人因某些原因不以为然。现在就谈谈我与张先生的关系。

我是 1953 年张先生第一次开“历史文选”课的第一批学生之一，大学毕业后，去华东师范大学读研究生，张先生也曾去那里讲学。1958 年底我回华中师院，以后就一直与张先生在同一教研室，直至文献所单独成立。“文化大革命”前后我长期担任教研室副主任（没有正主任时我也只能任副主任），但张先生始终是我的老师，学业上随时请教，从来没有间断过，一直到张先生去世的当年，有一张小字条就是当时他回答我问题写的。我曾在一篇回忆小文中写过，“文化大革命”中我们同样“挨整”，但我又奉命发言批判过张先生，我说张先生不计较这些。但是此事也遭到了“误读”、“误解”，有人在不小的范围内说（大意）：张先生有气量，熊铁基大会批判了他，晚上还跑去观察动静……这“不知为什么”“有意无意”加上去的后一句，不是事实。在说我与张先生关系时就增加了新的问题，如此“行径”的熊铁基何以能得到张先生晚年的认可？何以能得到张先生全家人的信任？张先生的认可可举一事：他在卸任之前的一天上午，在一号教学大厅坐在一藤椅上向我招手，告诉我，他已向校领导推荐我做文献所所长。我当即告诉他，这是不可能的（个中原因就不必细说了）。会有人记得，张先生去世之后，其次子张君和代表家属谈张先生图书、手稿问题，可以放学校，也可以放湖南省图书馆，放学校应有条件（这就不细说了，或者过两年再说），最后还是放到湖南去了。张先生晚年也有很不如意之处，去世之后骨灰撒于长江晴川阁下，学生也只几个人参加，我是其中之一。张君和后来也去世了，前两年张先生的女儿张安、张易还来过我家，我与张先生“文革”中的交往，她们也都记得。

这些纪实，应该不是毫无意义的。纪念、庆祝多少周年，当然是为了未来，但是不能忘记过去。对过去的记忆应力求准确、真实，回忆难免会加上现时的各种影响，也难免会带上个人思想、感情，一切历史问题都是如此。但回忆、讲述历史的人，要力求准确、真实，不说无根据的话，不说假话，否则会贻害后人，自己也难以心安理得。

附记：本文写作时，进行过多方求证，与外地浙江大学仓修良先生、北京师范大学瞿林东先生通过电话，本校章开沅先生（两次）以及原有关校领导电话请问，研究生院李志明、段锐院长提供了文字、电脑档案等资料，崔曙庭、周国林等老少朋友多次交谈和电话询问，有些在文中交代了，有些未记过程，特附记于此。

（原载《华中师范大学中国历史文献学研究所成立三十周年纪念文集》，崇文书局，2014 年 9 月版）

梦想与圆梦

梦想可以表达某种希望和一些思考，做梦、求梦可以使人朝着理想的方向去努力，进而改善自己的人生。正面积极的梦想，是一种精神力量，能激发人的勇气和创造力。中国古代以来，梦文化发挥正面、积极作用的表现是能够净化人的心灵。例如祈梦，道教提倡祈梦成仙（至今福建福清市石竹山还有祈梦所的遗迹和风俗），通过上香、祷告、发愿等一系列形式祈梦，其过程即使人心灵净化，人要向善才能成仙。

基于以上认识，我最近和青年朋友讲要做梦，要有梦想（我认为这与过去常说的理想有关，但是二者要做一学理上的区别）。

事实上，人生中是自觉不自觉的有许多梦想的。以我个人而言，八十多年的经历，忘记的事恐怕有百分之九十九，但却有那么几件有关梦想的记忆。大约是初小四年级的时候，一次大约是课间上厕所时，我昏昏沉沉满脑子想的是做山大王，有白色铠甲五十人，红色铠甲五十人……真是“白日做梦”（大约是当时看了武打戏剧的缘故），此梦我记了几十年。后来年纪大了，又有一些不同的梦想。1952 年读加里宁的《论共产主义教育》，我至今记得他有一次演说时说自己年轻时曾想过当海员。人有时候看到什么就想学什么，这也是常有的事。1957 年，读了一年研究班之后，曾对未婚妻（我现在的老伴）说，“一级教授算不了什么”（当时是有一级教授的），“郭沫若也不怎么样”，原话和具体情节记不清了，也许这中间有一种梦想。梦想还有大小的不同，在一些小问题上也会有些梦想。上世纪八十年代中，接连出版了几本书，也曾想过“以后一年写一本”，后来也没有实现，但多少成了自己读书、研究的一些动力。以小见大，梦想是可以起积极作用的，无论对个人、对社会都应该是如此。

有了梦想，就会去努力追求实现，梦寐以求，以至于美梦成真，现在叫做“圆梦”。其实“圆梦”的本意即古之“占梦”，就是对梦的现象做解说，叫做“解梦”或者“释梦”。如前所说解释可以起鼓励和劝导的作用，可举一例：“唐高祖初起兵，梦身死床下，为群蛆所食，心甚恶之。智满禅师贺曰：死是毙，坠床是下，群蛆所食，是亿兆所附，乃陛下为万民所附也。”（《陔余丛考·圆梦》）这解说相当奇特，可说是往好处解说的典型事例之一。至于把“圆梦”作为梦想实现的解释，不知是从何时开始的，这有待进一步考察，或者与佛教称忏悔事毕为“圆满”有关？“圆满”即完满无缺之意。不管怎样，现在人们已经广泛作“完满”而理解和应用了，这种约定俗成在语言文字发展规律上是可以的。

圆梦是要付出努力的。上述唐高祖从做皇帝梦到“登极”，是经过了征战努力的。任何一个“圆梦”都会经历许多艰辛、勤苦，无一例外。

人的一生不可能没有梦想，人的一生可能会有许多梦想，大大小小的梦想可以转换提升。许多成功人士的事例，多少都会与各人的梦想有关。有人说：人生就是寻梦、追梦和圆梦的过程。这话有一定道理。

（原载《华中师范大学校报》2015.10.15）

研究合为现实而行

“文章合为时而著”是唐代诗人白居易《与元九书》中的一句名言，是他长期生活阅历和饱读书史的心得体会：“自登朝来，年齿渐长，阅事渐多。每与人言，多询时务；每读书史，多求理道。始知文章合为时而著，歌诗合为事而作。”这也是白居易写诗作文的主张：反对脱离现实生活的“嘲风月，弄花草”，提倡“兴发于此而义归于彼”的“比兴”。这些主张有很强的现实关怀意识。

白居易所讲的虽然主要是一个文学理论问题，但与人文社会科学特别是历史科学研究也有密切联系，因为这是一个涉及学术研究与现实社会关系的大问题。长期以来，历史研究领域时不时就会有人说：学术研究要与现实社会保持一定距离。我认为这是一个伪命题。毕竟人们生活在现实社会之中，所见所闻、所思所想、所言所行都会或多或少地受到现实影响。其实，“与现实保持距离”也是某种“现实”的反映。学术研究是脱离不了社会现实的，此为其一。

其二，学术研究为现实服务才是上乘的研究，自古如此。司马迁写《史记》，标举“究天人之际，通古今之变”；司马光作《资治通鉴》，直接表明以史为鉴的宗旨。脱离这一点，就不能称之为良史。从近代起直至今日，我们讲爱国主义、研究传统文化等，都是为了现实，也是为了今后。随着时代的发展，在为现实服务中必然会出现更好的研究成果、更多的上乘之作。这里有一个无法回避的问题，即学术研究为政治服务的问题。为现实服务一定程度上就是为现实政治服务，因为政治在社会生活中有着重要的地位和作用。学术研究为政治服务是不可避免的，也是必要的。司马迁、司马光的学术都是为政治服务的。在社会变革、社会矛盾突出的历史时期，学术研究为政治服务的问题更为突出。在推翻封建专制统治的辛亥革命时期，学术研究是为保皇服务还是为革命服务？在国共两党政治军事斗争激烈时期，学术研究站在哪一边？对于这些问题，学术研究都需要表明自己的政治倾向。这里的关键是要站在人民群众的立场上。

其三，研究与现实的关系，有自觉和不自觉两种情况。以我从事道教研究的经历来说，起初是在古代思想文化史的研究和讨论中接触到道家、《老子》、《庄子》，进而又在学术研究活动中接触到道教研究的学者，特别是接触到一些道长，与他们交往和讨论，进而做一些研究，写一点文章。这个阶段的研究可以说是不自觉的。随着研究的深入，我逐步认识到宗教信仰是现实社会生活中的实际，学术研究无法回避；而道教是中国土生土长的宗教，它和许多宗教一样劝人为善，是有利于社会和谐发展的。然而，历史上道教兴衰起伏变化不少，如今道教的发展又不尽如人意，自己便很想为道教的发展尽一点微薄之力，所以我的研究就有了一定的自觉性。比如，我在研究道教历史上的改革之余，也研究现在的道教如何适应现代社会发展。这样的研究应该就是自觉地为现实服务了。

当然，学术研究为现实服务也要讲究度。白居易主张“合时”、“合事”，就是主张自觉主动地联系现实、为现实服务，从而对事物发展起到积极的促进作用。白居易关心“时”、“事”，关心百姓，主张诗文大众化，写诗要做到“妇孺能解”，从而创造了“新乐府体”。然而，学术研究在为现实服务方面也有值得吸取的历史教训。远的不说，“文化大革命”中“批法批儒”以及评价《水浒》之类的“影射史学”，显然不是我们所主张的学术研究为现实服务。

“文章合为时而著，歌诗合为事而作。”诗文如此，研究亦然。“时”、“事”也就是现实，“研究合为现实而行”。

（原载《人民日报》2015.11.5）

党员干部的好榜样

——忆陶军同志

终于找到一个合适的题目纪念陶军同志。

今年春节期间，原华师校领导王老（自申）的公子王延武教授，与我讨论写他父亲的回忆文章，他说：有人说王老当时也是很“左”的。这引发了我的思考：王老1954年2月就去世了，是20世纪50年代初的干部，积极宣传和执行党的政策，密切联系群众，苦干实干，好像与后来的“左”不应该等同。同时，我把我保留的王老给我们几个学生青年团员的亲笔信交给了他的公子。我认为当时的党员干部，他们的言行与后来的某些干部是很不一样的。从华师早期的情况看，党员干部中，陶军同志是令人印象深刻的党员干部之一。

20世纪50年代初我是学生，是华中大学师范学院的第一届学生。后来我又做了教师，长期担任教研室副主任工作（“常务”吧），与陶军同志领导教务工作有些联系。我心目中的陶军同志就是一位优秀的党员干部，真正地为党工作了一辈子。且不说他在新中国成立前投身革命的经历，从1948年入中原大学工作之后，筹建教育学院，接收并与华中大学合并，华中师范学院成立后主持教务工作，无一不是放到哪里就在哪里做得特别出色，只有工作的需要，没有个人的任何考虑和选择。1949年南下之后他参加中南局的讲师团工作，宣传马列主义、毛泽东思想和党的方针政策。有一段被传颂的佳话是，他面对一些知识分子作报告，有人挑衅性地用英文写纸条提问，他当即用英语回答。此事在旧知识分子中的影响是巨大的。随后在接收和改造教会大学——华中大学的过程中，他成了交涉联络的主要成员，许多具体工作都是他做的。

1952年开始，华中大学师范学院——华中高等师范学校——华中师范学院正式成立，还有一些院校相继合并，华中师范学院成为一所培养教育人才的大规模学校，学生人数是旧华中大学的数十百倍。陶军同志主持教务工作，开始名为副教务长（教务长为华中大学的物理学家卞彭教授），实际全盘主持教务工作。教务工作实际也是全校的中心工作，陶军同志这个主角，也是非常出色的。20世纪60年代，我作为教研室副主任，就参加过几次陶军同志主持的会议。参加会议的除了教研室副主任以外，还有部分中青年骨干教师，贯彻党的方针政策（调整、巩固之类），是一竿子插到底的做法（当时似乎各级干部也没有后来多，20世纪50年代初，历史系本科之外还有历史科、历史班——高师班、普师班、干部班，少的二三十人，多的五六十人，全系只有一个辅导员，一个办公室工作人员，几位"老教师"挂名科主任、班主任）。当时华师执行的是所谓"十七年教育黑线"还是"红线"？反正是依靠、贯彻、执行当时的方针政策，维持了教学工作的正常运转，培养了一批批人才，输送给社会，服务于人民。陶军同志的教务领导工作，功不可没。

"文革"开始，陶军同志当然受冲击，靠边站就不必说了。他的心情可以用他在1978年写的一首七律中的诗句来表明："坎坷未失寸衷丹，一息幸存图报党。"（这应该就是现在说的"不忘初心"吧）在"坎坷"期间，他还参与过商务印书馆的世界名著翻译工作。重新工作后，他仍然主持教务（包括科研），朝气蓬勃地投入各项拨乱反正的工作，在新的时期又作出新的贡献，突出的如组织重点学科建设，我校文科的科学社会主义、历史学，理科的化学、理论物理，都是新时期新的增长点。又如筹建我校出版社，推动教材与学术著作的出版，他所做的努力和贡献是当时大家有目共睹的（有参与人尹均生教授等发表的回忆可证明）。

以上极简略的回顾，远不是他工作的全部。1981年至1982年他还被派往巴黎任我国驻联合国教科文组织副代表。他真是一生听从党的召唤，哪里需要就奔赴哪里，把一生都献给党。

作为党员干部，为党工作，还需要有本领。陶军同志是有本领的，他还会在工作中不断丰富和提高自己。1938年起，他就读于北平燕京大学，当时学了英语，1945年他在晋察冀新华广播电台做过英语播音员，20世纪50年代初作报告时用英语回答提问，再到1981年任外交官员，这个本领他始终没有丢。

为党工作，他还要不断充实和提高自己，学习马列主义，从学习到宣传教育，再到研究，他成绩突出。他撰写出版的《辩证唯物主义教程》、

《马克思主义辩证法》、《当代国际政治与国际关系》等多种著作和一批学术论文，为理论界、教育界所认可。他讲课、作报告，有见解、有内容，生动风趣，深受欢迎，是非常突出的。“昨日听君议国事，满座掌声谁不夸”（昌然挽联）。

作为党员干部，从革命实践中走出来的党员干部，密切联系群众，是非常突出的特点和优点。陶军同志一直保持着，而且做得特别突出，不仅在工作中走群众路线，如上所述与群众一起学习和讨论党的方针政策，而且有广泛的各种形式的个人交往。无论是战友、同事、上下级，还是教师、学生，他都广泛结识、关怀。1987 年陶军同志去世时，参加遗体告别仪式的有一千多人，写挽联、挽诗的数以百计，许多都是怀念的真情流露。张舜徽先生的挽联写道：“订交在卅五年前频从品艺深谈早钦宿学，话别于三十日后遽报沉病不起痛惜知音。”张先生从 1952 年进校开始，到陶军同志临终前 30 日话别，有始有终地密切联系着。如当时另一位老干部雷行（《湖北日报》负责人）挽联所说：“爱知识人才何分老少亲疏风范长存。”他联系群众是没有老少亲疏的，许多年轻教师、学生都受到过他的关怀，曾任出版社总编的黄弗同教授的挽联说：“长记小楼明月夜，清茶一盏话平生。”这当然是他联系群众的一种方式。陶军同志联系和关心群众是能抓住要害的，给我个人印象深刻的是，1983 年我与安作璋先生合作撰写《秦汉官制史稿》，他仔细询问合作情况，从撰写到出版诸事一一详细问到，关心知识分子最关心的事，如伍文教授挽诗所说：“作序题辞，字字行行系我思。”陶军同志是想群众之所想的。共产党的三大法宝之一——联系群众，陶军同志身体力行，从这个角度，他是党员干部的好榜样。

把一切献给党，不断提高完善自己，充分发挥自己的才干，密切联系群众，和群众一起践行党的方针政策，造福于社会，造福于人民。模范党员干部不是评出来的，是生活在人们心中的。

2017 年 3 月 22 日写定

（原载《永远的怀念——忆陶军》，华中师范大学出版社，2017.3.22）

与历史系新生谈学习

——根据讲课录音整理

我是 1952 年上大学的，60 多年后与你们刚上大学的小朋友谈学习，该如何交流？因为基本不了解你们的情况，只好从我个人的角度讲起。

我首先想到的一句话是你们无法理解的，那就是“活到老学到老”，想通过我个人的例子来告诉你们如何学习。上一周我第一次去了一趟韩国，来回五天，走马观花，但却收获不小，主要是学习方面的收获不小。

我们知道，韩国乃至整个朝鲜半岛，和中国的文化关系是十分密切的，有许多相同或相似之处。前几年韩国以江陵端午祭申请世界文化遗产，给人们印象深刻。韩国学者（至少一部分）认为朝鲜半岛的文化传统和中国一样悠久，是独立发展的……这是民族立场不同、学术观点不同，有待进一步研究、讨论。而我这次学习和思考的是：他们对待传统文化的态度，以及传统文化与现代化的关系。他们对传统文化的普遍重视，使我印象深刻，他们的地方政府某某道、某某郡，还有市、区、邑、洞等，和中国古代地方行政区的名称一样，而且江陵道、襄阳郡之类的名称和现在中国各地的名称一样，就像中国台湾和大陆各大城市有各地名称的路名一样。第三天早晨在一个海边小村的路边小店吃早餐，除开席地而坐的习俗之外，小店门内摆放着一些旧式生活用具和农具，是我们中国少数景区才有的东西。第四天上午在首尔逛街、参观，发现有两条街专卖传统文化的物品，包括服装、锣鼓乐器等，而市内的王宫、旧居也都保存得非常好。韩国的经济是相当发达的，他们对传统文化又非常重视，两者统一得还相当和谐。对自然环境的保护也是如此，我们参观雪岳山，人也不少，但自然就是自然，小路上沙子是沙子，石头是石头，没有加什么人工水泥的堆砌。我看到和想到的更是他们的文化心理，我特有兴趣地了解了一下他们的钞票。现在韩国纸币的面额很大，高达 50000 元，大约 20 世纪 60 年代发行了 100 元的纸币，头像是抗倭英雄李舜臣，后来 5000 元是著名学者李珥，10000 元是创造朝鲜语的世宗大王，50000 元用李珥母亲的头像。如何解释这种现象，恐怕会产生一些不同意见。我还想到美元上的头像，1 元是华盛顿，100 元是富兰克林。

以上我的这些感受，或者可以说明，人的一生时时、处处、事事都可以学习，而且随时都应该学习。从中还可以看到，学习的内容都可以归结为“历史”，我们应该以“历史”的眼光学习“历史”。

我的老师，我们学院的张舜徽先生早年（20 世纪 50 年代初）写《中国历史要籍介绍》一书时，为了引起人们对历史学的重视，曾经引用了一句马克思和恩格斯的话：

> 我们仅仅知道一门唯一的科学，即历史科学。历史可以从两方面来考察，可以把它划分为自然史和人类史。但这两方面是密切联系的；只要有人存在，自然史和人类史就相互制约。自然史……不谈；我们所需要研究的是人类史，因为几乎整个意识形态不是曲解人类史，就是完全撇开人类史。意识形态本身只不过是人类史的一个方面。

这是马克思、恩格斯《德意志意识形态》一书中的一段话，虽然被他们自己从手稿中删去了，但对于“什么是历史学”的一种看法，是颇有意义的。如马、恩所强调的：“任何人类历史的第一个前提无疑是有生命的个人的存在。”有人才有人类史，也才有自然史，动物就不可能有。可以说，人类的生活和发展以及与自然界的关系等都有其历史，研究这一切就是历史学，或者还可以说，历史学可以总括一切学问。

现代学科分类很多、很细，人文社科有政治（含法律等）、经济、哲学、文学、教育、心理等，理工科有数学、物理、化学、生物等，无论什么学科，都有它们的历史，如政治史、政治制度史、经济史、文学史、教育史、数学史、化学史等。历史的普遍性及其重要性是显而易见的。

毫无疑问，学历史的人无论做什么，都有其特有的优势，任何事情都可以讲历史。最近有一位推销保健品的朋友问我：“你知道李时珍和孙思邈吗?”我说知道。“他们活了多少岁?”我一时未答。他说：“孙思邈活了一百多岁，李时珍只活了七十多岁，为什么？李时珍是医生，看病、治病；孙思邈注重养生。”虽然他说的不完全对，因为孙、李二人都是“医药无不善”的，一个著《千金要方》，一个作《本草纲目》。但是这位朋友在工作中运用了历史知识，以增强说服力。

人类、社会、自然、环境，一切都有历史。学习历史意义重大，学习历史用处很大，学习历史会使人聪明一些。学历史的人不一定都是去教历史，和其他专业一样，不一定学什么就将来干什么。有的专业转行之后就完全用不上了，学历史专业和另外一些专业（如文学、哲学等）一样，永远会在你的工作和生活中发挥作用。这样说也许有点“实用主义”的嫌疑，但是端正态度，把专业学习和人生观、价值观的培养结合起来，与能力的锻炼结合起来，历史专业学习的意义就是很大的。

大家为什么会来学习历史专业？也许各个人情况不同，有各种各样的原因。有明确目的、有浓厚兴趣和爱好的也许不多，甚至还有别的专业调过来的。没有关系，只要安下心来，就可以学好。我个人学历史专业就有些偶然因素。高中时期，数理化成绩很好，高三时，历史老师借给我一本吴泽的《中国历史简编》，我看到书中一句话说，中国的考古，一锄头挖下去就可以挖出一个金娃娃（大意）。1951 年参加高考，我就报考了北大考古专业，而且八个志愿只报这一个，结果落榜了。第二年在我的好友影响下才来了华中师范大学历史系，这是 1952 年的事。由于古代史学得好（考试 98 分），毕业后被送到华东师范大学学习古代史，那就有比较强烈的兴趣了。1957 年反右派，1958 年“大跃进”，学古代史的同学有的动摇了，认为古代史无用，我却越来越喜爱。学习古代史，先是想学明清历史，认为与近代接近一些；研究班毕业后又因为拜会魏晋隋唐史专家唐长孺先生学了一段隋唐史；20 世纪 70 年代因为云梦秦简的出土和研究，我又从事秦汉史的学习和研究。可以说我的学习历程是在某些偶然因素的影响下进行的。但专业的兴趣和爱好是很重要的。最近这几十年，我们历史系也有外语等专业甚至还有个别数学专业转来的学生，都是学业完成了的。有一位外语专业转来的同学，后来成为印度史专家（我们院已退休的教授），发挥了她外语好的作用，两个专业结合起来了。

我说以上这些，目的是希望告诉大家不论你是什么原因到历史文化学院来学习的，只要安下心来学习，就一定会学好。但是要努力培养学习历史专业的兴趣，我觉得兴趣和爱好对于学好专业是很重要的。我曾经写过文章说，学习要有“癖”和“痴”。西晋武帝时杜预曾说：“（王）济有马癖，（和）峤有钱癖，臣有《左传》癖。”贪财、好马成癖，是一种病态（“癖”字带“疒”旁）。“《左传》癖”就不应说是病态了，是说他特别爱好《左传》。有人说：“兴趣是通向学习乐园的向导。”我个人的经历对此有较深体会。有了“癖”还要有“痴”，古人也说过“书痴者文必工，艺痴者技必良”，杜预特爱《左传》，可能是如痴如醉了，他的《左传》注成了传世之作。这个“痴”现在有一个说法叫“投入”，唱歌、演戏都要投入，一投入，歌就唱得特别好，戏就演得特别真。

那么又如何投入呢？如何学习呢？

过去学者们常用“博”与“约”二字来讲学习问题。博是博览，要广泛阅览，广泛到什么程度？在古代通六经、研诸子就是通才、通人了。近代以来，分人文社会科学和自然科学两大类，学者告诉青年人，学理工科的要有文史知识，学文科的要有数理化知识。我们也确实看到，过去老一辈的理工科学者，他们的文史知识都相当好。学问之间相通，这个道理非常深刻。现在的学问、知识有许多新的变化，这个“广博”应如何掌握分寸，值得研讨，但总得跟上时代，该知道的总得学习一点，比如学文科的掌握一点电脑知识和技能，应该是不可或缺的了。再缩小一点范围，人文社会科学，文、史、哲、经之类的学问，即便专修历史学科，对其他各类也应该略知一二。再具体到历史学，也有许多应该学习的东西，有中外古今的通史，还有各种各样的专门史。你们现在上大学，学校制订了培养教育计划，设计了一些课程，虽然不能说是尽善尽美的方案，但都是必要的，因此你们都应该认真对待，好好学习。可以有重点，千万不要偏废。我上大学的第一年，专业课是优等成绩，政治课——当时叫马列主义基础，考了 78 分，我不甘落后，1953 年暑期我把当时的教材《联共（布）党史简明教程》圈圈点点，眉批尾批仔细地阅读了一遍，第二年的考试，取得了优等成绩（当时另一种打分方法是优、良、中、合格、不合格）。我想，你们对每一门课程，也都应该有这样一种学习精神。现在有一种不太重视政治课的倾向，这有多种原因，但是从提高自己的思想水平、培养思维能力等方面看，是不应该的，不重视此课无疑也会是一种损失。

刚才课间有同学提问，说自己对诸子学很有兴趣，该如何学。我认为有兴趣很好，但在许多基础知识都不太了解的情况下，是专不起来、专不好的，必须是由博返约，没有深厚的基础，建不起高楼大厦；没有广博的知识，专精自然很难深刻。而且做学问与建楼房完全不同，知识的相互联系更为复杂巧妙。中国古代的所谓经学，有《诗》、《书》、《易》、《礼》、《春秋》等儒家经典学问，几乎所有的知识分子都读经、讲经，有的人皓首穷经，专攻一经，一辈子连一部经书也读不好；相反有些人各种经书都读，经书以外（例如诸子）的书也读，往往成为某一经的大专家。事例很多，这就是由博返约的道理。

如何学历史？《中国史学入门》之类的书籍，大家可以参考。现在老师们给你们上课，也会给你们提供一些参考书，有的还有教材。但是自己如何找书读呢？传统的学科中有一门目录学，20 世纪 50 年代前后，史学家陈垣曾经叫学历史的人从《四库全书总目提要》读起，那几乎是全部中国古代书籍的总目，所录书目一万零五百八十五种，十七万一千五百五十八卷。这是他说的史学入门之路径。清末的张之洞早已有这种说法："今为诸生指一良师，将《四库全书总目提要》读一过，即略知学问门径矣。"现在的图书越来越多，谁也不会，也不可能去读那个"提要"了（但它在研究中还是有作用的），但有类似的简单一些的提要，如《中国史学名著题解》、《中国文学名著题解》之类，当然这些都主要是古代部分的目录。现在我们有一门"历史要籍介绍和选读"的课程，也是起同样作用的。看了目录提要或者题解，就自己看哪些书该读，哪些书可以不读，找到自己想读的和该读的。这也是由博返约的途径之一。

如果我们去逛书店，看到一本新出版的书（包括重印的书），我们也可以首先看看它的目录，还可以看看它的前言（序言）和后记（有些是很有意义的），这些都可以帮助你决定是否读它。

广泛阅读之后，就专业学习来讲，由博返约，就有一个精读的问题。哪些书该精读？如何精读呢？我认为你们现在有两方面的东西应该精读：一个是基本教材，有的教材水平不一定是很高的，但是它将为你们提供最基本的知识，是进一步学习乃至研究的基础；另一个就是有关的某一个方面的经典或者说原著，可以先在老师的指导下找经典著作读，慢慢地可以自己选择有关的经典读。

如何读书？这是学习方法问题。学习方法，讲的人也不少，有许多原则的、具体的方法。我这里着重提出两点：

一是“学、问、思”。“学与问”和“学与思”是两个相关联的问题。学问学问，学必须要问。汉代王充说得好：“不说自知，不问自晓，古今行事，未之有也……故智能之士，不学不成，不问不知。”问就是提出问题，这就与思联系起来了，只有思才能提出问题。孔子说“学而不思则罔，思而不学则殆”，思与学的关系十分密切。有老师从国外留学回来，说外国学生好提问，老师讲课中也会有学生突然举手提问，只要是与学习有关的问题，老师也会立即回答。而我们这里，老师提倡、鼓励学生提问，但很少有人举手，提不出问题，至少部分反映了听讲、学习时没有认真动脑，没有思。有的学者告诉青年人在学习中要学会五个 w：what（什么）、why（为什么）、how（如何）、who（谁）、where（何地）。听课、看书，在学习的时候同时想些问题，这样学习的效果会好得多。相反，你即使背得书而不知其意，不能有更多的联想，也可能会事倍功半。

二是“勤与巧”。“业精于勤荒于嬉”、“勤能补拙”，都是比较明显的道理。如果高考累了，上大学想松一口气，那显然是不好的。上大学之后，更加需要勤奋。如何勤法，也有人开过“处方”，如眼勤、手勤、口勤、脑子勤，具体的要靠各人自己安排，还有良好习惯的培养等。

巧，当然不是投机取巧，也不能弄巧成拙。把巧与勤放在一起，是想讲学习方法问题、勤学的时间安排问题等。时间的巧安排是个不小的问题，现在上学时期，相对比较单纯，但是除开上课、自习之外，社会活动、来往交际、文化娱乐活动等还是会有的，现在新的东西如手机、上网对于有的人可能也占去不少时间。如果安排得不好，也会影响学习的。

许多学习方法，大家要慢慢在实践中学会，例如手勤，主要是勤于做笔记。有的人可能做到过目不忘，有的人记忆力特别好，大脑的储存量也是很大的，但是为了进一步学习乃至研究，那就要靠动手做笔记。上课可以做笔记，看书也可以做笔记。笔记可以有多种，抄录、提要、心得体会，都不妨试一试，而且几者是可以结合的。高水平的笔记是有价值的，例如列宁的读书笔记，就有很高的理论价值。我院的张舜徽老师曾说过一句话：“善抄书者成著作。”这句话有它的道理，但必须说明，说有道理，是有历史事实作根据。古代有两本书《资治通鉴》和《通鉴纪事本末》，后者可以说完全抄前者，前者按年记事，后者以事件为中心把各年所记的内容集中抄在一起，单独成为一本著作，这是一个典型。对于历史研究来说，免不了大量抄古书（文章中的引文、资料），但抄什么，怎么抄（包括如何删节、如何连续等），这就是一个“善抄书”的问题，善也就是巧，这是原理，也是功夫。不过，这里要郑重地告诉大家，“善抄书”只是一种方法的特殊说法，“抄书”不应该是抄袭、剽窃别人的研究成果，剽窃是当今学术腐败的突出表现之一，而且屡禁不止，原因这里就不讲了，其影响我们必须注意。我们学院也发生过，而且发生在大学本科阶段（结果处理很严重是可想而知的）。这里想提醒大家，一方面要勤做笔记，另一方面千万要注意不该发生的现象。

学习的意义、态度、方法问题今天就讲这些。

同学们，大学时光是美好的，但是也会很快就过去，大家要十分珍惜。要在人生道路的新起点上做好充分准备，以积极的态度，克服一些可能发生的、暂时的困难，打好思想、专业、身体的基础，全面发展。我们应该也一定会做得更好。

（原载《研教双优　彰显特色（第三辑）》2017）

《生命道教暨卿希泰先生道教学术思想研究国际论坛》致辞

各位朋友、同仁：

上午好！

卿希泰先生作为新中国道教研究的开拓者之一，已经离开我们一年了，现在回想起来，有许多问题是值得人们深思的。首先，他主持编著的《中国道教史》，是新中国也是整个中华民族历史上的第一部大型道教史著作，对道教的学术研究、对道教的兴盛发展都起了很大作用。记得有一年在茅山开葛洪学术研讨会，一些第一次见到卿先生的年轻道士说："我们是看卿先生的书长大的。"在大作问世的同时，卿先生还组织出版"儒道释博士论文丛书"，惠泽学林；更有一些普及性著作，服务社会。其次，他创办的四川大学宗教学研究所，是全国道教研究的重镇，成为全国培养道教学专门人才的最大基地，并且在较长时期内是唯一的专门培养道教学人才的基地。在宗教学研究所成立的二三十年时间内，他所培养的一批又一批学者走向全国各地，包括香港、台湾地区。

我们欣慰地看到，卿先生所创办的宗教学研究所，在他亲自指导的学生手中，正在稳步、有序、开拓性地继续发展。希望卿门弟子精诚团结，让我国的宗教学研究更上一层楼。

这里我还有一些具体建议，就是对卿先生的学术研究，应该纳入当代学术史的发展中来进行。因此，可以首先至少写一篇博士学位论文——《卿先生的道教学术研究》，这个是应该而且可行的。我的博士，以及我同事的博士，已经写了两三篇关于华中师范大学张舜徽先生的博士学位论文了，其中有一篇还被评为湖北省优秀博士学位论文。因此四川大学这个地方，当然也应该有一些研究生来写卿希泰先生的学术思想，而且还得要抓紧时间进行。为什么？因为，与卿先生合作过的几位老先生，如赵宗诚先生等，年事已高，我们应该早做调查，把资料积累起来。不仅是在这个会议上，在其他会议上的各种讲话，我们都需要去收集、采纳作为研究卿先生学术思想的材料。据四川大学宗教所的老师说，现在所里博士招生实行“申请考核制”，我看我们宗教所的研究生就可以来申请考核，申请研究卿希泰先生的学术思想，而且是必需的。

谢谢大家！

2018 年 5 月 20 日

本文据 2018 年 5 月 20 日熊铁基先生发言整理，2019 年 7 月 30 日经熊铁基先生审订。

我们在秦汉史研究中相识相知

——忆林剑鸣并侧记秦汉史学会

我和剑鸣初次见面是在1972年，我校一行三人赴河南、陕西访古，到西北大学时剑鸣接待了我们，并有所交谈。当时，我虽然系统读过《史记》、《汉书》，但尚未开始学习和研究秦汉史，剑鸣大约已经师从陈直先生开始了秦汉史的研究。1979年四川的史学规划会上，成立了秦汉史学会筹备组，筹备组由五人组成（陈直先生和林甘泉、朱绍侯、祝瑞开、林剑鸣四位同志），后来五人小组会议感到需要扩大代表性，发了一封公开信，邀请山东师大安作璋、中山大学张荣芳、华中师大熊铁基等参加筹备组，其中如安作璋先生在20世纪50年代就有秦汉史著作出版，而且一直在从事秦汉史研究。我之所以被邀请，是因为从研究云梦秦简开始，到1979年、1980年就集中地发表了四五篇文章，加上报刊的转载、介绍，显得较为突出。有一次剑鸣对我说："你这两年大约发了一二十篇文章。"我说："没有那么多。"

和剑鸣等同志第一次较长时间的相处，是1980年十院校教材编写组的烟台会议，剑鸣是十院校成员并且是秦汉史部分执笔人之一，我是第一次被邀请参加会议（从那以后我就成了经常参加的"第十一院校"的成员了），我们几位秦汉史研究者有了较多的交流。我爱发言（邀请你去，也就是要你发言），剑鸣在闲谈时戏说："我们国家多有一些像你这样的副教授就好了（大意）。"这里应该略做说明，这话当然是对我的夸奖、过誉，但反映了一个事实，当时国家刚刚开始恢复职称评定工作，十院校会议的参加者，连副教授也没有几个，我和他当时都是讲师（最近一次十院校教材修订会议主编朱绍侯先生说起这事，感慨万分，现在的参加者全部都是教授、副教授）。

烟台会议结束以后，我和安作璋先生结伴到济南，火车上安先生约我一起合写一部秦汉史。我说不行，因为我在1978年上海的第一次农战史讨论会上就得知，剑鸣已经有了一部12万字的秦史（后来扩充成为30多万字）在上海人民出版社准备出版，我1978年也曾想写秦史并拟了提纲，因此而作罢，避免重复，安先生也同意。当时，我已开始写了10多万字的秦代官制，而安先生也有一个20多万字的汉代官制稿子，这样我们就决定合作写秦汉官制史。我将二稿合而为一，作第一遍，安先生修订、把关，最后完成，这就是后来出版的《秦汉官制史稿》。我们还曾打算继续合作，安先生提出写兵刑制度，我认为兵、刑要分开，安先生拟定了刑法制度史的提纲，打算分工完成，后来各人都忙，未能继续合作下去。记得我当时已开始写了一点，后来承蒙北京法学所的俞鹿年先生好意（我们神交、通信、互赠书籍多年，至今一直未能谋面），在他主编的论文集上发表了一篇。再以后我写《秦汉军事制度史》，安先生从事官吏法等研究，就没有再合作了。其原因，除了各自都忙之外，不在一地也颇不方便。但我们的友谊是继续下来了，我们仍有其他方面的联系。

我和剑鸣以及秦汉史领域的其他许多老、少朋友也都是如此，老先生中应该特别提到的是已故的陈连庆先生、韩连琪先生和健在的何兹全先生，还有小于他们而比我年长的田余庆、张传玺、马植杰等许多先生，都视我为忘年之交。

我和剑鸣的联系同其他人一样，平常是互通信息、互赠书籍，除了自己的著作之外，陈直先生的几本著作都是剑鸣寄赠给我的。而两年一次的秦汉史学会，许多年长的先生都是经常参加的，去年第八次年会时，朱绍侯先生说他一次也没缺席，我和他也一样。因此这些年会，是互相交流的好机会，在一起大家都是很愉快的。

说到秦汉史学会，我这里从我个人了解的角度要说上几句（不一定全面和准确）：开始筹备组组长是陈直先生，后来正式成立学会，会长是林甘泉同志，但这前前后后许多具体工作无疑大多是剑鸣同志联络、组织的，成立大会在西安召开，在当时是颇不容易的。顺便也稍做一点解释，开会时还有陈直先生原来带的几个学生要毕业答辩，剑鸣分去了一些时间（甘泉等同志为要参加答辩会，也分去了些时间），原筹备组中张荣芳同志和我较年轻，就帮忙做了些会议组织工作，我还遭到个别同志误解，似乎“表现”了自己，但大多数同志是了解的，而且对我所做的协调工作，有不少的老先生和中、青年同志都很满意。1984年成都会议，剑鸣当副会长；1986年芜湖会议在甘泉同志再三推辞下，剑鸣又当了会长，秘书处设在北京，他没少奔走联络，田人隆等同志都知道，这是有目共睹的。《秦汉史论丛》第一辑是我和剑鸣编辑的，当时我们非常投入，审阅、修改、联络，花了不少时间。以后几辑我没参加了，剑鸣是始终如一的，大约直至1994年南昌会议以后。

整个大陆地区的历史学界，20世纪80年代显得特别活跃，一些学术讨论会，特别是一些学会组织的学术讨论会是起了很大作用的。在当时，我不止一次地说，秦汉史学会可以说是最好的学会之一，把秦汉史的研究者紧密地团结在一起，互相交流、讨论，使秦汉史的研究得到了非常深入的发展。同时，也引起了海内外的广泛关注。日本的秦汉史学者，1986年芜湖会议开始组团来参加学会的年会，以后大多数年会也都是如此。两国秦汉史学者还有多种形式的联络。1990年在山东泰安举行第五届秦汉史年会，台湾学者也组团来参加了，从此两岸秦汉史研究者便开展了日益增多的学术交流活动。

毋庸讳言，人多口杂，学会活动中也难免有些分歧，但大多数人都能求同存异、相互谅解。后期的磕磕碰碰稍大一点，也已成为过去。学会活动的形式，也许可能“过时”，或者会有改变，但学会及其活动的这一段历史是很有意义的，是值得纪念的。我们这些研究秦汉史的老人，永远也不会忘记它！因为我们从中得益不少，从中拜结了许多良师益友，从中得到了许多支持与鼓舞，从中得到了多方面的启示。学术研究要有主见，要独立思考，要自己艰苦劳动，但也不能离开师友的指点和帮助，交流和启发，以及支持和鼓励。最近两次参加十院校修订教材会议，见到许多青年学者也有这种交流、合作的愿望和行动，而且更为朝气蓬勃，令人欣慰。年轻朋友们，在这方面也继往开来吧！

最后，再回来谈我和剑鸣的交流，我们除了能在秦汉史学术会议中交流之外，还能在其他活动中见面交流，如十院校会、《中国历史大辞典》的编审会，等等。20世纪80年代后期，剑鸣从西安被调到北京，我们照样是通信和互赠书籍。他在海外讲学的一些报刊资料也寄给我，使我获益不少。因为他知道我出差要求安静、“自由”住处的习惯，每当我出差到北京，他便一再劝我说，政法大学他有一间房，而且设备齐全，随时可以去住，虽然人未去过，但心意领了，由此也可见我们相知较深。他到北京后，我去过北京两三次，记得有一次是他陪同我看了张大可同志。另一次是1993年初，我参加中华文化通志会议后在北京学生家住了两天，他抽空偕夫人、女儿和我聚会一次，同时有瞿林东、肖黎两位同志参加，并告诉我可以使用他的车子。虽然我没用车子，心意也是领了的。据说，他在北京，以不同方式接待过不少外地来的同行和他的同事、学生。1996年8月，我在北京五洲大酒店参加道家文化研讨会，知道他已是大病一次之后，要去看他，他执意不肯，要去，他也要来接，头天约好了第二天见面，不料他临时又被召去北戴河开会，派人（酒店服务员说是他女儿）送来了《吕不韦传》（适逢我又外出了）。后来听说，酒店离他的住处很近，饭后散步也走得过去的（不知是否如此）。一则会议比较紧凑，二则会后即要赶赴广州参加秦汉史第七次年会，就这样失去了最后见一次面的机会。他去世的消息我也知道得比较晚（在外地未能及时看到讣告），而且是出乎意料的。他比我小两岁，虽知道他动过大手术（当时我写的慰问信，因地址变动，被退回，至今我仍保存着它），但以为“大难”之后必有后福，没想到病魔仍夺去了他的生命，走得还是早了一些，甚为可惜！

我和剑鸣是在秦汉史研究中相识相知的，我们都较长时间地从事秦汉史研究，但他比我更专更深。他的著述丰富，代表作应该是两册《秦汉史》。这部书也应该是20世纪后半期中国大陆的断代史——秦汉段的代表作，和老一辈学者的《秦汉史》相比，和港台地区以及海外的同类著作相比，是有其独特性和创造性的，大体上也能反映20世纪五六十年代以来大陆地区的秦汉史研究成果（包括对海外研究成果的吸收），因而也有较大的参考价值。我个人研究秦汉史的任何问题，都是要翻翻他这部著作的。在此，我也庆幸自己当初的选择，没有跟在他后面再写秦汉史，没有简单地重复劳动，因为如果写作，即使会有些零散的一孔之见，也不可能有一个崭新的面貌，时代和个人水平都有局限。而我和其他同志一样，从事断代的一些专题研究，或者还可以和他的《秦汉史》著作相映生辉，留下我们这个时代秦汉史研究的历史。

2000年2月于深圳

附记：为纪念剑鸣同志逝世五周年，我这里写下了一些我个人的所见（含见解，不一定正确）、所经历的“历史”。有较重的历史痕迹，例如称同志和先生，20 世纪 70 年代末有一种说法，“同志四、五、六，先生七、八、九”，六十岁以下的称同志，七十岁以上的称先生，也许是“拨乱反正”刚刚开始，许多东西需要调适，称同志虽然更亲切，称先生也不再另眼相看，而且略带尊敬之意了。也有些是个人用法的习惯，过去我称安作璋先生“老安”，现在改口称“安先生”了，大约觉得他比我年长，而年龄大了，应该改口了。但“甘泉同志”也比我年长，可至今我未称过“林先生”。对我自己来说，我觉得我的学生应称我“老师”，叫“先生”有些别扭。但我从 20 世纪 50 年代开始，就一直称我的导师吴泽先生为“吴先生”。这种种不同的情况，也是历史，称谓变化史。

2017 年 2 月再附记：前不久有一次纪念剑鸣的活动我未参加。春节期间偶然翻到了这篇旧稿，不修改也许更有意义。值得写的东西有很多，如当时人们的通信，去年安作璋先生把我的一百多封信复印了，我保留的也不少，应该是有意义的。

（原载《秦史：崛起与统一》，
西北大学出版社，2019 年 2 月版）

回忆录

凡夫序传

有朋友觉得“回忆录”太一般，那我就想了这么一个名称。序说自己的生平，始自司马迁、班固，不敢同列，故加上“凡夫”二字，其意更有一层：在佛教看来是世俗之人，在道教看来是与神仙相对而言的，我意则在强调“普通人”。本来就是“普通人”，为什么要强调？我想“普通人”可以为更多人借鉴，不论好坏是非，可学可及，不是高不可攀，不是不可对照，以此启发更多的人。

2018 年开始写回忆录，到 2020 年疫情给予的“闭门”机会，前后两三年，一再证明我常想、常说的口述史、回忆录的不准确性，如果有原始记录（日记、笔记之类）稍好一些，本序传中的一些补写内容可见。求真、求是不是很容易的，我做了一些努力，例如客观呈述我在“迎解”学潮中的真实表现，参加过一些游行、集会活动，但却是一个很“落后”的分子。还有“文革”中的表现等，力求“真实”。正好是大多数普通人的表现。

出文集、写回忆录不就正好是要供人参考吗？

一、家世和少年时期的片段记忆

我想用“普通人”来定位自己，一个普通人的成长和发展，也许会对更多的人有参照和启发的意义。

首先从家世看，就是一个“普通”的家世，传统的士、农、工、商，在我的记忆中，应该算是一个小工商业者的家庭。

祖父在我出生时就不在了，据说是从江西迁到湖南常德，应该是经商，家里曾有一块“熊茂源”的招牌。祖母应该是姓龚，还健在的表叔龚纯孝（曾任湖南常德市一中校长）就是至亲。龚纯孝的舅舅姓杨，是一位秀才，我上初中时，暑假教过我读《古文观止》，《桃花源记》、《陈情表》

开头几句，长期以来都记得。

大约八岁左右，记不得具体时间，因为躲日本人的飞机，曾在乡下住过一段时间，与祖母同床。唯一记得的是，我告诉她被子破了，她答说放在坛子里（老年痴呆）。不久，她在乡下去世，我曾在有的文章中写过，当时既请了和尚，也请了道士，很热闹了一番。

父亲熊为善，有时写成熊惟善。我记得熊氏排行是“贤、良、为、国、家”，我的另一名字叫熊国汉，所以我的儿女叫家慧、家忠，后又把“家”改为“嘉”。这种排行至今我未找到家族谱系，托江西师大的朋友也未查到。

父亲个子不高，儿时听人叫过熊矮子，能写会算，有一段时间晚上铺开账本写、算，我就站在旁边看。因为夜晚街上有煮“饺儿面”（馄饨加面条）的，会要上一碗，我就分食一点。这也只是某一段时间的事。我过十岁生日是在城里，记得喝了点酒，头昏痛，此后我一直未喝酒（初中毕业时似乎又有一次），对酒的印象也不好。

儿时记忆中，家里先是商业，我记得的最早的，是在常德市下南门附近开店，店面不大，店名“义协成”，住在另一处。后来迁到了下南门附近，租江西会馆的地建了房子，店铺和住房都有，比较大，店面两边有柜台，中间还有几米宽，一边自用，一边曾出租。店面后面有几间房（曾出租过），再后面是堂屋（类似客厅），曾摆过几台织袜、织衣机，请过工人，带过徒弟（有一位徒弟叫尹益成，解放后曾是公社干部，和我通过信）。因为躲日本的飞机，也曾在乡下办厂，最多时应有十来个工人。不过，这样的日子不是很长，大约在 1940 年前后。1945 年以后日渐不景气，一直到 1949 年。1949 年时，就破产了，在这前后靠摆摊为生。

儿时生活，能记起来的不多。有时候是无所事事，白天坐在店面柜台上，看街上过往行人，晚上更无事，如站在父亲客房看算账。一段时间母亲好像打麻将，我站着看，好像也学会了打麻将。还有，对面柜头曾有人会下象棋，我也是那些时候学会象棋的。过年的时候，曾跟着父亲挨家挨户去拜年，拜跑跑年，到一下就走。商店一家换一家，好像没有小孩玩，躲飞机在乡下时，还有一些小朋友一起玩游戏（飞标、流珠、跳房子之类）。

上学也许是一件乐事。我的小学是在三德小学上的（20 世纪 80 年代我曾去看过），是一所教会学校，学校边上有一个小教堂，我曾见过教徒的婚礼。学校中还有一些课外活动，我曾要家里帮学校印过一种小符号。后来躲飞机时，又在乡下一个“保校”上学，在那里初小毕业，同时上过私塾，在那里读《三字经》、《千字文》之类。

在城里和乡下，也看过不少戏，所以我曾说戏剧曾给过我一些不准确的历史知识。唯一记得的是在初小时就曾有当山大王的胡思乱想，甚至是在上、下课的时间。

虽然经常躲飞机，而且家里后院还修了一个小防空洞（石头、砖头垒成），但对日本侵略的认识却非常之少。后来讲的常德细菌战的事，就发生在城内，而我却毫无印象，宣传教育之差由此可见一斑！

我在躲飞机时印象深刻的是，父亲叫我两人距离远一点，免得同时被炸死！

日本人到常德时，我们好像又逃到南边乡下一个叫黄土店的地方。一个大院子里，住着不少人，来了两个士兵（一个矮矮的日本人，另一个伪军，好像是湖北人），强奸了一个妇女。人们知道怕，让妇女脸上涂黑烟粉。

因为躲飞机，我读高小时被送到了桃园芦花潭平阳小学，家里委托了朋友（商界）的亲戚林元森老师，林老师任职于该校教导处。我曾住在学校一个阁楼上，还有其他同学，因为初次离家住，夜晚还哭泣过。后来，住在林老师岳母和妻弟的家里，那是一条小街上开的理发店，与其岳母同床。有一次拉肚子，自己跑去溪边洗，老人家也不知道。紧靠溪边的一条丁字形小街，几十家铺面，学校的门也在街面上。

学校有小学也有中学，印象深的是在中学生宿舍里闲聊，一位姓罗的中学生说我活不过四十岁，可能是看我的身子瘦弱，个小。这件事，我在1980年代后时常讲起，远远超过了四十，加倍翻番还拐了弯。

校长饶第先，好像当过团长，曾在校内用枪打死过一条疯狗。据说解放后遭到了镇压。他有两个儿子一个女儿——饶国强、饶国雄、饶国英。饶国英和我同班，记得晚上出校门，到我住家去玩过。没有什么熟人，但记得《水浒传》是在街上一家人家借看的，一直看到天黑，光线越来越暗，近视应该与当时那些情况有关。当时的同学记不得几个，有一位田祥古高我一个年级，也许对我有些关照，很长时间记得他，或者他家比较近。芦花潭离常德现在一两个小时单程，当时坐船走路，需要大半天时间，开始去是请人挑行李送我去的。

另一个同学满健，高我两个年级，但后来一直有联系。他是桃源人，大约离家外出要经过常德，也许来过我家，解放后参军了。1954 年或 1955 年，我在武汉时，他来过一次学校，见过雪松。后来有通信，他在东北，又曾在北京徐悲鸿纪念馆工作过。1960 年，我到北京见过他，他妻子柳咏絮是美术老师，一直联系到 1980 年代，可惜中断了。2010 年，我路过沈阳，托朋友打听，未能联系上。其中各自工作都忙，也许是一个原因。

我在平阳小学实际只读了一年半，五年一、二两期和六年一期。1945 年，我考隽新中学，用的是“六年一期”的肄业证，有一位家里的账房先生，把“一”改成了“二”，高小就这样结束了。

初中是当时常德比较好的私立隽新中学，在常德城北柳叶湖边的白鹤山上，当时是在湖边，我们是在常德北门乘船上学。1980 年代，我曾经回去过一次，已经没有水路，变成了农场之类。以后再回去过几次，到后来房子的地基都没有了。

初中阶段能回忆起来的内容要丰富一些。

上学应该是 1945 年下半年，学生较多，同年级两个班（55、56 班），开学好像每个班九十九人，毕业时每班大约四五十人。起初一个突出的印象是，晚自习在一个大教室里，一排排（比较长的桌子）地坐着，每个人的面前放一盏桐油灯，有人起身擦翻，身上满是桐油。这是一开始的记忆，后来人少了班小了，情况记不得了。当时也有全校师生早上集合、主任训话之类，有一位主任讲话开头和中间喜欢说“这个”，成为学生摹仿的笑话。吃饭是八人一桌，站着吃，有时候饭会不够，我用一个不大的搪瓷杯，先掏一点吃，吃完再去装一满杯。学生轮流监厨，有时陪工友进城买菜，我好像参加过。我担任过伙食代表，在一个不大的会上发言，非常紧张，是我平生第一次面对较多的生人讲话，印象一直很深。

文体活动没有什么组织，有篮球、排球，我个头小，没有参加过。高年级时有乒乓球，我已经会玩了。有一位英语老师，据说能踢足球，但当时学校中没有足球。

学习中有一些印象较深的事。一位姓周的英语老师讲课，喜欢先讲故事再讲英文，一直留有印象的是《项链》和《卖火柴的小女孩》，我一直记得。后来，一位老师提倡背字典，我也曾拿着小字典（比大火柴盒大一点）背诵过。历史老师好像从尧、舜、禹讲起。二年级（或三年级）学化学，戴靖华老师开始讲课时，先在黑板上写了大大的 H_2O，要大家记住它，印象极深。后来我在教学中也用过这种方法。1972 级的李子林同志（曾任湖北省委宣传部副部长）多次见面都对我说“初税亩”（公元前 594 年），大约就是我在黑板上写大字“初税亩”的结果。

我的学习成绩一直不好，现在保留的成绩单，一个学期是“补考”，一个学期是“试读”，只差“留级”了。有一张成绩单上老师的评语是“玩心太重”，玩什么？也没有什么可玩，无非是学习不专心，或者上课睡觉、爱说话。二年级以后晚上说话，还挨过训导员老师一巴掌（我们睡在楼板上，他在隔壁房）。成绩不好，但未留级。当时留级就被淘汰，九十九人的班变成四五十人，大约淘汰了一些，也有其他原因失学的。记得读三年级时，一位姓王的同学说我：“你怎么上来的?”此事对我刺激很大，印象很深，或者也是一种动力。后来上高中，我曾得到过“聪明多才，守规勤学”八个字的评语，大约是二年级班主任向希任老师写的，向老师后来在湖南师大附中任教。

读初中时的同学，没有哪位在后来有密切联系。有一位广西的龙亦农同学和我留有照片，似乎当时关系较密切，但后来完全失联了。奇怪的是，我当时“群众关系”（这是后来的说法）似乎不好，曾经和班上一半以上的人“不讲话”(因为发生矛盾而不来往)，可能也是时好时坏。1995 年以后，北京一位王勤发同学（曾经留苏）来武汉，见过一面，后又有书信来往，但未能深谈。我记得他与同班杨学栴有矛盾，两人个子高大，读书时有一次商谈如何对付一位烧热水的工人（具体细节和原因记不得了）。总之，初中同学后来几乎没有联系。1988 年，我们初中毕业 40 年，曾有一次聚会，两个班大约只有十来个人参加，以后再没联系。2018 年分别在常德和长沙见过两位。

初中毕业后考高中，不记得什么原因，也不记得何人发起、组织，我和三五个人（不记得名字）一起乘船到长沙投考。在船上至少是两天（过去常德到长沙，汽车一整天，有时还到不了，水路则需两三天），记得夜晚为防小偷（据说沅江扒手很多），我们背靠背地把简单行李放在中间。我们到长沙后就分散了。不知为什么，我会住在天心阁下对面十字路口的一个小瓷器店的阁楼上（下面做饭就挨烟熏）。报考和考试的情况已不记得，好像到过兑泽中学当时所在的荷花池，也在街上算过命，以后的其他事全无印象。如何再到长沙去上学等事，全都记不得了。现在保留着一份1949年到1950年的日记，高中时的事就回忆得更准确一些。

二、天翻地覆变化之前夕

我有幸保留了1949年3月11日至7月23日的一份日记，可以使回忆更准确一些，这段时间正好是湖南解放前夕。

初中我好像记过日记，但未留下只字片语，高中第二学期从1949年3月开始，又下决心记日记，而且写道："可是还有最大的毛病就是怕中途停止，此事我很希望不会发生的。"后来的事实还是难坚持。

记日记时的情绪不太好，感觉心情"闷燥"，原因一是背身体不好的包袱，初中时曾有一次照出肺部阴影，并且吃过鱼肝油之类；二是家境破产没落，经济不宽裕（下面的日记中常有缺钱之类）；三是想要学问超群、出人头地，怕被人看不起，"应与他们斗争。不但与他们并驾齐驱，并愿占在前面使他们服于吾下"。这就是后来我在大学时代常被批评的个人英雄主义思想。

进入高中后，我的学习比较认真。从高一开始就是较好的，作文很用心，努力向写得好的同学学习，记得有一位叫田耕野的同学写得好，就曾与他研讨。英文学得好像不错，受到熊克立老师的重视，路上遇到也会简单地用英语对话，课堂上常被叫起来回答问题。数学课上，我记得的是做几何题，会在作业本上写出几种不同的解法，得到过奖状（保留至今，只是"文化大革命"中剪掉了上面的国民党党旗和国旗）。在迎接解放的声浪中，学校出了许多墙报，我和两位同学办了一个"科学"（数理化）的墙报，用后来的话说是不关心政治，脱离政治。

事实上政治是脱离不了的。3月19日的日记写道："最近来，尤其是今天晚饭后，同学都大谈国事，论及时局的危险非常惶惶不安。我可不然，报纸也没看过，虽听到说也不以为然，因为他们总不致无过杀人，这是一点也不值得怕的，所怕者唯恐遭受流弹。"

3月21日："今天兑泽自治会成立。"

3 月 23 日："黄先谦同学上街回来说，时局危险，别人学校里的同学都在准备走呢！"

4 月 16 日："最近几天同学心理可以说大度了，每逢任何先生上堂总要讲时事。"

4 月 22 日："每个先生上课都是讲时事，可是今天上化学课同学也要他讲时事……"

讲些什么时事呢？似乎是关于"反内战"之类的题目，再就是一些军警与民众冲突之类的"新闻"。以下一段记述可代表一般。

4 月 11 日：

数学先生也讲时事了。他讲的，使我增加了以前所不知的知识，如闻一多是死于演讲的时候，他原来就是反对国民党的。公民先生今天也由学生问的时事，他讲了譬如说党派的性质，他说党就是阶级的代表，又说共产党与国民党根本就相同，只不过他们哲理有些相反，前者是唯物的，后者则主张唯心。他说了些现实的和战的问题，共产党为维系人心是要和，国民党元气丧尽，不能打，也要和。不过，前者比较强些，因为他们有兵力，可以要打就打。至于湖南呢？程主席决不会战，也不能战，一定是主和……要说国民党其他人要战呢，湖南也必遭些殃；再如说美苏冷战，他们到处都对立的，可是因为两边的势力都大，所以都不能开始发起世界大战。

……

刚才有些同学说和谈成功了，并且有号外卖，可是不久消了，不知是啥回事？

所谓讲时事，以及老师们的一般观点大体如此。

当时，我和同学们一样，主要是听别人说，也许在思想上慢慢会受到一些影响，而当时的形势、"学潮"也有些影响，如成立"自治会"的事。

4 月 6 日：

吃晚饭的时候，自治会的同学报告说他们得到了湖大的通知，要我们明天去参加游行。原因是 4 月 1 日南京总统府的军队打大学生，听说现在死了两个大学4年级的同学，这真是太可惜了，并且伤的尚不计其数。

4月17日：

同学们居然能够今天罢课了，去参加追悼大会，校方并没有加一点反对，是以吃早饭后就在操坪集合了，大约百余人，去校后街。（学校）没有参加，广雅又放了春假，故直到一中，才与衡湘、文艺一中几校合并。路过平大喊出了一阵，就这样到了体育场。各校基本都到了，不到的很少。此会由湖大主持，当时有各大报馆的记者参加，先由湖大主席致词，再有湖大的一位女学生读哀词，次由清华的读词，再就是音专的一位代表演说，还有岳麓的代表。尤其是两个读哀词的，实在使人感动。不过，中间有些不记得，读的断断续续。大会完毕，就是游行，同学们对坐车（汽车）的大加以侮辱就是军车也让路。原来，程主席已表示同情（大概都是不得已），不准任何人阻止游行。所以，今天太算安全了。

到底是省会之地，这是完全由同学组织的，我有生以来从前尚没参加过这种大会呢！

记得应该就是这一次，在省府大礼堂（离体育场不远）受到了程潜的接见。我印象深刻的是程潜穿着长袍，卷袖是白色的，二十世纪八九十年代只有一个电视片中他的形象符合我的印象。

我参加一些活动，看来是被动的随大流，认识不清什么，没有什么立场，并且比较糊涂。4月18日记：

岳阳“四·一三”惨案，长沙学联又要响应，明天（4月19日）全市罢课一天，或者还要游行，并且代表一定向省府程主席请愿，要惩办王翦波——岳阳专员，并严办凶手，还要程主席切实答应。我想这说不定又会发生惨案，要是太激烈了的话。

明日将罢课，今天将看小说……

4月19日：

终于今天罢课了，我们简直是盲从，到底不知今天是为了什么，罢课了又有什么意义呢？徒然不过牺牲一天课，还有什么呢？我想这时候的出风头是枉然的，甚至于白白断送性命，这又有什么意思呢？我觉得书要读，活动固然也重要，可是在这混乱世界出风头，是要和人对立，说不定就要被杀。我想除非是清平的世界或者政府有不对的措施，那闹起来倒有意思，或者其他的联络……那是太应参加的，然而现在世界愈混乱，我们愈应该努力读书。

用后来和现在的眼光看，这完全不懂、不关心时事政治。4月20日：

昨天下午回校（按："下午无意识中上街去看电影了……"）的时候，在八角亭看到了小春秋报的一张广告说有惊人的消息，可是今天到了下午，还没有什么特别的事发生，和谈的事又不知成怎么样了？

……

听说金元券①已不用了。

这一期罢课的时间不少，以后怕又要罢课吧！

4月22日：

午饭后，又来了快报，是学联会的，就是在二十四日全长沙市人民游行，同学们都乐极了，因为又可以放假了。不过这种游行，熊先生（按：熊克立）说是：广东将派军队来湖南，而程主席主张和平，决不愿湖南转入战争旋涡，所以许大众游行，以示反对。

4月23日：

① 当时在"国币"、"法币"不断贬值的情况下，除了用银元（光洋）外，还发行了"金元券"，以后还发行过"关金"。

在昨天的快报上，载有铁定本月廿四日全长沙人民游行，并决定本日各校停课一天，以做准备。然而，今早校里的起床铃又打了，并且点过名，同学以为是不停课了，所以惶惶不安，到早餐时自治会的人才报告停课。

……（常德同乡会开会）

中饭后，有音专的同学告诉我们唱明天游行的歌，来了两个并且还是一男一女，所以同学非常高兴（兑泽同学），在唱完后欢迎他俩合唱了个《康定情歌》的歌。（按：此事我一直记得！）

4 月份日记的内容比较有代表性，代表当时的时局以及对学校学生的影响。但是像我一样的一般学生，大多是随大流，思想、性格、行动似乎也没有什么大的改变，学习、生活马马虎虎，都散漫得很，上街游玩、看电影也是常事，上课除了老师讲时事外，看小说、做其他事也很普遍。五月份形势变化大。5 月 12 日：

最近几天时局变严重多了，是武汉靠不住了，沉默已久的同学的心理好像一部分又在浮动了，譬如说各班都要求发修业证，发了以后那不是要走好大一部分的人吗？又闻这几天的车子到路上也出了毛病，所以更加使同学不安。……郑圣辉说他们学校里收音机收到了十五日长沙将解放的消息，所以他准备走。

5 月份学生回家的很多，回家时又要退费、又要证书，而且都是集体行动，如 5 月 14 日：

昨晚上，卅二班的同学为了要肄业证，已采取实际行动了，迫令教务员盖钢印与校印，并且邀下李主任盖印了。每个人拿了各人的一张，准备今天找校长盖印，现在他们已经盖到了。

同时昨晚，其他班次的代表都包围了李主任似的，结果为李主任所推开，今天再说。就那种情形看，似乎很可能成功，可是今天似乎冷漠多了。

为什么要肄业证（或“修业证”）？是对日后前途的担心？我在5月18日写道：“决定了今天走，可是直到起床后，才清理所有的书籍……退费、领修业证这些事，都是在毕业后办理的，同时还和李、戴、向、熊这几位先生谈了点关于我的肺病的事。”18日的这个日记是“五月廿日补作”的，还有值得一提的一段文字：

在这回出校的时候，发生了一件事，使我有时候停留，就是谢文高拿我的一本《新民主主义论》，因为借给同学遗失了，我要他去问，好久没有动，当时我非常恼火。等他回我信时，实说了几句气话，直到他借一本来时，我心软了很多，那时候我已经到了校门口……

我后来的印象中是带了一本《新民主主义论》回常德的。但是为什么带，后来到哪儿去了，等等，毫无印象。

以上抄录的部分日记，主要是与“时势”有关的，从中可以看出：第一，像我这样的普通学生，是随大流的，并不清楚国共斗争的全部真相，个人的想法、看法也受时事变化的影响；第二，时事的变化，共产党在进步师生中的影响，是会不断发生作用的；第三，程潜的态度对湖南、长沙的时局有很大的影响。

个人的学习生活方面，生活上除开背着一个“有肺病”的包袱而注重营养，吃豆汁、鸡蛋，多睡觉多休息之外，和其他同学一样，有时也打打球（篮球、排球、乒乓球），另一个突出的表现是进城、上街，因为当时的兑泽校址在长沙北郊的丝茅二中，离城区有点距离，有时要进城、上街，买东西、买书、看电影。如3月12日：

下午就和几位同学上街了，想去看电影，可是票已售完，才买了明日第一场的票，而且是楼座。我这还是第一次在银宫买票看戏。我明日又将遇另一新环境，后又与他们买东西。他们每买一样，老是犹豫不决，以至到校时，都没赶到晚饭。

3月13日：

走入了一个从未进去的电影院，那种设备也很可观了，比较其他的院子，尤其是我们常德的影院，设备不及其十分之一。

院子的设备，终不在乎留念，最可贵的是今天的片子——《国魂》，其中有很多值得看的。如文天祥之忠心，就其中看，也许当时是如是。不但忠臣爱忠臣就是帝国之元首，及统兵大帅，特别……

然贾似道那种权臣的态度也实在容易使人愤恨，台下的每一个都是同样的怀揣一颗心，可是看戏的人也不少是那一类的，不过只大小不同耳。

但我们的身世绝不可那样平淡……应该照着文天祥的话“人生自古谁无死，留取丹心照汗青”去做。

看电影虽不多，但也有过几次。当时长沙有银宫（体育场附近）、银星（今五一路附近）两大影院。记得《一江春水向东流》是在银星看的，但不知具体时间，日记中也没有，或许是后一点时间。所谓买东西，有时也就买书，记得“开明”、“正中”书店那条街，也去过不只一次（日记未记）。有时上街，还去茶馆“吃茶”，有日记但已丢失了。消费大约是银元一元左右。再就是看小说，日记中记到上课时，很多同学看小说，我也不例外，课外也看。记得茅盾的《子夜》、《虹》，巴金的《家》，都是那时看的，回家之后看过《老残游记》、《镜花缘》之类的小说，还有侦探小说。当时家境面临破产，所以日记中为经济担忧的记述也有一些。

5 月下旬回常德之后，时而后悔担心，后悔不该离校，因为学校照常上课（虽不很景气），自己耽误了学业。6 月 9 日记述：“很后悔这学期不该回家，因为现在时局仍旧如故，而学校里也仍旧上课，光阴是耽误了。”担心下一学期能不能跟班或者转学。时局在常德也有影响，少数人也有议论，但议论很少，学校那种进步的时局宣传几乎没有。有时地方暂编师与城防指挥部的人发生摩擦，会放一两枪，引起街上店铺上板子关门，有时也有戒严的传说。“大概是七月四（或五）日吧？一百二十七军去打河南，走常德过境，逗留了个把星期”（7 月 16 日记）。这事我印象较深，因为有一个连长之类的在我家住过，巧的是解放后他又以解放军的身份（应该是改编的）路过一次。

在日常生活中，人们关心的是本地日常生活中的事，如当时发大水、地方秩序的安宁与否，等等。但是，一般人也因时局紧张而做出应急反应。日记中有两次听到枪声就上板子关门的记述。在紧张局势下，人们会做各种应变的准备。6 月 5 日：

早饭以后，家里请来了一个木匠，我起先倒不知是搞什么的，后来才知道是在房（按：卧房）的后面装一层夹壁，以便放箱子。装起了，父亲才告诉我说：这个计划原有好几天了，还是舅祖母说的，恐怕是流氓地痞，要是有了抢风的话，她和陈家的东西都会放在这边来，人也会过这边来。不过这样预备一下，也很好。

午饭时，父亲说，后街里有人讲，共军本来是到过岳阳的，因为他们一进岳阳，就头痛不能说话，长官才做动作下令退出，离岳阳卅里，才松了一口气，才能说话了。这不是笑话吗？但是，他们还是将信将疑。总之，这都是常德的人固执的缘故，并且还时常说了一些不能信的谣言。

时局与一般老百姓的日常生活就是这样呈现的。7 月 23 日最后一篇日记：

一日胜一日的紧了，城内的人走了不少，都是因共军过江，随时便可到常德，不得不暂时到乡下避一下空袭，因为炸弹是太没有眼睛了。

家里的东西也在渐渐搬下乡去，可是今天出城就不同了，任何大包小包一律要检查，可见时局之愈紧了。又据另一方面传说，也紧得多了，家里所常用的东西，母亲以及弟妹们怕都要在明天下乡了。我是绝对要同父亲一道走的，直到空袭常德的时候，就是我们出城的日子了。

这样看来，在一个短时间内，怕不能写日记了。要是有特殊的事的话，则记在小本子上面。

可贵的 1949 年的日记到此结束。

我和父亲始终留在城里，记得当时城里晚上非常寂静，站在街中间，没有一个行人。何时解放没记住日期，但解放军进城，我记住了一个镜头，从门缝中看到，解放军沿街两边手中端着枪前进（实际上是没有遇到抵抗的）。再后来就是迎接解放军和南下宣传队的各种活动，有时候很热闹的，在下南门十字路口街中央很多人，好像同学辜宏楠就是那时参加了南下工作队的（后来好像在广州，一直没联系过）。我曾经后悔当时未能参军，大概一心想读书。

三、由落后变先进

1949 年下半年，应该是高二年级，我回到了学校。怎样回校的？一点印象也没有。大约继续在丝茅冲住了一学期，好像是一种逍遥状态。十月一日开国大典之类的事，也没有什么印象，只记得我想以郭沫若为榜样，做一个无党派的民主人士，但为什么？也毫无记忆。好像有军政干校的学员在学校住过，没有留下什么印象，也无日记可查。总之，不算是一个积极分子，记得下一学期民主选举学生会，我是以落后分子的代表当选学生会主席的。后来我常说，当时实行的是三三制，进步、中间、落后分子各占三分之一，也许是苏区、解放区地方选举有这样的传统。

当选学生会主席后，我就参加了很多活动和工作，在活动和工作中锻炼提高，落后就转变为先进了。可事实如此，规律和原因是什么？也许有一个值得研究的规律。当然要看什么样的活动和工作，当时的活动和工作是积极向上、生动活泼、朝气蓬勃的。

我保留有 1950 年 10、11 月和 1951 年 6、7 月的部分日记，1951 年的几份“民工鉴定”的自我检讨等，只能作回忆的参考。

解放初的兑泽中学，学校没有党组织。校长杜迈之是民盟的，好像是民盟湖南省的领导之一，曾任《民主报》的主笔之类。教务主任曾楚桥也是民盟的，还有一位政治课教师吴文澜也是。曾、吴在学校和学生中影响大，我作为学生干部，常与他们打交道。全校只有一个老师熊彪是党员，好像作用不大，后来也离开了。学校的学生工作主要受青年团市委的领导。

我个人应该是从 1950 年上半年被选为学生会主席，开始参加各种各样的工作和活动，社会活动也不少，先后曾经有“三反”、“五反”、禁烟禁毒、土改以及后来的抗美援朝等运动，我在各种宣传活动中好像都比较活跃，能写能说。例如10月19日记述：

今天是鲁迅先生的十四周年纪念日，大概是与土改宣传冲突的缘故吧？起码我们学校里是没有好多的表示的，仅仅派了几个同学去参加一个甚么讲座。记得去年纪念鲁迅先生的时候，我们在丝茅冲，那天成立了鲁迅图书馆，发动了壁报竞赛，还举行了庆祝晚会。

下午一点钟起，就开始了土改宣传的准备，各队都准备秧歌队、街头剧、口头宣传等，将近三点钟了才出发。我们这队是走向北正街道黄兴北路、南洋街、八角亭这些地方宣传的，一共到了六个地方宣传。我参加了三次口头宣传、一次街头剧。

11月8日：

我一向来就这样感觉：我写不好论文，尤其是关于时事方面的事情，看了讲不出来。我就没有想到，别人写的这一类文章，都是由很多材料综合起来的。

昨天我做了一次尝试，写了一篇，对于美帝的侵朝，我们决不能置之不理！集合了几天的报纸，也整理成了一篇一两千字的文章。……

反美的学习和抗美援朝、卫国保家的运动，我们学校经过几天的酝酿，今天已经开始了。下午，杜校长做了一个报告，是结合我们学校里的同学和老师的情况讲的。今后好像时事学习小组、座谈会以及时事演讲比赛都要动起来。

记得我曾在面向全校广播的扩音器中讲过“抗美援朝，保家卫国”，也许就是“比赛”。开全校师生大会（参军参干），我还带领大家呼口号。工作能力、口才都是在实践中锻炼出来的。我还参加过学校戏剧组的活动，想演陈白尘的《升官图》，我扮演一个警察局的马局长，好像并未实现。

大约是1950年上半年高二第二学期，我开始当学生会主席，下半年高三第一学期加入青年团。入团时间好像是10月6日，介绍人是同班卓德友（也是学生干部），后来当了支部宣传委员（支部书记王宗棠），并在此基础上成了“党的宣传员”。当时“党的宣传员”在校内影响很大，活动很多，直接受团市委领导。1950—1951年长沙市的“青年学园”我参加了，与福湘、含光、女师一个小组，很有意义的一段历史，好像“军事生活”一样。我只记得早操几分钟，上千人就集合起来，当然还有听报告、学习讨论之类。我不是党员，学员中非党员不少，党员或在当时入党的也不少，读大学时才知道，同班的姜之铮、蔡树晖都是那时入党的。

还有一件有突出印象的事。西藏和平解放时，睡觉之后得到消息，我吹哨子集合全校同学，从文星桥游行到南门，好像有一位姓曾的体育老师帮忙集合队伍。

毕业前还曾经得过一次伤寒，糊里糊涂，不知怎样去的医院，好像住了近个把月的院，一直躺着，出院时脚下地都不听使唤。家里没有人来照顾，记得有位护士，一边帮我抹身，一边问我家里情况。住院期间一直躺着，好像起身就发烧。看了不少小说，《日日夜夜》是一天一夜看完的。一个钱也没有，怎样出院的，毫无印象。

1951年高中毕业，没有上大学。快毕业时，历史老师借给我一本吴泽先生的《中国历史简编》，其中读到考古工作大有前途，好像一锄头可以挖出一个金娃娃等。受其影响，我报考的志愿是北大考古专业，当时好像有八个志愿，我只填了一个，其他七个划了一横（未填）。后未被录取，其实当时湖南大学等还有第二次招生，我亦未考虑。

因为未上大学，亦无经济来源，好像和一位叫张海鹏的同学一起去长沙县教育局找工作，结果我去了长沙车马乡第七完小。校长彭见恒，有七八位老师，除我之外另有两位女老师也是长沙市去的，不久离开了。是一人负责一个班呢，还是什么情况？我好像什么都教，还教唱歌，那就是我唱一句，学生跟着唱一句。

当时也参加社会工作。车马乡原只有一个团员，年纪不小，加上我就两个团员。参加的社会工作就是帮乡里写点什么。至今我保留有一两封慰问信。那位团员属于当时批判的那种“三十亩地一头牛，老婆孩子热炕头”的不上进的干部。

生活相当艰苦，米饭是有吃的（当时感觉还很多），记得经常就是一碗撒点盐的青椒（没有肉）作菜，有时候有点苦瓜就像加餐了。我伤寒病后不久，肠子还有问题，记得很长时间大便带血。有多少工资不记得，最后是向校长换了点钱，不是借，是用我从家里带的一件舍不得穿的新棉袄换的钱。校长个子比我高很多，穿到身上很不合适。

一个学期之后，回到了兑泽，担任少先队的辅导员（红领巾一直保存到我的孩子们出生）。是否有点补贴，不记得了，应该会有，否则无法生活（家里已经是靠摆摊维持五口人的生计）。工作很积极，记得曾经带少先队员在岳麓山露营。1950 年以后，好像就没有回过常德家了。

一直到考上大学，离开长沙。

四、上大学的新鲜感

1952 年再次考大学，具体情况记得不多了。大约有前一年未考上的教训，老实多了。适逢比较要好的同班同学周乐群 1951 年就已到了华中大学中文系读书，应该是他的介绍，我报考了华中大学师范学院（这个名称是招生广告上的，我曾为此写过小文章），填了历史和中文两个志愿，被历史系录取了。

来校有一点记忆。当时长沙各中学考上华师的好几十人，好像是在湖南省教育厅领了一点经费，集体买票到武昌。不知什么原因，我记得几十个人的票，我在火车上算了一晚上。到武昌南站后，学校派了车接这批学生，我记得负责接站的人是当时在教务处工作的郭涤生（也许他自己都不记得了）。

到校之初，我曾临时住过花园山（同班有同学住本部文华楼教室，都是临时性的），当时年轻老师童树德等人好像在那里。记得一件事，听说一位海外来的女同学上厕所，要带一瓶水冲洗。

不久，住到了城外新宿舍，一住就是三年多。四栋平房，有外语（只有俄语）、体育等系，历史系占了两栋。历史系虽然四年制学生并不多，但有两年制的历史科，有一年制的高师班和普师班，还有一个培训干部的历史班。历史系四年级只有沈骏、刘惟治二人，三年级只有余显富、徐兰馨、沈鸿浩三人，二年级有八人（后来华南师院、平原师院合并来几个），我们这个年级有三十多人。系、科、班都有主任，系主任方衡，科主任王觉之，喻存粹好像被任命为普师班主任，高师班或干部班可能是田家农。主要领导应该是方衡，行政人员很少，系、科、班一起只有一个辅导员陈辉、一个办事员陈家才。工作运转得好像很不错。

学习、生活以小组为单位，好像有学习和生活两个小组长，全班有团支部。团支部领导一切，也有班长、班主席（毕业时有明显印象），与团支书形成“班三角”。

学习以小组为单位，突出的印象是大家坐在一个房间看书，像上课一样，一节课休息一下，活动活动，讲讲话。当时参考书比较少，按小组分配，比如我记得中国古代史有尚钺的《中国历史纲要》，范文澜的《中国通史简编》，郭沫若的《奴隶制时代》、《青铜时代》等，一个小组分不到一两本，放在桌上，大家争着看。经常会有生活会之类的小组活动。最初吃饭也是八人一桌。

住的平房，横直两条走廊，四通八达，男女寝室混在一起，这一头这一边是男生，那一边（甚至门对门）是女生。治安和纪律好像很好，有一段时间夜晚要值班巡逻，也是男女搭配，我就晚上喊过女生交接班。每栋宿舍外边，有一个水龙头，四栋宿舍之间有一个水井。冬天有热水洗脸，每间房有一个小桶，轮流值日，一清早到食堂取热水。这样的生活，一直到1955年迁桂子山新宿舍（现在西区学生宿舍1—6栋），新宿舍楼内每一层都有水房和厕所。

上课的教室在“城外”的院子里，有时也在“城内”校部的文华楼上课。早操有没有，记不得了，下午课外活动是有的，跳集体舞之类。

学习和生活不仅有新鲜感，同学之间还真有点互助友爱。个别同学学习和思想有什么问题，干部、同学都会想方设法去帮助，大多数人会有兄弟姐妹之感，或许我们这个班突出一些。记得高年级的余显富1955年受批判时，他就说过我们班上厕所都是“集体”的。1955年，我们班被视为（是否评了？）先进集体，我曾代表班团支部向全省高校团干部做过报告（当时我是团支部宣传委员，支书谢天佑试讲未成功）。后来，又分别在华工、华农做过报告。报告大概有点精彩，低年级的一位孙××同学说可以写小说，但后来把稿子弄丢，没有了下落，实在可惜。

上课的老师，中国古代史是喻存粹，世界古代史是曹植福，历史文选是张舜徽，中国近代史是章开沅，现代史是古堡，世界近代史是承嘉猷、王宏吉，世界现代史是刘继兴，俄语是黄弗同，政治是大课，高原、陈铁、杨宏禹、何汉都上过课，教育学有周文翰，教育史是任钟印，心理学是王启康。

当时，没有什么选修课，古代史两年，近代史一年多（?），现代史一年。世界史曹老师上课很严谨，认真地照讲稿讲，学生可以记下笔记，参考书极少。喻存粹是西南联大的，后来比较知名的南开大学王玉哲、西北师院金宝祥都是他的同学（这两位先生二十世纪八十年代我都拜见过，王先生还有两封信我保留着）。喻老师上课没有讲稿（大约有提纲），不好听出头绪来，但我与中国古代史有一些关系，好像我曾是中国古代史的课代表，印象深的有三件事：1. 有一次考试，从早上八点考到下午（宋金和战问题？）；2. 王安石变法的课堂讨论，我和几位同学看了《宋史·王安石传》，并有发言；3. 最后一次考试，我得了 98 分。后来毕业时，我被推荐报考华东师大中国古代史研究生班。其他课程印象较深的还有政治课“马列主义基础”，第一学年我得了 78 分，1953 年暑假我把《联共（布）党史》从头到尾仔细看了一遍，书本还保留着，眉批、尾批、重点划线很多，全都是那次留下的。第二年的考试成绩就是“优”了。再就是俄语，我上课时成绩比较好，黄弗同老师对我印象也很好，三年级又选修了。后来读研究生也是俄语，前后学了五年，至今全忘光了，36 个字母只能读出 5 个音，两三个字母都写不出来了。后来和现在，我经常对比，英语主要是在中学、高中（高一）学的，至今还记得一些单词，在一定条件下（比如到美国）还能极简单地运用。

学习成绩大概算比较好的，所以毕业分配的通知书是留校，同时被推荐考研究生。

个人生活，因为没有家庭经济来源，是比较艰苦的，特别是入学之初，虽然学校包吃，发过一套制服，但其他都需要靠自己。好像 1952 年冬天，我穿的是带来的一件长棉袍，以后怎么样的，不记得了。1955 年冬天，郑经文手臂摔伤，绑绷带，我的棉衣给她穿，我把她花棉袄穿在里边。后几年怎么过来的？记得周乐群支援我 3 块钱，买了一双解放球鞋。大学四年中，肯定是得到过同学的资助，1954 年后当时的女朋友李雪松的支援应该是主要的，可惜记不起任何一件具体的内容。经济状况在读研究生后才有改变，雪松的支持也更多。

附：

写完了大学的回忆后，又看到1952年以后的少量日记，录下来可作以上回忆的参考。大约九十月份都还在兑泽中学，并做一些工作。

9月27日：

国庆节快来了，准备来一次大扫除，原来是要负责鼓动一鼓动的，但不知怎的，又决定做一次总的报告，我也就答应了。像这样的报告已经做好几次了，最多的时间达到过三小时（纪念“六一”的报告）哈！这种胆子倒很不小哩！居然在学校一次再次地大做起报告来了，可称得“胆大粗心”了。

讲话是进步了，但是，缺点就还在于思想水平不够。好像今天谈认识祖国的成就是在国民党反动派遗留下来的烂摊子上取得的时候，就忘记了明显地说明祖国新民主主义制度的代表性……因此今后必须提高思想水平，努力学习。

9月30日：

虽然在国庆前夕，但心里总是乱乱的，因为还不知道被分发到哪里去学习。昨天下午才发榜，我已经被录取在华大历史系（是我的第一志愿）。发榜以后，除开极少数的人以外，都是按志愿分配的……

10月6日：

等了好久的通知接到了，比任何学校的都简单，只告诉了一个报到日期，问题总算解决了。不过等到十八号，又有点讨厌。

10月11日：

在文教厅领了50000元做路费，主要问题解决了！

按：币制未改革前，1000元相当后来的1元。当时物价：10月15日记，同学3个人到“一条龙”吃饭，总共花掉15000元；10月17日一张《中国人民胜利》的电影票，“每张只要1000元而且有一枚纪念章赠送”。50000元大约是一个人的路费。

10月21日：

十七和十八号两天，整个的是为了买车票的事，一直到到达学校，才算完结了我的工作。很好，这一次我又做了不少事。

离开一个住得久的地方，分别一些老的熟人，到底有些舍不得，感情上很脆弱。

到华中几天来，对伙食我印象很好（按：后来我印象深的是土豆烧肉，我觉得土豆特好吃），这样对我的身体想是有帮助的，很好。不过，应该知道：学校——更明确地说吧，党和人民对我这样关心，可以看得出我们今后的责任……

入校后，主要是学习时事政治（包括联共“十九大”马林科夫的报告）、教育改革等。

10月30日：

昨天上午文化课复习，可是心情非常激动，因为下午就要宣布年制。不知道的同学，很安静。就在非常安静之后，来了一个重大的事情，的确是件很重大的事。

大概是两点钟，集合到校本部去。

新生大队田主任做报告后，就宣布名单。我被分配到了四年制（按：当时有一、二、四年制，是分配的）。可是奇怪，陈智仁被分到一年制是谁也想不到的，这种情形下我就没想什么了（按：大概有几天“新生大队”是统一活动，有一天的日记中还分析了我不符合一年制的条件）。祖国已经给我安排了四年的学习，那就好好学吧！要学一些成绩出来（按：这样自我勉励和检讨的日记还有不少）。

晚上联欢。我是没有多跳……

今天过得很愉快，因为搬家，自己搬东西。我们幸运得很，被分到了新房子（按：大约就是所谓“城外”的平房）。在搬家的当中，不，一天都是这样吧！很愉快！主要是劳动得愉快。

八个人一房……

的确到华大来后，没有一点使我苦恼的事。我决心，今后一定很好学习，继续巩固自己的思想认识，培养成一个光荣的共产党员。兑泽的同志们都是这样期望的啊（按：我努力到 1956 年毕业时才入党）!!!

11 月 6 日：

昨天早饭后，九点钟起参加华中高等师范学校（华中大学建校委员会为本校暂定校名，是王老（王自申）三日在大会上宣布的）的开学典礼暨庆祝思想改造胜利拥护院系调整迎新大会（按：教师的思想改造也是当时一件大事；另一件为院系调整，有些学校的系、科到华中来，华中的地理系曾一度被调到河南去）。会一直开到下午两点钟。会上潘（梓年）部长做了报告，王老也讲了话……

午餐后，睡了一下，一直睡到晚饭。

晚上，担任保卫工作，所以京戏只看了一点点。

日记中，还有看电影（如 11 月 9 日看《××英雄》还写了长篇的感想）、读小说（如 11 月 15 日开始看《钢铁是怎样炼成的》和《卓娅和舒拉的故事》）、听各种报告（如 17 日下午在中原大学听苏联专家的报告）以及参加社会活动（如“中苏友好月”的宣传）的记述。起初似乎晚会之类的活动比较多，如 11 月 8 日：

昨天晚上参加了一个庆祝晚会。

六点多钟集合了，我们（历史系）和俄文系与教育系各一部分合成一组。集合好了，就到校本部大操坪去。到的时候，人已经是到齐了，好大一块操坪都挤得满满的。每个人都好兴高采烈啊！

集体舞会开始了，田主任做了一个简单的报告。讲得起劲的地方和结束时，同志们都好高兴啊！开始跳舞后，每一个舞都跳得特别好，简直是狂欢啊！我在这里也一样，思想上没有任何事了。这样一个舞会的确是成功了，做到了尽情地欢跳。

集体舞会又跳了国际舞……

字里行间透露出的是上大学后对集体活动的新鲜感、欢快感。

五、没有学位的研究生

1956 年大学毕业，大约国家急需人才，毕业分配时，全班三十多人，留校和去武汉师院（湖北大学前身）任教的分别有八九人，考上华东师大研究生的有六个，还有一个去了南开大学，湖南来的回湖南各地中学的有五六个人。

我接到的通知或是留校，但此前已指定我报考华东师大中国通史研究班。有关情况只记得，曾在今西区 2 栋宿舍的一个库房和燕×居一起复习。当时和后来，在哪里、如何考的，一点也记不得了。同样，如何被录取、如何到上海去的，也没有一点印象（记忆奇怪得很）。

在华东师大今校本部（当时没有分部）住第五学生宿舍（在一个操场旁边），一直住到毕业。食堂就在宿舍旁边，我唯一的印象是第一次知道“鸡毛菜”（应该是小白菜秧子），饭好像是不限量，饭桶放在饭厅中间，印象深的原因是由于我配了一副眼镜（长期五六百度的近视而不知道），看到桶里的稀饭也是一颗颗的米，所以对饭桶的印象深。

生活和个人的经济情况好多了，开始是十七八元一个月的生活费，1957 年“右派”、“鸣放”提意见之后，一下子涨到五十多元。“富裕”之后，明显增加两个开销：一是买书。星期天常去上海外滩福煦路的古旧书店买书，当时服务工作可谓上乘，星期天买的书放在书店，星期一以后会由踩三轮车的人送到学校，挺远的，几乎是穿过当时整个市区。二是给家里寄点钱作补贴。1950 年以后与家里没有任何经济联系。我和内子雪松 1957 年暑假回过一次常德，两个弟弟扛着扁担来迎接，好像我们会带很多东西，实际上没有能够给家里多大帮助。家境的改善，全靠妹妹参加工作并出嫁，雪松参加工作后帮助不少，一直到六七十年代。在上海的生活中，另一记得的是，因为雪松的妹妹李雪梅当时也在上海，她的公公是上海市副市长、著名新闻工作者金仲华，有一段时间星期天会去他们家，金仲华的妈妈让我吃螃蟹，我真是第一次吃螃蟹，但后来一直不太感兴趣。他们住在愚园路，离师大不远，曾凭这关系，看过一次苏联来表演的《天鹅湖》。

刚去的1956年下半年和1957年，是注重学习的。通史研究班12人，有上课、学术报告等活动，吴泽先生挂帅，还有束世澂、平心（李圣悦）、戴家祥、施畸等先生上课。主要是自己看书。我个人的印象（也许是统一布置），一是读理论书，看《家庭私有制和国家的起源》以及马、恩、列、斯的有关著作（特别是与古代史有关的）；二是读《资治通鉴》，要求读懂（包括年号等），记得标点本开始一个小时只能读一面（几百字），后来才八面、十面、二十面地读下去。起初，我想学明清史，与一般人的想法一样，认为明清史近一些，也许比上古史好学一些。当时就买了一些明清史的书，现存在书架上的如《明史纪事本末》（丛书集成本，每本大约两角钱）等。当然，其他古代史的书也都买，包括《西汉会要》、《东汉会要》、《十七史商榷》等。也写文章，但成功的、有价值的文章没有，在《历史教学问题》上发表过一篇《考古学通论的读书笔记》。也有理论性的如《封建土地所有制》，还有史料性的如《读周礼》，均未成熟。并没有着重在明清部分，后来又有学隋唐、秦汉史的变化。

上课有时在教室，有时在老师家里。印象深的是在吴泽先生家上课。他当时住在丽娃河边的一栋二层小楼（2003年开会时，我去看过，曾经作为工会办公室），吴先生讲课神采飞扬，滔滔不绝，上午往往会讲到下午一两点（记不得何时开始）。师母张若枚当时比较年轻（实际上吴先生也不到五十岁），文静秀气。在教室上其他老师课时，她会早早地坐在前排边上。束世澂先生年纪大些，被学校称为“束老”，眼睛高度近视，上课很严谨，往往照着讲稿认真地念。平心先生好像不住在校内（似也非学校的专职教师），住淮海中路一带。我们到他家去过，书房比较宽大，还让我们参观了他的浴室，相当于如今的热水器，打开龙头可以放出热水，这在二十世纪五十年代国内应该是罕见的。平心先生才气横溢，出口成章，有专门的记录人员，好像记得有一本《人民文豪鲁迅》就是讲课的记录。他也研究过金石文。戴家祥先生据说是王国维最后的学生，背历史包袱，比较拘谨。还有一位施畸先生（记得好像是复旦朱维铮的岳父）讲《庄子》，不太善言辞，每天四五点起床，上午八时大家上班，他已干了三四小时活。外面请来上课的，只记得有复旦的杨宽。

1958 年以后，就没有太多的学习记忆了。1957 年“反右”，1958 年“大跃进”，会议、社会活动、劳动等，需要很多时间。1957 年“鸣放”时，看到大字报中有人写 1955 年肃反的遭遇，我也参加过各种批斗会，还当过专案组成员。记得我和雪松一起监管过叶观林（新中国成立前与海南地下党有过联系），我表示同情，并向党组织汇报过自己的思想，结果得到一个延长预备期的处分（1959 年又有正式的平反通知书，我保留着）。后来不知为什么，我又被选为研究生会的主席（研究生有好几百人），起了多大作用、做了多少事，很难说！认识几个研究生会的干部（有一张合影），后来也无任何联系（不同专业），参加过学校的一些会议，接触过几个校领导。校团委书记是位女同志，叫郭其均，听说后来当过中文系总支书记。党委书记常溪萍是一位老干部，艰苦朴素，冬天我们曾在一个炭火盆边坐在一起，讲些什么不记得了。开会、听报告比较多，大的会议都是在文史楼与行政楼之间的大礼堂（每周末放电影也在那里），教代会、学代会都要参加，会议内容印象深的是有一次传达上海市委书记柯庆施的讲话精神：同志之间应以“同志”相称，不要什么“长”、“书记”之类。这是很好的（此事在历史上好像不只一次提出过）。

社会活动记得的有下乡帮助农村扫盲，印象深的是，农民煮稀饭放碱，比较稠，也很好吃。再就是“除四害”，在屋顶上赶麻雀。参加过一次电影拍摄，在丽娃河边的一个理科教室，片名叫《大风浪里的小故事》，当群众演员，后来放映没有也不知道。那时候就知道，拍电影一个镜头要拍很多次。再就是劳动，有时是无意义的劳动。脑子里长期存在的一个镜头是，在大操场的一角挖一个几千平方米的坑，挖得很深，好像是为了粮食高产的试验。对此事印象深，是因为当时一位女同志（系里分管学生的书记）的一条呢裤弄满了泥巴，她也不在乎。当时，体育锻炼也成为任务，要“劳卫制达标”，我好像为达标还很费了点力。也有春秋游之类，一次同学们约去杭州，我想几年有的是机会，不料后来一直到 1996 年，我才去杭州。此事我印象极深，并常说道此事。

点点滴滴，琐琐碎碎，说明读书学习恐怕是受了不少影响。大概为了“大跃进”，原本要学习三年，可 1958 年底以前就提前毕业了。有无毕业凭证记不得，没有学位是肯定的（1956 年读大学时有向副博士进军的号召，同学谢天佑还写过广播稿)。学习期间，世界史研究班有苏联副博士来上过课，副博士就好像现在博士头衔一样“金贵”。所以，我们填表只能填“研究生”，到现在人们已经很难理解了。

但是这种“研究生”作用很大，值得在这里说几句。大约从1954年开始，东北师大、北京师大、华东师大都招收了这样的研究生班，培养了一大批普通高校的教师，而且二十世纪五六十年代、七八十年代，这些教师逐渐成为许多学校的骨干。例如1954年就有吴量恺、孙玉华夫妇从东北师大调到华中师范学院，六十年代到八十年代初，吴量恺同志主持过历史系的工作。他的同学朱绍侯分到河南大学，不仅历任各种职务，而且成为著名的秦汉史专家，主编的《中国古代史》教材影响许多学校。还有一批同学，分别都在各地院校起到骨干作用。北京师大、华东师大的研究生也是如此。我们班12个人，谢天佑留校，后来在农民战争史、古代经济史等方面有研究、有影响，可惜英年早逝，1985年就去世了。傅宗文分到厦门大学，可算为宋史专家；陈崇访分到青岛师专，担任过系主任；陈正夫分到南昌大学，担任过副校长；欧阳熙曾任广州大学历史系主任；孟明汉分到内蒙，后调河南师大，研究秦汉史；李孝友分到云南博物馆，成为资深馆员；朱贤梅分到江西教育厅转为行政工作。还有三位转了专业，郭惠青和先生杨世钰一起（杨为我们上一届古代史研究生）转为中近史；马伟在西北师院教党史；周慧珍在郑州大学教国际共运史。再就是我。

这三所师大当时培养了一大批没有学位的研究生，在新中国教育史上是应该书写一笔的。

我个人的工作分配，据说是要留校的。刚入校在中山公园有一次师生见面，吴泽、李平心先生等参加，我发了一次言，给老师们印象很深，好像平心先生还因而写过一篇短文发表在报纸上。学习期间，在《历史教学问题》上发表文章的只我一人。我又当过研究生会的主席。但是，我大学毕业时拿的是留校通知，而且虽未结婚，但爱人李雪松也确定在华中师院工作，带她从教的指导老师承嘉猷又是系里的负责人之一，具体怎么办的，我当时并不知道。总之，1958年底我就回到了华中师院，并且立即投入教育革命的各种活动，包括上课、开批判会等。

附：关于研究生期间学习情况的补充

新冠肺炎疫情期间翻看旧物，发现有1956、1957年读研期间的十几本听课、学习的笔记本，有如下几点情况值得记述一下。

首先，当时是有课程的。有两个笔记本记录“通史导论”。导论是1956年9月15日开始，开头即“怎样学习和研究中国历史”（原则性地讲立场、观点、方法），密密麻麻记了八九页，九号、十号字体小得吓人（约万字）。是一次还是几次的讲课记录？课程应该是吴泽先生主讲的，我印象深的是在华东师大丽娃河边的那栋二层小楼房的楼上。吴先生讲课常常是上午讲到下午一两点。第二讲标题是“近代中国史研究发展的道路和方向”，小字笔记有十几页，应该不是一次。这一讲最后是讲他自己（此前分别讲了许多代表人物如郭、吕、侯、范、翦以及陈寅恪、吕思勉、钱穆、周谷城等），兹录笔记如下：

> 吴泽：中学学历，“九一八”以后搞宣传才了解社会问题。苦闷，自己找书看，看李达书，当半年小学教员。中国大学学经济，二年级是讲中国社会史问题，讲马列主义（当时东北大学是红学校）。“一二·九”学运参加了，社会史论战时不太懂，看郭《中国古代社会研究》，从事社会史研究，得吕、李帮助，搞了一个读书会，拟一提纲，写了一篇文章，自己在图书馆看书，写了许多文章，就打出了手。抗战时，经济困难，不干教员，写《中国通史简编》，受李、吕帮助很大，后代吕先生的课（复旦），半年后兼任课。

这个笔记可以作为一段史料！其中李、吕二先生是李达、吕振羽。正是这层关系，我二十世纪六十年代拜访过两位先生，吕先生尤多，我已有一些文章记述过了。

再回到笔记上来。再下一讲是11月10日（1956年），题目是“当前中国史研究的方向及任务”，认为当前存在的问题：1. 亚细亚生产方式问题；2. 古代东方问题；3. 分期问题。也应该是吴先生所讲，他后来出了关于亚细亚生产方式的专著。

11月15日（看来时间较密集），题目是“中国历史上的一些基本问题”，有“古史分期问题”、“少数民族史研究问题”。这一讲至少有多次，笔记边上有“11.17”的记号。另一笔记本，是从11月23日开始，有“中国历史上一些基本问题（续）”、“试论中国封建社会土地占有形态的发展”

(记录了十几页)。12 月 1 日，题目是“关于亚细亚生产方式问题”，12 月 8 日继续讲。12 月 18 日，题目是“奴隶制的瓦解和封建制形成问题”，12 月 20 日继续讲。

12 月 27 日，题目是“中国通史的轮廓”(结合教学大纲讲)。1957 年 1 月 3 日继续讲(第一段落：秦统一到黄巾起义)。

1957 年上半年（第二学期）继续上课，另一个笔记本从 3 月 4 日开始。“中国民族起源和文化起源（吴泽）”3 月 8 日第二次才讲完。3 月 22 日，开始讲夏、商、周历史。接下来（未记具体日期）讲“春秋史中的几个基本问题”、“战国史中的几个重要问题”（各国的变法运动，合纵连横之争)。

5 月 6 日，讲“先秦诸子学说思想”：一、诸子学派的时代背景、源流与派系概况；二、法家学派、杨朱；三、老子学说思想研究；四、墨子的学说思想；五、孔子学派——儒家学派的学说思想。补充讲“中国由奴隶社会向封建社会转变的基本过程”：一、对这个问题的基本论点；二、东方若干国家的转变；三、中国农村公社土地公有制为何转变到土地私有制(宣王“不籍千亩”，管仲分商农之乡，作爰田，初税亩，商鞅变法)。

以上是三个小笔记本的内容，很可能都是吴泽先生主讲的，包括讲杨朱之类，记得他写过一篇《杨朱考辨》的文章。

与此同时，1956—1957 年间还有几个笔记本，明显是其他老师讲课的笔记。一个本子，封面上写着“中国历史要籍介绍及运用”，从 1956 年 9 月 13 日开始。后面有“中国史学的起源”、“原始时代的历史”、“夏代和商代的史料”，第四讲“第一个史学家——孔子”，第五讲“战国史学”。日期记载有“10.9”、“10.24”、“11.19”、“12.6”、“12.12”，看来也是一个学期。讲课老师不知是否束世澂先生，笔记本上未记下来，甚为可惜。

另一个本子，封面上写的是“史学史与史料学”，也许是前一个本子的继续。“12.12，第六讲两周史料”，“12.24，第七讲司马迁与史记”。“1957.2.13，第二学期始此”。“第八讲班固与汉书”，中间有“2.20”的记录；“第九讲汉隋之间的史学”，第一部“王充与史学”，第二部“东汉以后史学的发展”(中间有“3.13”、“3.20”的记录)；第十讲“刘知几与史料编纂学”。无后续，也许快要整风“反右”了！

另一个笔记本，“中国古文献举隅”，边上有“3.12”、“3.19”等记录，也应该是1957年上半年的事，后面没有继续下去。内容以《庄子》的讲解为主，清楚地记得，应该是施畸所讲，他讲《庄子》非常投入。

还有一个“中国古代思想史”的笔记本，明确写着“施畸先生教授”，开篇的时间是“1957.9.29”。“第一讲：中国思想史之名实略辩”，包括：一、什么是思想；二、什么是思想史等。“第二讲：中古前期社会之略述”，“第三讲：上古思想之余烬略记”（10.7），“第四讲：黄老思想之分野及演化”（11.20），“第五讲：儒教思想之形成及演化”，“第六讲：道教思想之形成及演化”，“第七讲：佛教思想之传入及演化”（1958.1.6、1.15），“第八讲：三玄学之形成与演化”，“第九讲：三教斗争和三教归一论之发展”，“第十讲：主流思想外之各种思想略记”（第一，先秦诸子思想之残存记，忽略此段唐魏征、徐勣就不可理解；第二，历数思想之蒙昧记；第三，数本思想之发扬记（相命等作用很大）；第四，黄老道思想之再盛记，张角等死后继续践行；第五，弥勒道思想之初创与普传，对隋、唐、宋、明影响大）。

我忍不住，把这简略的记录全部抄上了！

看样子，1958年上半年又恢复了一点教学活动。

有一个笔记本是“马列主义经典著作介绍及选读”，封面上写着“平心先生讲授”。第一篇记的是“谈学习方法问题”，第二篇“关于学习《共产党宣言》的启发报告”，第三篇“介绍唯物主义与经验批判主义”，记录中有一句“检验真理的标准即实践，包括社会、生产、阶级斗争、科学实验乃至学习教育等。实用主义的实践则不同……”这些话自然使人联想到20世纪80年代实践是检验真理的标准的讨论。下一篇“听毛主席2.27和3.1讲话后的体会”，看样子是1957年上半年的事了。最后是“纪念鲁迅的讲话”（记得平心先生写有《人民文豪鲁迅》一书）。平心先生博学多才，甲骨文、金文也写有文章，现实反应也极快，印象是出口成章，记下来就是一篇文章。在他的影响下，我们认真读了几本马列主义著作。

除开吴泽、束世澂、平心、施畸几位的笔记之外，另一本笔记讲甲骨文、金文，应该是戴家祥先生所讲。他是王国维的学生。或者是1957年上半年，笔记本上附有“30/3张舜徽先生讲论文”的几句话。

从另两个笔记本看，1957年曾请校外、系外一些学者来做过报告。我记得有复旦的杨宽、陈守实等人。一个本子从“4.8”开始，那就是1957

年4月8日，讲“资本主义关系发生发展的理论”，也是连续讲的，有“4.17”、“4.22”、“4.29”、“5.3”、“5.6”、“5.8”、“5.20”、“5.22”、“5.27”、“5.31”、“6.28”、“7.1”、“7.8”、“7.10”、“7.12”。从理论讲起，然后元、明、清一直讲下来。一个单独的笔记本，记不得是谁讲的。

另一个从“1957.9.24”开始，有“关于老子学说思想研究讨论”、“秦末农民起义的几个问题”，谁讲的记不得了。老子研讨会是怎么回事也无印象。接下来，王仲荦讲“关于古史分期问题”、“两汉魏晋南北朝隋唐的官职”，陈守实讲“苏州制造局问题”，金兆梓讲“商品经济”（我有他认为唐代仍是奴隶社会的印象，但笔记中似乎没有，只有他讲汉代是奴隶社会）。笔记本中，还有1958年3月7日以后的几个报告，关于批判考据学、民族战争、《论衡》版本等。

这十多个笔记本的大体情况就是以上这些。

我们在听课、读书的同时，还有学习笔记、讨论等，也有几个本子的记录。

关于读书笔记，在学习“中国通史导论”时的笔记有：“56.9.16”，“翦伯赞：怎样研究中国历史”摘要和谈话；“56.9.17”，“刘少奇：人的阶级性”摘要，“读毛泽东：在延安文艺座谈会上的讲话”；“9.19下午”，“读列宁：托尔斯泰是俄国革命的一面镜子”；“9.19下午”，“读毛泽东：中国社会各阶级的分析”；“56.9.20上午”，“读列宁著《论托尔斯泰》（除第一篇）”，摘要达两面多；“56.10.7晚”，“读斯大林：马克思主义与语言学问题”；“56.10.16下午—17上午”，“读日丹诺夫：在关于亚历山大洛夫著《西欧哲学史》一书讨论会上的发言”；“56.11.8上午”记“可以作为编写教材的基本参考书”书目，有当代人著作和原始史料两部分。

这种笔记只保留下一本，实际上应该不止一本。我发表的第一篇文章《石器时代的一般特征》的副标题就是“读《考古学通论》札记”，该书为苏联学者阿尔茨霍夫斯基的著作。当时，我们学理论，除了马、列、毛之外，苏联领导和学者的著作也是经典，日丹诺夫的讲话被视为“金科玉律”。

本人文集中第二篇《封建化过程中土地占有关系的变革》（当时在华东师大的《科学习作》上发表），也是一篇读书笔记，是一篇作业。残存的原稿上，老师（应该是吴泽先生）给我的分数是“甲下”，而且原有副标题“《学习法兰克时代》以后的体会”，正式发表时有很大修改。老师的评语是：“基本上是好的，应再进一步研究，有些地方加以紧缩，有些不要引原文，融汇贯通后用自己的话说。”我还保留着两篇完整的读书报告，其中《学习历史唯物主义的观点和方法——读〈共产党宣言〉的一点体会》（3000字）完成于1956年10月13日下午，吴泽先生批语：“1. 这点体会是重要的，对自己来说意义更大！是不是？2. 学理论联系实际，联系自己的实际……到自己的生活实际，将对自己的学习有很大帮助。3. 能抓住学习经典著作的精神实质。以后，要牢牢这样体会，并用到学习、生活上去。”还有1956年11月20日写的《应该学习近代中国史研究的发展——学习心得之一》，被老师改为《应该学习中国近代历史科学史》，文中修改如“急视”的“急”改为“忽”字，评语：“1. 写得很好：论点鲜明，处理问题，恰到好处。文字质朴，斗争性强。2. 面谈一下，计划在寒假抽暇再深入研究，改写一下。或和李孝友、孟明汉同学一同整编讲稿论点。3. 写历史论文必须养成一个习惯，精确地注出史事和理论的出处。”正文中批有“应该、养成习惯”。我和其他同学一样，是受到老师精心培养过的，感谢师恩。

我们学习的另一方式是互相讨论、交流。有的笔记本是这种讨论的记录。例如有一次讨论是谢天佑讲“古代东方的农村公社”，郭惠青讲“古代东方的阶级结构”。讨论的记录是按问题记的，没有分谁的发言。但最后有束世澂先生的总结，分别讲了谢、郭二人的几个问题。再如马伟讲“古代东方的城乡关系”，则分别记有陈正夫、谢天佑、束先生的发言。再又有“关于王国维的讨论”、“关于王充的讨论”等记录。还有吴泽先生的“小结”，是用一小方纸记的，有“一两位重点不明确，不深入，讲话要锻炼（闲话少说）。正确全面，不要偏。复杂问题简单化，实践是检验真理办法（按：很有意思，使人联想到20世纪80年代关于真理标准问题的讨论）……”。在讨论王国维时，有一张小纸条记了王的简单年谱（7岁到43岁）。

从以上所述看，当时的学习内容很丰富，学习态度也很认真，老师们的指导认真负责。可惜时间不长，1957年“反右”，1958年以后“大跃进”等各项运动，包括体育的“劳卫制”等，都要花时间，还有“除四害”（麻雀、老鼠之类），印象深的是爬上屋顶轰麻雀。这时开始了下乡劳动，最荒唐的是在操场一角，要挖几米深的坑，准备生产粮食（夺高产）。1958年各种会议、学习也多起来，加上我当了研究生会的主席，还要参加学校各种会议，1958年以后学习就很少了，年底提前结束学业，回武汉华中师院工作，参加教育大革命活动。1956年、1957年的研究生学习，成了一个美好的回忆，也为以后的教学和研究打下了一定的基础，是值得回忆、值得纪念的。

六、初出茅庐

1958年底就回到了武汉华中师院，当时似乎还没有放假，师生一起开会，好像是教育革命中"插红旗"、"拔白旗"之类，"白旗"对象主要是张舜徽先生，后来还有王瑞明先生，年纪大一些的。我作为年轻教师，又是预备党员（1957年未按时转正），当然是依靠力量。好像是那个寒假，我和黄道立、郑经文三位教师带领1956级、1957级十来个同学，到红安搞教育革命。搞些什么教改，一点也记不得了。好像是到红安一中，这所中学也曾一度改为"大学"。我印象中红安县城不大，似乎只有一条街（后来听说和其他县城一样，发展得很大），花生多，和当地人开会，一箩筐的花生倒在长条桌上随意吃。教改的一个重要活动是拜会老革命，当时有老红军团长方和明、徐大妈，我的旧照片中有与方团长的两张合影。

1959—1960年间，我给1957级、1958级的同学上过课（有些学生年纪比我大，是"调干"学员），专题性质的如农民战争之类。因为教过小学，中学时代做过一些"报告"，大概口才有了一点基础，讲课效果是比较好的，同教研室的刘慧琪说我是娓娓而谈。与1958级的同学一起编教材，还搞大辩论。王瑞明先生年纪大一点，当时好像又无太多顾虑，讲一点自己的看法，就成为学生辩论的对象。最终结果是编出了四本《中国古代史》讲义，自己曾印出过（可惜找不到了）。值得一说的一个插曲是，湖北人民出版社曾在新中国成立十周年的出版成果展中，以此书作为展品（有假的封面）。这是听说的，应该是事实，但实际上并未正式出版。这些学生后来留校的很有几个，但都不是搞专业，而是做行政工作。1958级的尹先棨当过图书馆书记，1957级的杨立人当过校办主任等。

1959年是持续"大跃进"的年代，劳动还是有的，与1958级的同学一起在桂子山劳动，就是平整老图书馆（今文华公书林）那一块地，把今博雅广场的小山包往下平，以便修建图书馆。

从1959年开始，国家进入了三年经济困难时期，全国人民生活困难，但各行各业的工作并未停顿，一方面生产自救（分过一小块地种红薯），一方面照常学习和工作。记得那时候也开夜车看书，肚子饿了，吃点萝卜干之类。

1960年开始，好像曾有过一段“反冒进”之类的风气，进一步提倡实事求是、认真学习之类。也许是这种影响，我和邹贤俊（原是同班同学，后又在同一古代史教研室）同时被派往北京去学习，他去北京师大，我去中国社会科学院。他去成功了，呆了一两年。我只在中国社会科学院历史所呆了一两个月，原因是报不上户口，没有粮票，没有饭吃。为此事找过当时实际负责的副所长尹达同志，他讲了一通大道理，帮不上忙。在历史所是在明清史室的办公室，有胡一雅、周远廉等人，蒙默（蒙文通的儿子）好像在那里见过，他后来回川大了。每天去办公室（历史所在建国门内大街原五号楼），经常见到的是隋唐史室的张泽咸。有一次在楼外水池边见到任继愈在那洗碗。短短的时间里，也拜会了一些人，见过侯外庐先生，好像是在他家里，请教了什么没有印象。重要的是拜会了吕振羽先生，他是当时人称“史学界五老”（范老文澜、郭老沫若、侯老外庐、吕老振羽、翦老伯赞）之一，实际研究成果不少的。因为吕老是我研究生导师吴泽的老师（据说在中国大学），拜见他是多了一层关系。他住西单石板房甲19号，我去过好几次，回汉后又有通信联系，我写的农民战争史文稿请他批改，他真的是批改过。有些信件都是谈学问的，我在《学术界》公布过他的信件。后来见过师母江明同志（20世纪60年代她还在工作，故在家未见过），与其公子吕坚有些联系，直至《吕振羽文集》完成。

因为没在北京继续学习，回汉之后，还想寻师访友，主要对象是武汉大学。曾经凭吕老的关系，拜见过李达先生（曾保留一张应该是秘书陶德麟的约定时间信），只记得他谈了一下封建社会分期问题，他主张西周封建说，好像背了一下《诗经》的内容，然后就是批评了有些人没有理论观点。只见过一次，没有第二次。后来主要找到了唐长孺先生，听过他的课，决定学习隋唐史，记得《隋书》、新旧《唐书》都是那时读的，边读边写，有的文章还请唐先生批改，他比吕老改得更仔细（我也保留过那些修改稿)。当时陈国灿、朱雷还是他的学生，助手性质的黄惠贤、陈仲安等武大原三至九世纪研究室的老人，都成了好朋友。唐先生晚年，我成了他的好朋友之一，无论他在北京整理吐鲁番文书，还是后来在家里，我去之后，他总是希望我多留一会儿。

专心学习的好景不长。1962 年长女嘉慧出生，为了雪松学习（当时也准备学什么或考什么)，白天送抚婴站，晚上我照护。有一次晚上，尿湿后换片、喂水、摇哄睡着，然后接着又一遍重复，折磨一整晚。好像是第二天，就决定送去南宁外婆家。这样嘉慧从小（半岁开始）就生活在外婆家，直到 1967 年 5 岁时，才回到我们身边。

后不久，就开始了“社教”、“四清”等运动，一直到“文化大革命”。起初曾经到武昌大桥乡搞“社教”，在大花岭附近一个村庄里（因为有时跑到大花岭去买点东西，大花岭好像当时只有几间屋)，住在一个五十来岁就已经养老的人家里，工作是对好吃懒做的人进行教育这类。后来的记忆中，就是湖北乡下准备过年，做豆丝、打糍粑。豆丝晒干之后，等到农忙时，中午回来烧上开水，丢进去不久，即可食用（比煮面条还快)。

1964、1965 年“四清”运动，先是到英山，全校教师干部去的不少。我被分在县城附近一个生产队（东一大队)，住在一位贫下中农代表的家里，代表姓黄，人称黄二爹，兄弟二人单身，老大很少言语。老大的一个小厅（三四平方米?）靠右房间，里面两张床，靠窗边就是一个灶台，蚊帐全是烟熏黑的，我睡一张床，老大随口吐痰，有时就吐在蚊帐上。生活很艰苦，吃的以红薯为主，当时我曾吃得吐酸水，发胃病。在那里留下了关于我的一些笑话，至今校内还有老人说我：“水牛掉到塘里去了（淹死了)!”不实得很。事实是我找到黄二爹，牵他养的牛回家，到屋边的水塘，水牛就到塘里去了，我告诉他牛到塘里去了，不知他怎么说出去的。我从小在农村生活过，不会不知道水牛能下水。还有一个笑话传得少一点。在一次工作队员和干部的会上，我说油菜秧子是不是日后要移栽的，结果传说为“明天移栽”。也许是当地干部对知识分子的一种看法，演变成了笑话。当时另一印象深的是，大队到县城很近，但有一条小河，河上是一个没有栏杆的高桥，木板桥，有水时我很害怕，记不得当时怎么过来过去的。

再然后，就是去蕲春了。与武汉军区还有省里的干部在一起，省干部中有一位姓梅的女同志好像是新四军五师的干部（哥哥梅白，曾是省里的干部）。我在供销社住过，有一位姓刘的后来曾给我寄过信。曾跑过本公社一些其他地方（外调），好像还有点意思，其他记不得了。一直到“文化大革命”开始，被抽回来，准备挨批判的。

从乡下回校参加“文化大革命”，历史系除了张舜徽、章开沅、彭祖年、曹植福、马志林等“牛鬼蛇神”之外，我是学校工宣队7月1日宣布的“深挖”出来的一个。大字报的通栏标题是“阶级异己分子熊铁基的反动面目”，大字报的组织者戴成兴（二十世纪八十年代曾做过总支书记）当然也是被指定的。他和我一个教研室，尽管我当时还给他们提供了一些材料，但还是无法避免帽子：“一地主阶级的孝子贤孙。”实际上，我家一寸土地都没有，常德城里一个店铺的地基都是江西会馆的。还有罪名“第一个跳出来攻击革命左派”，指的是针对孙达人批判让步政策文章的一个“小回应”（均见《光明日报》）。再就是与吕振羽的关系（吕老也是被打倒对象，信件是我主动交的，得亏后来退回了）。雪松当时也贴了一张什么大字报，她是没有头脑，我们也都对形势认识不足，不计后果。工作队员曾说，你们要离婚，但基本事实不够，学生群众也比较同情，后来也就不了了之。我后来和学生一起，站在造反派一边，还可以去荆襄磷矿“串连”等，我也是一些荒唐、笑话之事的参与者。潮流总是卷着大多数人跟着走的，谁真正是清醒者很难说，这是一个大课题。

个人具体情况如何？那是因人而异的。做什么？想什么？在自己被贴大字报、被批判时，有时候会认真检查自己，至于会有怎样的政治后果，似乎考虑得不多。看到当时有的人“表演”（这是后来的认识），会自审自己出身不好，对党、对毛主席好像一直还是敬重的（从学生时代开始）。真心诚意地认真学习《毛选》（曾一度包括读鲁迅著作），也非常想去北京接受毛主席的检阅（当时不可能，雪松去过），批判别人时一般不作声。但学习“六厂二校”经验时，本校组织批判张舜徽先生，我被指定为发言人之一，讲稿是经过反复审查和修改的，结果全校的大批判会，校医院医务室的一位护士（傅湘辉?）对我说：“你讲话最好。”这是夸口才。但是，当时张舜徽家住昙华林洗澡堂（一间是他家），我却是常客，他拿《说文解字约注》的手稿给我看，我还戏言为“张氏注”。“文化大革命”后，张先生建立了历史文献所，二十世纪八十年代后期，张先生准备交班，一次坐在一号教学楼内大厅（有一段时间门厅内有一把破藤椅，张先生校内走完，常坐该处）招手叫住我，说他向领导反映让我接手文献所工作，我说不可能。结果他未能如愿，这又是另外一些原因。我这里只为说明“文化大革命”过来，我们一直是正常的师生关系。我和张先生关系不坏，由其家属态度可以证明，张先生骨灰撒入长江时，只有崔曙庭、周国林、李晓明和我参加，后来其子女与我联系应该是较多的，如张安等多年后（2000年以后）还到我家里来走动，应该说家属们是有自己的了解和看法的。

补记：二十世纪六十年代初认真读了两三年书

1958年“大跃进”，1959年持续“跃进”，不久好像是“拨乱反正”，提倡读书和研究，好像郭沫若、翦伯赞都写过文章表态。虽然国家经济上元气大伤，生活条件极为艰苦，人们想方设法填饱肚子，甚至自己开荒种菜，但学术劲头都一下子上来了。在这段时间，我系统阅读了《史记》，现存一部扫叶山房的《史记》中有按日阅读的记录，一天一篇或者两三篇（大约是1959年、1960年五六月份的事）。

由于想跟随唐长孺先生学隋唐史，又系统阅读《隋书》和《新唐书》、《旧唐书》，同时参考《资治通鉴》、《册府元龟》等资料。二十世纪八十年代，崔曙庭（同班同学又同事）告诉我，资料室的书（旧书比较齐全）都有我借阅过的记录。现在保留的借书卡上，也还保留不少记录。

对于《新唐书》、《旧唐书》，我是对比着阅读的。我发现同一个人的传记，《新唐书》记载的事比《旧唐书》要多，而《旧唐书》记同一件事，往往比《新唐书》详尽，各有所长。后来，我常以此心得告诉学生，这对深入研究某些问题，应该是很有帮助的。读书时曾做过卡片（资料摘抄），现在还保留着半匣子部分卡片。

读完唐玄宗以前的纪、传之后，曾写过一篇《唐前期的阶级矛盾和各族人民大起义》，发表在《历史教学》1965年第3期。这一时期还是写了不少文章，已发表的还有《隋代户数是怎样增长的》（《江汉学报》1962年第10期）、《“不役者收庸”非自唐代始》（《光明日报》1962年7月）。后者唐长孺先生做报告时还引用、表扬过。现在初步清理，比较成熟、完整的未刊稿有好多篇，包括关于“隋统一”、“隋初江南暴动”、“隋炀帝开运河”、“隋末农民起义”，以及《谈谈隋炀帝和唐太宗的评价问题》、《唐代政治家宋璟》(1300 字)、《两税法》等多篇文稿，其中个别文稿无私地提供给朋友参考。

这一时期关注和写作的另一重点，是马列主义的阶级斗争理论，所以写了好几篇关于农民起义性质、作用的文章，包括吕振羽先生审阅的文章，其中有吕先生的见解。我曾在《学术界》上公开过此类信件。现在看来，有些文章难免空泛，但也表达了一些看法，有的或是当时的一种“共识”。当时许多问题的讨论都会扯到阶级斗争理论和农民起义上，因为当时认为农民起义是社会发展的动力，《江汉学报》1963 年第 12 期发表的《关于李纲的“得民心”和对农民起义的态度》就是如此。当时的学理论，就是学习马克思主义的阶级斗争理论，再具体就是毛主席著作。“阶级斗争，一些阶级胜利了，一些阶级消失了，这就是历史……”背得滚瓜烂熟。这种理论学习的具体例子，我曾以“金其”的笔名发表《学习毛主席著作，改革教学工作——华中师院历史系中国古代史教研室教改简况》(《历史教学》1965 年第 7 期)。总之，片面理解以阶级斗争为纲，就是这样影响着当时的教学和科研，实际影响教师个人的思想。这些值得反思。

七、自觉地学习毛主席著作

清理到一个《纪念日记本》(1958 年华东师大工农补习班赠送的)，写满了 1965 年 4 月 4 日至 1966 年 5 月 20 日的日记，一年多，基本没有间断，全部是每天读毛主席著作的体会和结合自己思想、活动的记录，很有意思。

本节标题我特意用了“自觉地学习”这个表述，真正是“自觉地”，没有任何规定要求，也没有任何人强迫，而且是私密的，没有也不打算给别人看的。现在看起来，颇有一些意思。为什么会如此？应该如何看待？现在和将来都会有不同的看法，这里主要是把事实陈列出来。

“文化大革命”正式开始之前，大约（有待当代史研究者去考察）有一个全国学习毛主席著作的高潮。我手头有一本 1965 年 7 月份的《历史教学》，头篇重点文章是《高举毛泽东思想的伟大红旗，改革我们的教学》。在同一期我以“金其”的名字写了一篇《学习毛主席著作，改革教学工作》，介绍“华中师院历史系中国古代史教研室改革简况”。学毛著的声势和规模是非常之大的，我这本日记的第一篇写于 1965 年 4 月 4 日，兹录全文如下：

参观了廖初江、来福生、黄祖示学习毛主席著作展览之后，对照自己，深感惭愧。自己的文化程度比他们高，但很长时间没有从毛主席著作中学到什么东西。黄祖示同志说得好："能不能学好毛主席著作，还要看你有没有改造自己的决心。有了改造自己的决心，毛主席的话就听得进去，也就能照着毛主席的指示去做。"严格地说，我自己就是改造的决心不够大。

参观展览时，开始看到廖初江同志入伍是 1956 年，就大为震动，联想自己 1956 年入党，并且大学毕业了。然而，这八九年来，不仅进步慢，有时候还犯错误。这样下去怎么行？一个人一生有几个八九年！然而我却马马虎虎地混过了，真是辜负了党对我的培养！

今后怎么办？就从学习毛主席著作做起，要用学毛主席著作改造自己的思想，克服缺点；用学习毛主席著作搞好工作！"带着问题学，活学活用，学用结合，急用先学，立竿见影。"

要像工农兵一样地学习毛主席著作。

看来 1965 年是林彪发动了一场学习毛主席著作的群众运动，关键是我自觉地投入了这场运动。这一年的日记表明，有时候是每天逐日地记，有时候隔一天，最多隔三五天记，每篇日记都引用了毛主席的语录（或多或少），大多数的时候都是联系了自己的思想和工作，做自我批评。例如第二天（4 月 5 日），引用了《纪念白求恩》中"毫不利己，专门利人"的语录之后写道：

这句话读了多少遍了，回想过去自己是怎样对待这句话的呢？一直是把它当作一个最高标准看的，甚至是高不可攀！事实上很少想到要学习他（白求恩）。是自己做得很够了吗？不是！自己一方面是"对工作不负责任"，另一方面"出了一点力，就觉得了不起，喜欢自吹，生怕别人不知道"，真是"不像一个共产党员"。现在，在组织的教育和同志们的督促下，工作态度是改进了些，但还不够得很，需要更进一步树立起兢兢业业的态度。喜欢自吹这个毛病曾经强制压抑，但是没有从思想上根本解决问题。不敢公开露骨地自我吹嘘了，自我欣赏的时候还很多，隐蔽地甚至明显地自吹也还不时地有，总有些生怕人家不知道一样。认真地、冷静地想一想，也很可笑，其实自己并没有做出什么很突出、很出色的成绩，常常是做得较好的工作中也有不少缺点。但是都常常只片面地看到成绩和优点，看不到缺点，这是值得警惕的，今后必须要：

“戒骄！戒躁！谦虚！谨慎！”

对同志对人民，虽然不是冷冷清清，但也不是满腔热忱，归根结底说起来，还是“漠不关心”。同志们认为我还平易近人，这是对我的一种鼓励，我应该发扬它，并且利用这一点团结群众，搞好工作，要关心人，特别是政治思想上关心人。同时，确实也应该区别平易和不严肃的态度，要注意自己的一言一行，一次做不到，一点一滴地做到。

当时，我实际主持了一段教研室的工作（因为有党外年纪大的先生当主任，我是秘书或副主任）。“党委提出来，学习与批判是全院（当时的全校）本学期的中心工作，不保证中心，将会要犯历史性的错误”（4 月 14 日）。当时的工作有“务虚”、“揭资产阶级教育思想的盖子”、学习毛主席著作等，所谓的“备课”活动，大概也都是这些内容，前面提到的那篇《历史教学》上的文章，就是一个局部的反映。

4 月 23 日的日记：

由于下了决心，每天要读一点毛主席著作，这半个月来基本上实现了这一点，而且近几天来还产生了一个很好的情绪，没有读一点毛主席著作，就好像有件什么事没有完成似的。这当然是很好的，应该坚持下去！而且事实证明，每天学一点是完全可以做到的，不会有什么特殊情况非挤掉这件事不可！有决心，养成习惯，久了就可以见功夫的。

这种自我鼓励的话，以后日记中也常有。5 月 4 日还有“期中检查”，还要“揭自己的盖子”，关于学毛主席著作：

> 在参观廖来黄展览之后，一个月来做了三个经常化：一个是系统读毛选，读第四卷，每天读二三篇，至少读一篇，雷打不掉，万一这一天没看成，第二天第一件事就补读；第二个就是写笔记，用毛主席著作检查自己的思想，长短不拘，时间不定，但至少两三天得写一点；第三个就是在工作中遇到了问题，随时找毛著读一读，思想上产生了问题也是如此。还只做了一个月，但是决心继续做下去。……

“检查自己的教育思想”（5 月 16—19 日）主要是“智育第一”、对“红与专的关系”自己“是另一套标准”：

> 那就是系里提的所谓名牌教师，我想：将来的名牌教师我总算一个（信心、把握十足）！如何实现？想来想去，古代史太长，搞一段倒是顶好的。过去曾打算搞明清，也曾打算搞先秦，1960 年确定搞隋唐（各阶段都买了书），分析了史学界的情况，感到可以在这一段冒尖。听别人问起，也沾沾自喜，实际上也照此努力。要我搞专史，也接受，心里却不怎么打算搞，采取了从隋唐开始的办法（如思想史、农战史），自以为抓住了，还津津乐道（跑到政治系谈）。为了实现这一点，专业上的基本功还是不偏不废的，所以读《史记》，还打算读《左传》等书，具体安排也出来了，一篇篇论文来。第一个目标是出隋唐史论文集，原来预期是不久可出的，书名都开始练习了，为此拜权威当老师。感到吴泽、束世澂名气不够大，通过吴泽找了吕振羽、李达，和徐德嶙联系过。1961 年找到了唐长孺，觉得比较理想，能给具体指导。拜老师的目的有两个，一是具体指导，一是为论文集写序言（吕序、吴序、唐序）。
>
> 有以上这样的“理想”，在实际行动时要求自己是科研过得硬，教学过得去，一切以科研为中心，其他事实上是采取应付的态度（有同志说我热心进修，对工作则马马虎虎，这个意见是反映了客观情况的……由此可见，资产阶级教育思想对自己危害很大……5 月 16—19 日）

这篇检查写得很长，是否在某种会上讲过，不记得了（至少在不同场合、以不同形式讲过一些），但真实地记录了当时的一些思想，包括一些行动，包括1960年或1961年到中国社科院历史所进修，拜访吕振羽、侯外庐等人。最近翻找出了好些篇隋唐史和农战史的未刊论文（“文化大革命”开始就都停下来了），包括我常对学生谈起的读《史记》，读《隋书》、《新唐书》、《旧唐书》的情况，都是1965年以前20世纪60年代初的学习和工作情况。日记所记是真实的，如何看待？那是另一回事，另当别论，可以从许多不同的角度解读。

每天的日记都会引用几句毛著中的话，或多或少，或有“体会”式的发挥。

1965年八九月，大约开始参加了农村的“社教”和“四清”运动，日记停了一段时间，10月中再开始写的日记，就是与“社教”、“四清”工作有关的一些内容，记述学毛主席著作、学各种文件。1965年11月6日：

从整个工作来说，主要的问题是，是否能真正提高干部和群众的觉悟，和三队的干部学了《纪念白求恩》，还学得起来，为什么在本队就搞不起来了？一个是细微的思想工作还做得不够，一个是有些患得患失的思想，怕的是搞不好，自己面子上不太好看。当然本队也有具体困难……

11月10日：

8—10号开了小队干部集训会，这一实践纠正了我的许多错误思想……

当然困难还是会有的，工作就是为了解决问题，克服困难。毛主席指示得非常明确，问题在于自己身体力行了……

12月2日：

昨天学习了毛主席著作，在联系实际的讨论中，进一步体会到，主席著作真能使自己眼睛亮，在对待群众问题上，主席的指示给自己很大的教育……

12月3日：

老贫农黄远发家比较脏，一两个月来我还没去吃过饭，倒并不是怕脏，因为住在他兄弟家里，就在隔壁，所以没急于单另去找他（平时也谈上了）。不料别队群众（也许本队也有）有一种舆论，认为我不会到他家去。今天我去吃了，确实比别人家要脏一些，不过他还特地打扫和准备了一番……

这老贫农待党的干部也真是诚心诚意，早上做粑，中午煮饭，晚上煮面还加了一个鸡蛋，并不是准备了这些东西就是诚意，而是态度。我谢绝了，但不够婉言。虽然没有产生什么问题，但态度是值得注意的。

当时是“三同”（同吃、同住、同劳动），吃百家饭，每天到一家，要交钱（好像是一两角钱）、交粮票。当时我住在一家姓黄的兄弟的哥哥家，一间房，两个床，灶房也在一起，蚊帐熏得漆黑。他还睡在床上，随口吐痰吐到蚊帐上（据说两兄弟分家时，一床棉被用剪刀剪开）。

老实说，工作队的干部（包括地方的、学校师生、政府机关派下去的）与村干部和群众关系是若即若离的，多次“社教”、“四清”等运动，习惯了老一套，群众（大多数）笑脸相迎，但也知道过一阵又要走的。

知识分子包括学校师生下乡，难免有些笑话，当时我个人就被传了几个笑话，前面已经说了。

1965年底（12月）和1966年初（元月），休整，总结，再以后就转到了黄州，后来是在蕲春大公公社搞“四清”。1966年元月17日：

同志们年后的工作都确定了，唯有我被编掉了。虽然没有什么关系，但心里总有些不落实，情绪不怎么安定……

从今天开始休假了，又是一个春节期间，当然是需要休息，但是这十几天当中，时事学习是不应该放松的。最后几天，还得要学习政策，以便下乡后工作中政策更熟悉一些。

停记了十几天，2 月 2 日：

上月 30 号晚上的船，31 号到刘河区三中睡了一晚，1 号进了村。七调八调我被调到大公来了，在这里我还是比较满意的。

几天来比较辛苦，昨天挑了大半天担子，有些累，但想到要高举“三同”、“四清”的革命旗帜，也没有什么疲劳感觉了。昨晚就开始了“三同”和工作，今天上午又锄了半天麦。虽然身体累一些，肩膀有点痛，但精神上还是变愉快了……

工作组的同志互不了解，当然用不着讲什么关系学。但是自己还是应该沉着一些，当然更应该虚心些……

工作要搞好，思想也要争取得到较大收获！

日记中继续引用毛主席语录对照工作，也有集体学习，如 2 月 9 日“工作组内学习了《反对本本主义》”。再就是和农村干部、青年一起学习，经常会写道“用毛主席思想来解决”。3 月 11 日：

群众已经起来学习毛主席著作了，已经学习运用毛泽东思想了。这样可贵的新气象，有的人不知为什么总要指责：这样生硬！那样教条！到底是一种什么思想呢？现在的主要倾向是教条主义多了呢？还是学习得不够呢？对于这种人，我实在不理解！这是一种什么样的人？

我的自觉、虔诚由此可见一斑！

在大公公社，先是在生产队干了个把月，3 月 20 日“中午突然接着调令”，3 月 24 日：

几天来，调令改了三四次，最后确定调到公社来，调来是搞学校“四清”，这样也好……

3 月 26 日晴，27 日晴：

矛盾又已经开始了，自己应该正确对待！

自己有意见，正式向党委反映，为什么会产生一种背后的非议呢？难道关心几百少年儿童的视力是只注意解决实际问题？难道这真是应该不闻不问的吗？我是对运动的搞法提出了一些意见，为什么说我不注意搞“四清”呢？到底是什么问题？是我错了吗？错在哪里呢？真使人有些难以理解！在这一点上，我是没有什么私心杂念的，为了搞好工作的思想是很单纯的。

根据分团党委的布署，工作队在集训，学习了《人的正确思想是从哪里来的?》……

3月29日晴：

又接受了新的任务，让我盘企业、机关、学校的干部，这比搞学校（工作）要困难得多，但是这是组织上交的任务，也是对自己的信任……

我要再一次认真领会毛主席的下面这一段指示：“情况是在不断地变化，要使自己的思想适应新的情况，就得学习……”

3月30日上午阴，下午雨：

今天是两个月来第一次正规地学了一天毛主席著作。

学习内容是“两类性质的矛盾”，这次学习在思想上有新的体会，主要是两点……

4月1日晴：

学习《对晋绥日报编辑人员的谈话》，觉得特别亲切，使自己明确了几个主要问题：第一……第二……第六“知识分子往往不懂事，对于实际事物往往没有经历，或者经历很少”……自己应该在这次“四清”运动中认真地做，认真地学习，使自己逐渐懂一点事。

4月8日：

因为甲种选读本上面没有《青年运动的方向》这篇文章，前天买到了一个单行本……虽然自己已经不算什么青年了，但是很想在这里认真地领会一下和工农群众相结合的道理……

日记中或记学某一篇毛著的体会，或引用一段或几段语录，多半要写一点体会或对照检查。

一年多的时间，先后在英山城郊东一大队和蕲春大公公社搞“四清”。前者比较单纯，驻生产队，“四清”问题也还不突出。后者变化多，生产队、学校、商店、公社机关多次变动，对农村干部也有一个批斗到解放的全过程。前者一起工作的是本县的干部，后者有外县的（队长是黄梅县县长）、省委机关的，还有军区的干部。因此，个人的参加，一个是与群众（主要是农民）的关系，另一个就是与上述各种干部的关系，都是一个知识分子与群众的关系问题。

与农民的关系，算是比较好的，但他们很明显是把你当客人看待的，很客气，但也不乏真诚，在劳动等方面甚至是有同情心的。与大、小队干部关系也很好。手头保留有英山的两封他们给我的信：一封是 1966 年 3 月 4 日黄远湖（我住地的贫下中农代表，我第一次找的“根子”）和舒质彬（好像是大队会计）联名的信：

熊同志：

近来工作忙吧，身体好吧，生活过得愉快吧，时在念中。分别以后，近两月有余，你人虽走了，但你工作的一切印象没离开我们这里。我们队的干部和社员时刻也没忘记你，你是党的好干部，我们的好同志。

队里的情况向你汇报一下……

其次，我们的生活情况与原来一样，还是很好，请不要挂念。

最后，你如有机会或因工作的分配，可以到我们这里来玩一玩，想必你不怪我们的住处和生活条件不好。

祝你

永远前进

黄远湖　舒质彬　1966.3.4

另一封是东一第一生产队虞先禄、虞先发写的，大约是两位群众代表。该队大姓姓舒，队长舒克堂，来信反映舒“资本主义思想还是相当严重”，“为自己打算较多”等问题。信的末尾写道：

> 熊组长（开头称呼也是如此），你到蕲春搞“四清”要多少时间呢？以后还是到英山来吧，我们还是盼望你。到我们这里及（给）我们解决问题。

生产队的干群关系多少有些问题，是当时的事实。

1966年到蕲春工作调动多，在生产队时间短，一个商店的店员后来也来过信。

与地方干部的关系就不一样，他们瞧不起知识分子，甚至挑你的毛病，他们是当地区长、县长之类的领导，这个我在日记中有不少反映，但我都是从检查自己的角度写的。省里的干部好一点，我在大公公社工作时，有一位姓梅的同志（可惜时间久了，名字忘记了，参加过新四军五师，哥哥叫梅白，好像曾任湖北省委秘书长），我叫她老梅，就很有帮助知识分子改造的风度。

“四清”运动的后期（前一次好像叫“初步四清”），“文化大革命”要开始了。5月13日写道：

> 两天来虽然是紧张地在赶调查报告，但也抽时间看了一下有关“文化大革命”的文章。
>
> 知道了“三家村”的底细之后，真是令人十分气愤。从批判《海瑞罢官》到批判“三家村”，是一场惊心动魄的阶级斗争……
>
> 这一伙“牛鬼蛇神”带来了多么大的危害啊……自己过去对这些人或多或少地“羡慕”过，这是应该深刻检查的！

5月18日：

> 广大工农兵参加了“文化大革命”，真是气势磅礴，看工农兵写的文章，毫无书生气，真是带着深厚的阶级感情，提出的问题是不许

攻击党和毛主席……我们正是要学习这样的阶级感情……

有人问我是否开始考虑自己的问题，怎么没有考虑呢？问题不过是觉悟低，一时未认识过来，开始在学术问题上想得多一些，是最近才逐步认识到这场革命的政治意义。

工作队也将抓文化革命，这好得很，自己有机会和群众、和贫下中农一起，这真是一个难得的机会……

最后5月20日的日记有三小段：一是知道不休假，洗了被子，准备继续行动；二是说当天“学毛著效率不高”；三是晚上参加个人“放包袱”的会议。

日记至此也就终止了，无有下文，也很难回忆起当时的具体情况，大约就在此时，我被作为学校准备批判的对象，调回了学校（不是所有参加“四清”的师生同时回校的）。一切细节都记不起来了。记得当年7月1日学校的“工宣队”做了“深挖”的报告，不久我就被贴大字报了。当时出大字专栏时，我还主动提供了一些材料（如主持教研室工作时的一些开会记录、有关信件等）。

然后，就是和学生一起搞“文化大革命”，搞“斗批改”。学生对我的态度是很好的，毫无过激言行。同时也和大家、和同学一起经常学毛主席著作，当时开会、起床甚至吃饭排队开卖之前，都是有人领头念毛主席语录的。具有讽刺意味的是，当时有一位左派教师“帮厨”（轮流参加卖饭之类），带领大家喊了“毛王席教导我们要斗私批修”之后，卖饭时把饭票（吃饭要交饭票）往自己衣服口套里放，被人发现了。但是，大多数人包括我自己是自觉地、虔诚地学习毛主席著作，我还常常做自我检查。由于剥削阶级出身，阶级感情不如工农出身的教师或干部子弟。后来发现有些人也和上述那位领喊“斗私批修”的人一样，此话又当别论。

根据现在的认识，重读当时的日记，记述了以上这些。

补记：

2020年疫情期间，找到了1966年5月21日开始的日记，是与前一本刚好衔接的，除了每天照样抄录几句毛主席语录之外，内容似乎更简单了，几乎看不出什么“经历”，太简略了。6月24日、25日：

听到了调回去的消息又兴奋，又有些矛盾。兴奋的是……奔赴另一个战场的前线……矛盾的是，想把农村运动搞完，看一个结果。

6 月 26 日记工作队给自己做鉴定，有肯定鼓励，也有“沉住气，坚决相信党”之类的嘱咐。

6 月 27 日、28 日：“在返院途中。”

6 月 29 日：“立即参加战斗，上午参加大会，下午看大字报，晚工作组谈话。”

6 月 30 日：“写大字报。”

接下来是“农村‘四清’后返回学院的自我鉴定”，自足等级是“比较差”，归纳出的缺点是“骄傲自满”、“工作不踏实”、“思想修养差”、“对自己要求不严格”之类。

7 月 1 日，给工作组同志写了一封信，说剥削阶级出身、“问题严重”之类。然后是在“横扫一切牛鬼蛇神”的运动中，我被贴了一组专门的大字报（已于前述），思想上有些压力，但并没有受到多大的不好待遇。有时我和教师在一起，有时是和学生在一起。日记中几乎全是抄语录，似乎是有针对性的，但针对何人何事，几乎是看不出来的。这期间，上北京受毛主席接见是一件大事，日记中也多次反映自己的这个愿望，但终未成功（20 世纪 80 年代去过一次毛主席纪念堂）。

日记中如前面那样具体的内容少了，空得很，但摘抄语录时是认真、虔诚的。1966 年 12 月 31 日：

一九六六年即将结束了。

这一年真是名符其实的辉煌的一年，核爆炸接连进行了三次……这一场伟大的革命开辟了历史的新纪元。

个人在这一年中受到了比过去十几年价值还多的教育。真正懂得了一点点毛泽东思想，明确了前进的方向。本来应好好总结一下，无奈胃痛的影响只好作罢。是否需要过几天补作，要看情况。也许待“文化大革命”告一大段落之后，总结更好一些。

日记到此结束了。以后的十年，林彪、“四人帮”虽是打着毛主席的旗号，但那叫“打着红旗反红旗”。

补记：“文化大革命”中的虔诚

大体上 1966 年至 1976 年的“无产阶级文化大革命”有不少特点，如“史无前例”、“触及人们灵魂”等。对于每个人来说，“触及灵魂”是相当重要的一点，人们在这场运动中有各种各样的“表演”，大多数是大势所趋的“从众”心理，也有不少是人的灵魂深处的特殊表露。我始终认为，几乎没有人能在运动一开始就会“冷静思考”其不对之处，但在一些具体时间、具体问题上会有不同的想法和看法。这种看法和表述是否恰当？是否在为自己开脱？暂且不管它，说说自己的事。

1966 年上半年，从蕲春“四清”前线被召回，7 月 1 日学校工作队做了“深挖”批判对象报告之后，我被有组织地贴了大字报，标题是《阶级异己分子熊铁基的反动面目》，其中说我是“地主资本家的孝子贤孙……第一个跳出来围攻革命左派……与黑线的联系”等。就事论事：1. 我家一寸土地都没有，城里商铺建房的地基是江西会馆的；2. 当时（大约 1965 年）《光明日报》一整版发表孙达人批判让步政策的文章，我发了一小块文章发表对让步政策的看法，此即“第一个跳出来围攻革命左派”的内容；3. “与黑线的联系”即我与吕振羽先生的通信，当时我把所有吕老的来信都交给了工宣队，好在后来被退回了。贴大字报的当时，我还帮助写大字报的组长戴成兴清理教研室的各种记录（因为我曾帮助主持过教研室的工作）。当时夫人李雪松也随着大家贴过我的大字报，好像没什么内容。有一个工宣队员说：“要离婚的。”对于这些，我似乎“触动灵魂”不大，日常生活照常，学生对我态度也好，和他们一起学习，后期还参加了学生中立性的“战斗队”。在“派性”斗争中（应该是 1967 年以后），还主动参加写了不少批评戴成兴等人的大字报，仿照“九评苏共”写了几评。又与学生一起到荆襄磷矿“串连”，走访工人，同吃同住，开会报告等，也有不少细节印象较深。有的老师主张冲击荆州军分区，我认为干不得。在所谓“批二月逆流”的浪潮中，我逃回了学校，搞“斗批改”。回来后，也曾集体住宿过（和学生一样住集体宿舍），搞早请示、晚汇报之类。早上衣服都未穿好，就在寝室挂的毛主席像前，祝毛主席万寿无疆。吃饭排队买饭，开卖之前还要集体朗诵“要斗私批修”之类的语录。再就是各种形式的大会、小会，学习当时“六厂二校”革命大批判经验。我校批判反动学术权威张舜徽，我在有“组织”的“充分准备”之后做了“精彩”的大会发言（他处已经写过，奉命，未影响师生之间个人关系）。一个人能记得的细节会各种各样，在势不可挡的大潮流之下，大家主要经历是一样的，要讲的是每个人的个性表现。

我用“虔诚”二字作为本部分的标题，是想客观地表述我当时的思想。当时“阶级异己分子”、“离婚”、“黑线人物”（当时有人写大字报，批判张舜徽、章开沅、熊铁基组成一条黑线）笼罩着我，会不会戴什么帽子？会不会受什么处分？我当时似乎根本没有想过，也一点都不害怕，起、居、寝、食照常。有一段时间（1968 年以后）住在昙华林，每天骑自行车到桂子山（无车时坐班车）上班（开会、学习——大多是闲聊），有时候自行车带人（雪松，有时也有其他人）。各种各样的生活，都习以为常，好像大事、小事或者所见、所闻都是自然的。当时的学习就是学习毛主席著作。除开毛选、毛主席语录之外，也偶尔翻看过《鲁迅语录》。没有电视，报纸似乎也不多，有时听听广播，“文革”中期有一段时间油印报较多。我学习的目的是感觉自己思想觉悟不高，看到别人能去参加毛主席接见红卫兵活动，自己不能去，觉得那是自己不够优秀；见到有的人对毛主席有感情，甚至声泪俱下，自己却没有，怪自己出身不好，没有阶级感情（后来发现许多是假的表演）。一有不同的想法，就检讨自己的觉悟不高，所以起床、睡觉、吃饭都念语录。“我为什么会这样想?”“阶级觉悟和感情问题!”有一些内心活动就是如此。随着时间的推移，一些“阶级感情”虚假的人和事暴露了，我也很少深思，认识也只是在随大流的情况下逐步提高。至今我也不能说，对人生有很深、很正确的领悟，我不是思想家，只是一个普通的人，或者普通学人。

八、“文化大革命”中的教学工作

“文化大革命”中断了几年大学招生、教学工作，历史系只有 1962 级、1964 级的学生，1968 年分配。1971 年有些系科招生了（例如外语），历史系 1972 年才开始招生。1972 级开始上了点课，接着就是“批林批孔”、“评法批儒”等运动，我和学生一起从事这些活动，比较突出的记得两件事：

一、组织李子林、陈阳凤、梅倩写了一篇《林彪为什么咒骂秦始皇》，在《红旗》杂志上发表。李子林后来成为湖北省委宣传部副部长，直至退休；陈、梅二人在湖北大学工作。让我参加是有原因的，因为1970年前后近一年多的时间，我参加过湖北省革命大批判组写文章。当时，武汉大学五人（萧致治、黄惠贤、彭神保、李××、曹木青），华中师院五人（吴量恺、杨昌源、刘望龄、陈辉和我），花了近一年的时间，以湖北省革命大批判组的名义，写了一篇《让步政策再批判》的文章（1972年在《红旗》杂志上发表）。我们十个人曾经分头阅读《马恩全集》和《列宁全集》，集中在珞珈山半山庐和某一教学楼，每天按时上班。《红旗》杂志有人（邵铁真）来过一次，被奉为上宾，请去武钢参观。我因为没去过武钢，想去，受到吴量恺的批评（他和武大彭神保好像是小组负责人）。文章写完后，小组解散了，我似乎还在大批判组活动过一段时间，已转到省委宣传部直接管，在东湖宾馆（黄泥湾一栋小楼）上班，认识了借调到宣传部工作的徐扬杰，见过主持工作的副部长余英。我想组织写《红旗》的文章，或与这些经历有关。

二、做“批林批孔”的报告。似乎做报告是我的强项，在洪山大礼堂报告过一次，好像在报告时讲了一些关于江青的小道消息，坐在主席台后排的省委宣传部部长焦德秀休息时就把我叫去，说不能讲小道消息。当时全省请过杨荣国来做报告。有一次我去襄阳（好像是函授）做报告，先是军分区一位宣传干部让我试讲，中途他就通知了第二天全市广播报告（大约效果好），然后又在枣阳县报告过，在那里见到了多年未见的同班老同学叶绍藩。也许还在其他场合做过报告，带有学生查俊峰、黄华文，他们都是1972级的。

1973年忙于上述活动，就没有能参加本系1973级的工作。1974级进来时，我又参加了这个年级的教学工作，因为一开始总是先上中国古代史。好像又一次组织编写教材，此事我似未善终，因为我被校领导刘秉一（当时我们同住“十二家”，即今招待所南楼）点名下京山分院。

在京山分院是政史系，古堡老师担任系主任（他全家下放那里），招了1975级、1976两个年级的学生，后来1976级合并到政治系了。

在京山分院的教学工作，起初是1975级、1976级，不知上过课没有。

当时得到了云梦秦简的油印资料，和学生一起研读过，写过《从云梦秦简看反复辟斗争》的文章，也写过一篇较有学术价值的文章《啬夫考》，发表在《文物》杂志，署名郑实（政史系的谐音）。因为在京山乡下，能找到的参考资料很少，所以文章也不长，但有观点，还引起过和高敏的讨论。

在京山分院，我的另一项工作是当通讯员，主要通过写文章为京山分院扬名。有时署名华中师院京山分院，有时署名“华京芬”。反复辟、评《水浒》，写过不少文章，《湖北日报》、《长江日报》有时甚至几篇组成一整版，因为还与应城化工区的工人理论小组结合，还有工人理论小组的文章。后来进入武大的郭齐勇和由华师到博物馆的王纪潮，都是那时认识的。郭齐勇师从肖萐父先生（我与肖也是忘年交），后成为武大哲学史掌门人，曾在工作初期对学生介绍我所讲的写文章方法。京山分院也扬了点名，当时分院一位采购员到房县，当地也知道京山分院，他很高兴。

下放分院，原本是要求全家去的，因为孩子小，我“抗命”了。举家迁去的有些孩子，在教育上是受了些损失，不好多说了。李雪松因而遭遇到一段时间的冷落，系里有的领导不承认她还在历史系，但个别领导也不以为然，她就不了了之地过了一段日子（大概被派去修过人防之类）。我因为三天两头要送稿子到报社，所以经常回家。《湖北日报》的吴志根，也是那时认识的，后来我拉他一起编书，联系至今。

1978 年招生离 1977 年只差半年，历史系 1978 级入校后，首先就到京山分院学习一年。我担任了古代史的教学工作，还有杨有礼配合，算是正式恢复了教学工作。讲课是比较认真的，虽没有写讲稿，但有时上课的前一晚会睡不着，杨有礼是知道的（我们两人睡一间房）。好像晚自习也管，因为师生住在一起，前后两排房子，记得寒假回家，武汉同学不少，我替他们张罗找车子回汉。大概到了 1979 年，分院就全部撤回武汉了。

此后，1981 级和 1982 级的古代史是我上的。我一边上课，一边与学生打成一片，参加了学生的许多活动。例如参加他们的团组织活动，因对 1981 级两个团支部书记杜芳与何薇印象很深，年级的元旦晚会也参加，1982 级的演讲比赛之类也参加过。从 1982 年开始，中国古代史专业招收研究生，我就把重点转移到了研究生工作，很少上本科生的课。有的年级开设史学理论课，讲过几次。1984 级学生回忆，我上过“汉唐文化史”，这些为忙于研究生工作而冲淡了，所以记不得了。

九、参加农战史讨论会

我保留着1978年在上海华东师大参加一次农战史学术讨论的小记录本(15×10cm)，只记了十四五页内容和三四页杂记，但却是一份很有意义的记录，让我回忆起不少事情。

首先，这是我第一次参加大型的学术研讨会。记忆中，大约1961年列席过一次辛亥革命五十周年纪念的学术讨论会（听过一次大会，参加过一次小型座谈会），规模较大。而1978年这次会议，168人，11月23日上午开幕，12月2日下午闭幕，我自始至终参加了。

个人的印象中，“文化大革命”后学术界一个新的气象是，日益发展的大型学术讨论会不断举行，许多专业学会纷纷出现，至少历史学界的情况是如此。我认为这对学术研究的发展是有重大意义的。我在秦汉史学会的多次年会上，一再提出这可以作为一个研究的课题。

1978年的这一次大型农战史学术研讨会，至少在史学界是第一次。先述一下记录：

开幕式（11月23日上午）。

林举岱主持，吴泽致开幕词，林源讲话。

11月23日下午：

历史研究和实践是检验真理标准的关系，好像是什么人做的一个报告，笔记本上有三个标题：一、承不承认实践是检验真理的标准，是判断历史是非、区分马列主义和非马列主义的标准，以前的一切理论是不承认实践第一，主张理论第一……二、客观文化无穷无尽，没完没了……三、坚持实践检验……解放思想、认真学习、完整领会……在第一部分中，还举了许多历史上的例子，如王充、王船山、司马迁、班固、嵇康、李卓吾……

这是整个下午的报告。

当晚，好像是讨论，有李、孙等人发言，可惜记录太简略。

11月24日上午：

黄丽发言，批判“四人帮”的文化专制主义。接着有漆侠、孙祚民等人发言。漆侠发言，我所记的要点是：“在什么条件下才能发展学术（经历）。农民政权的观点，我不动摇了，皇权主义是形式，革命民主主义是内容，短暂的政权。”

孙祚民发言，讨论历史主义和阶级观点。

曲阜（李启谦?）：“四人帮”把农民战争史歪曲成反孔斗争史，用农民战争史代替历史（按：确有其事，“文革”中东北曾有一本只有陈胜、吴广、黄巢、太平天国三次农民大起义的中学历史课本）……搞影射史学，打砸周公庙。抬孔子头像游行，几十块大匾都砸，乐器毁了，像烧了。

11 月 25 日上午，小组会，有李学昆、林铁钧等人发言。

下午，大会讨论皇权主义。

谢天佑：1. 皇权主义是否普遍现象……2. 皇权主义产生的经济根源、阶级根源。3. 含义：（1）专制主义；（2）正统；（3）好皇帝；4. 皇权主义有识别问题也有影响问题。

孙祚民：一、1. 皇权主义是特有现象还是普遍现象，俄国、中国、其他各国都有。（1）法国有皇权主义（马克思法兰西阶级斗争的论述）。（2）德国（恩格斯论德国农民战争）。（3）英国……（4）亚洲不只俄国……（5）中国……

2. 对皇权主义的理解不一致，皇帝和皇权主义思想并不是一回事……

3. 怎样产生的？基础是什么？

4. 为什么造皇帝的反……

二、民主主义是资本主义的范畴，封建家长制没有民主……

三、研究皇权主义的现实意义……

四、究竟应抱什么态度研究农民战争问题？……

要充分发扬革命精神，总结经验教训，指导当前，结论应该是党领导。

诸葛计：皇权主义的定义。

吉敦瑜：翦老讲的反对皇帝，没有也不可能把皇权当主义来反（制度、阶级），划清了两个界线：（1）与旧史学的区别，赞扬革命。（2）旧革命和社会主义革命。

农民拥护好皇帝就是皇权主义者这是不对的。

天命、纲常是地主阶级思想，渗透到农民中，产生拥护好皇帝的观念。私有财产观念是农民战争悲剧的根源，要破除私有制观念。

26 日上午，小组讨论（缺记）。

26 日下午，大会讨论。

王戎笙：皇权主义者也可翻译成沙皇主义者，或沙皇主义的拥护者。研究农民战争，农民各个时期不一样……

樊树志：皇权主义在欧洲不是普遍现象。要看实际，不能削足适履。李自成是封建皇权主义的勇敢挑战者……不能说称王就是封建帝王。

李天佑：苏联有人认为农民反对贵族地主不反对沙皇。

骆承烈：李自成对明朝皇帝挑战，跳不出封建政权。地主有皇权主义，农民也有……皇帝统治之权即皇权……农民争封建统治政权。

张志康：毛主席对农民的评价，四大绳索，皇权是一个……农民要摆脱束缚，只有武器批判……

田昌五：姚认为农民是孔孟之道指导的皇权主义，这是颠倒过来的影射史学。

叶桂生：革命时期部分先进农民要求民主平等，农民的革命民主主义，但也要承认皇权思想对领袖人物有影响（李秀成劝曾国藩出来当皇帝，表明他是皇权崇拜者）。

李书兰：农民革命时期主导思想是平均平等思想（不同意革命民主主义），皇权主义也有……农民是劳动者又是小私有者。

杨讷：经济所碰到的是小生产问题，林、“四人帮”如何上去的？破坏民主生活为什么畅行无阻？这与小生产方式有关系，长期存在的平均主义和家长制……农民解决不了民主主义问题。

11 月 27 日上午，大会讨论。

漆侠：农民本质是革命民主主义思想，外部受皇权主义影响。1. 争论从何而来？1958 年以前具体问题多，以后理论问题提出来了。有争论，年轻人抱着义愤上来的，敏感。1961 年、1962 年理论性争论突出了，皇权主义是其中之一，有拔高也有贬低。2. 农民是革命民主主义者，是阶级地位决定的……均贫富、等贵贱是核心。陶渊明是支流，平均在政治经济学上是错误的，在历史上是正确的。3. 皇权主义，制度升华，来源于小农经济和家长制，我不赞成。个体经济是物质基础、租税来源，不是皇权主义的经济基础。皇权的形式对农民革命起各种很坏的作用……批封建专制主义。

孙达人：我赞成谢天佑、漆侠的观点。皇权主义是农民阶级的思想……反对地主、拥护好皇帝就是皇权主义。代表农民的是个别帝王将相，拿破仑是农民的皇帝。

孙祚民、吉敦瑜：拿破仑是另一个阶级。

孙达人：对德国农民战争史的评价说明我们的研究不是拔高。

冯尔康：主流是平均平等思想……

11 月 27 日下午，大会讨论明末政权问题。

王春瑜：1. 李自成不见得比张献忠高明。2. 李自成和崇祯议和。3. 李自成是有皇权思想的，对李自成不能估计过高。

吕作燮：同意王家范的意见，李自成的皇权思想是在起义过程中产生的，我不喜欢叫农民政权……劳动者专政，作为国家政权不存在。不同意平等平均思想是革命民主主义思想，它不能实现……平均不是纲领。

方之光：1. 农民建立短期政权也是封建性的。2. 农民政权也有局限性。3. 两重性是否根本对立？是结合在一起的，太平天国就是。4. 如何总结革命经验？前段讲革命性过头了。

陈旭麓：农民一开始就想当皇帝，皇权思想和民主思想是一个事的两个方面。“打到东京去”，“夺取鸟位”，“齐天大圣见玉皇大帝有反抗思想”，“明年到我家”（按：大约引用些历史故事说明人人都想当皇帝）。起义时民主革命思想是主导的，起义壮大了，皇权思想就占主导地位。何时转化？具体研究。洪秀全到南京已是皇帝了，等级森严。

11 月 29 日上午，大会讨论：作用和让步政策。

诸葛计：有的同志较多地从起义对政策的影响探讨让步政策，有的着重直接作用，两方面都有意义，不能排斥另一方，直接作用摆脱了封建束缚。把让步政策叫改良措施更合适一些。二十世纪五十年代抬得太高了，导师把改良和让步有时同时提，但有差别。

蒋福亚：批让步政策，走进了死胡同，什么都是反攻倒算，我想不通。统治阶级的本性是要剥削的，轻徭薄赋有作用，不要估计太高了。

黄佩桂：农民战争被“四人帮”贬低了，被认为是间接作用。

29日下午。

樊树志：明末农民起义后夺取地主的土地，清朝政权承认既成事实，应该肯定，很难说这是反攻倒算。赋税制度对发展生产有利，明末的弊政没有了，是农民起义造成既成事实的承认，与“不当差不纳粮”比是反攻倒算，与崇祯时比显然要轻得多。大起义后，政策总体上是对既成事实的承认，能缓和矛盾，对恢复发展生产有利。称让步政策不反映本质，只是形式的。

柯昌基：1. 出发点。马列主义与我们研究的关系，遵循基本原理，不拘泥个别词句。2. 让步政策实质上是存在的，不是美化帝王将相，当然不是代表农民利益，是为了巩固统治。3. 作用如何起？真正起决定作用的是经济状况（引恩格斯）。

谢天佑：（介绍农战史研究），“文化大革命”开始后丢了两稿，1974年开始搞，百般受阻（文化专制主义）。1. 解放思想，不回避问题，亮出观点。2. 一分为二。“四人帮”不准讲缺点。分析起义，应将歌颂与总结经验教训结合起来。3. 反对唯心主义，力图从经济和阶级关系中找原因和特点。4. 避免公式化，力图写出每次农民起义的特点。

（1）农民战争反不反对封建制度：①上升不反下降反；②始终反；③自发反对。我们赞成第三种。

（2）皇权主义侵蚀、影响使农民政权转化。

（3）平均主义……封建社会中作用如何？研究不够。

（4）政权……权宜之计，没物质基础，要就被推翻，要就是转化……

（5）农民阶级性。

（6）关于作用，与让步政策和反攻倒算有关，争论一时难解决。

（7）倾向：我认为估计过低是主要的，解放后才开始研究，旧影响没有肃清。

会议期间，有几个专题报告。11月28日，赵俪生：《史学研究的工作方法》；11月29日晚，漆侠：《中国封建经济制度发展阶段论》；11月30日，田昌五：《古史分期》；12月1日，戎笙：《农民战争中的几个问题》。

12月2日下午，闭幕式。

吴泽、谢天佑、傅衣凌、漆侠、高×、朱×、张玟，以上大约是闭幕式上讲话的人员，讲话内容涉及一些学术界的各种信息，如关于宗教研究问题、出版问题、《文史哲》办刊问题等。

以上摘录了我当时的原始记录，虽然是真实的原始记录，但毕竟是个人的记录，记录的本身就有个人的认识和水平在其中，因此所记内容也多少会有个人认识水平的局限。记录本上还有一个总结（或汇报提纲）式的文字，其中第一个就是《会议的概况》：来自全国各地23个省市72个单位168人参加，东南西北的人都有，男女老少（20—78岁）、师生、师兄弟（赵、孙）、多年老友（有30多年未见的老朋友）和初见新交。当时研究农战史的老老少少、主要代表人物都到了，各种观点的代表人物都到了。

开会的条件不是很好，就住在华东师大校内，好像是集体宿舍。但会开得很好，华东师大做了充分准备。赵俪生先生在开幕式上说开会有书、有论文、有提纲，至今我保留一份《中国农民战争史学术讨论参考题——参考资料之一》，3页5面33个题（赵先生说是有“里程碑”的意义），问题比较简单，纸张很差。参会的许多人都准备和撰写了论文。

我的会议记录中提到“会议的最后确定成立研究会”，此事我印象不深，但以后是有农战史研究会的活动，首任会长应是漆侠先生，谢天佑应该是秘书长。

组织这次会议的核心人物是谢天佑（他当时的合作者是王家范），他和我从大学到研究生班同学了七年。从毕业后的情况看，他在学术研究各方面的表现都比我强。他组织那次会议时，我仅仅在本校古代史教研室中有所作为，熟悉的同行都认为他比我强，评副教授他也比我早。可惜英年早逝，1988年他就去世了，时年方50多岁。我苟延到现在，学术上的些许成就，都是他去世之后取得的，这中间又别有一番人生道理。

我参加会议最大的另一个收获就是结识了学术界的诸多师友。

我开始工作的二十世纪六十年代和紧接着的“文化大革命”时期，学术界的来往、交流是比较少的，仅仅有些同学之间的来往。我六十年代初四处寻师访友，也认识的人不多。而1978年这次大规模的农战史会，结识的人很多，漆侠、田昌五、孙达人、孙祚民、王戎笙等当时的农战史专家都认识了（再老一些的赵俪生、谢国祯等也见到了），有些曾有过几年的较多联系，如白钢、诸葛计等人，后来联系逐渐减少了。有些则一直热线联系。记得1985年庐山一次农战史会议（我没有参加），漆侠、宁可、田昌五突然给我电报（时无手机，电话也不普及）要路过武汉，托我代购回北京的车票。时交通不便，庐山来的船靠汉口码头，我一方面派家住汉口的邓鸿光（她认识宁可）去码头迎接，一方面要了学校的救护车去汉口码头接人（当时，大约学校的车辆不多，加上我考虑庐山开会下来必有其他人，小车是不行的），结果接了十来个人（孙祚民也在其中，他在武昌中途下车了）。住了两三天学校招待所，漆、宁、田三人免费做了三个报告（漆侠讲他的经济发展马鞍形）。以后和他们三人都一直联系，互赠书籍，也有见面机会，漆先生女儿漆小凌曾在武汉测绘学院上学，星期天会来我家（两校大门相对），漆先生的全集也是漆小凌回国时拿给我的。除开山东开农战史会之外，1988 年宋史年会在宁夏银川开会，漆先生让我参加，我写了一篇关于朱熹的文章（是我所写有关宋代的少数几篇文章之一）。我们的联系是多方面的。这样联络的老少朋友还有很多，不能一一记述了。随着其他学会、学术活动的增加，结识、联络的学术界朋友越来越多，这无论是对个人还是对整个学术界的学术发展，都是有一定意义的。

宅在房中，清理旧物（信件、照片、文稿等），发现一封孙达人同志的信件。信件原文如下：

铁基同志：

上海别后，时时还想起或与朋友们相聚时谈起你。去年惠贤（按：武大黄惠贤）等来参加唐史会，又一次谈起了你。一个搞学问的人，能使别人时时不能忘记，这该是一种荣誉。我因此而羡慕你。

今拿上《战史》第一卷，空闲中翻翻，给予教正。

祝新的一年好！

达人

1981.1.7

我和孙达人第一次见面就是在这次农战史会上，后来他当陕西的副省长，在西安去过他家一次。再后来 1996 年我去杭州开会，他去开会处看过我（他退休后住杭州）。

我以为这次农战史会对我交友的影响是很大的，包括上述漆侠、田昌五等人后来的联络。如何估价学术界朋友的交往及其作用和意义，是我始终关注和思考的一个问题，虽然至今没有系统、全面的认识。

至于在会上如何结识许多朋友，记不起来了。会上我发言没有，也没有印象。从观点上看，有主张农民战争的作用表现在统治阶级的让步政策上的，也有主张农民战争只有统治阶级反攻倒算的，我个人当时的看法是有点折中的，但有我自己的思想和见解，也许是会有表述的（例如在讨论中）。联想后来参加许多大会、小会，长篇议论或即兴表达，都能给人较深印象，也许引起了朋友们的注意。所以，有时候会在事后被人谈起。受到朋友们的关注，自然也会得到朋友们有形、无形的帮助，例如我虽不研究宋史，但漆侠先生特别交代李华瑞同志让我去宁夏开会（李华瑞有信说是漆先生交代的）。当然更多的是学术研究上的帮助，这些我在朋友关系部分也有所记述。

十、丝绸之路考察的一些回忆

1982年刚成立的秦汉史研究会组织了一次丝绸之路的考察活动，也是值得记述一笔的。当时全程参加考察活动的黄留珠同志曾在2007年出版的《周秦汉唐文化研究》第五辑上发表过他的《考察日记摘抄》，提供了一些具体材料。我也有一小本日记，但许多事不如他的详细。我想从另一个角度来写点回忆。

一、这次活动有一定意义，那就是历史研究的实地考察，这是中国史学家的传统。汉代的司马迁“二十而南游江、淮，上会稽，探禹穴，窥九疑，浮于沅、湘，北涉汶、泗，讲业齐、鲁之都，观孔子之遗风，乡射邹、峄，戹困鄱、薛、彭城，过梁、楚以归。……奉使西征巴蜀以南，南略邛、筰、昆明……”（《史记·太史公自序》）“余尝西至空峒，北过涿鹿，东渐于海，南浮江淮矣。至长老皆各称黄帝、尧舜之处，风教固殊焉。”（《史记·五帝本纪》）近世学术界，实地考察的学者也很多。

在1982年之前，唐史学会在宁可先生率领下曾有过一次丝绸之路考察活动。具体情况不清楚，据说在考察途中，还使用过步话机，很神气的。我们的考察也取得了甘肃省的支持，有没有文件不太清楚。起初有一位朱副省长接见过，至少有口头承诺，沿途享受了一些免费的交通车辆是肯定的，是否有自费乘车、经费哪里开支，记不得了。联系去额济纳旗的车辆，就几经周折。

到额旗后，受到县委领导的隆重接待。突出记得的是在县委书记家，平房、土地（很平整），一间屋子容得下二十几个人，一杯酒每人轮流喝一口（一个传一个），又不是聚会，是以酒代茶，也许是一种习俗。考察用的是几辆吉普车，没有正式的路，在沙漠中颠簸前行（有时还陷入沙中，要人推起），我晕车很厉害，同行的余天炽（华南师大）帮我按着穴位。前人的考察，看来更为艰苦。

二、1982 年生活水平还不太高，记得一个多月，包括吃、住和部分交通费（例如去西安、兰州，从乌鲁木齐回武汉），只用了 500 元左右（我带的学校一部相机就是 600 多元，最后在乌鲁木齐宾馆被盗走了）。很多东西都是比较便宜的。黄留珠日记中有些记载，许多东西是以几元几角计算，几十元就是大数目了。他的记录有：

(兰州饭店）伙食每天 1.3 元，吃得不错，四菜一汤，米饭、馒头。

(两张一寸照片）“花了 4 角钱”。

(武威）药店里有枸杞出售，一公斤 24 元。自由市场里，茄子 3 角一斤，西红柿 4 角一斤。

(酒泉地区招待所）两人间，只收每人 2.5 元。夜光杯最便宜者每只 8 元，我辈简直买不起，另有玉镯每只 5 元……

熊铁基队长请客。金台的西瓜，每斤 1 角钱。

(敦煌阳关水库）金色鲤鱼，每斤 1.25 元。

我的日记中，偶然记了一句“饭后买鸡蛋三枚（0.26 元）”，当时是在武威。

到了吐鲁番，每人花 5 分钱，坐了一趟毛驴车。羊肉很贵，每公斤 4.5 元。1985 年研究生去大西北考察，也是 500 元，交通、食宿费一起。赵国华当年走完河西走廊就去青海、山西等地，也是一个多月大约只用了 400 多元。

三、考察的主要收获是增加见闻。从兰州开始到乌鲁木齐，每到一地都是先请当地专家学者或有关人士做报告。黄留珠的日记中约记了吴礽骧、初师宾、陈守中三人分别介绍河西走廊、汉简、长城，我的笔记本中也有这些记录。离开兰州之后，学术报告就没有了，但每到一地总有人讲讲，介绍当地情况或文物古迹之类的，结合实地参观考察，印象是很深刻的。在武威，我给中学教师做了一次报告，与社会贤达座谈，当地就有一位黄埔出身的“少将”头衔老先生热情参加。在张掖，山丹军马场一位政委的介绍，我印象就很深。我记得他 20 世纪 50 年代就到了该地，他说祁连山的雪线，几十年中明显地上升了很多，这使我联想到自然环境的变化。加上到其他地方参观古长城、烽燧、积薪等，我想也许古代芦苇、树木也是不少的，自然变化加上人为的破坏，有很多芦苇以至树木被砍伐，使原本珍稀的绿色越来越少。

嘉峪关、玉门关、阳关……这些古诗文中描述的古道关塞，都一一亲见亲行了，有了更具体的印象。

第一次到了敦煌莫高窟。“敦煌的女儿”樊锦诗已经在那里，记得是她先生彭金章接待我们，当时的馆长是段文杰。樊锦诗是值得人们记住的。当时新疆社科院也有一位所长穆舜英，是由北大分去的上海姑娘。20 世纪 50 年代，内地有不少学生是支援大西北的，我也有同学去了宁夏，北京女孩窦连荣就终老于该地。

四、队友和朋友

据黄留珠的统计，全队共 28 人。其中有些是中途参加的，有些又中途退出了。队伍中，西北大学和兰州大学各 6 人。其中有些人考察结束后毫无联系，有些人则或多或少地联系过。王云度、黄留珠、张荣芳、刘敏、柳春藩一直有联络，也经常见面。曾一度联系多的有刘光华、余天炽、戴南海、孟素卿、宋公文、张一中、龙显昭等。丁毅华后来与我一起工作，直至 2007 年去世。好像是张燕，1996 年在北京开道学会见过一面。

在兰州时，拜会了马植杰、张大可、王俊杰、金宝祥。金先生是我的老师喻存粹的西南联大的同学，印象深的是他问我发表过什么著作，看样子老先生很关心学术。后来，与马、张两位联络较多，有些学术会上见过，他们两位都到过我们学校，张先生去年还来过。学术界的朋友多多益善，无论是学术还是友谊，都有很大意义。比如新世纪以后，我又去兰州开过一次文献学会，结识了赵逵夫、郝润华等朋友，还有先后认识的张德芳、郝树声等。而同我一起在华东师大读中国通史研究班的同学马伟则改教了中共党史，专业上就疏远了。

学术界的朋友在学术研究中是互相有启发和帮助的。第一次去兰州，因马、张二人的关系，丁毅华、赵国华都来了华中师大。丁毅华走早了一点，赵国华现在算华师秦汉史研究的掌门人了。第二次去兰州，赵逵夫的学生葛刚岩后来到武汉，也有来往，前不久葛还给我提供他收集的先秦典籍中有关“老子”的资料。学缘、学脉有时会有形无形地发挥不小作用。

五、总结和印象

结束考察时做过总结。笔记本最后的一些文字，也像是一种总结，例如：

河西走廊：走廊东起乌鞘岭，西至敦煌，1000多公里。南面是终年积雪的祁连山，北面是龙首山、合黎山、马鬃山。走廊主要河流：武威有庄浪河、石羊河，张掖有黑河，酒泉有疏勒河、北大河（由南向北）。地下水位较高，石器时代有人。酒泉至永昌一带只有扁都口（扁都口古称大斗拔谷）。此外，有4000米以上的雪山。

又如：

明长城遗址：兰州—武威—张掖。

汉长城遗址：玉门关一段，底宽3米多，高2米多，顶宽1米多或不到1米。红柳、芦苇、沙石相间。

烽火台、积薪、火炬，长的2.8米，短的几公分。

按：红柳、芦苇、沙石相间，长城也好，烽火台也好，乃至烽火台城头等，都是这些材料筑成的。当地仅有的一些草、木，被长时间大量砍伐消费掉了，再加上不好的自然、气候等条件，我想就是这样导致了西北的荒凉。

总结中，关于嘉峪关、玉门关、黑城、交河城、高昌城均有记述，这是一般文字记载中都能找到的。“古代军事设防与绿洲有关，祁连山防羌，只需把住几个口。北面有小山，驼马能过，故修长城。汉的重点在河西，唐则在新疆。”

当时的感受就以上这些，时间长了，也就一一忘掉了。脑子里能呈现的就只有嘉峪关的雄伟形象，还有高昌、交河等的残垣断壁。但无论如何，比起光从书本上看丝绸之路是不一样的。学历史的人，多少应有一点实地考察，这就是丝绸之路考察的意义。

十一、红红火火的 1993 年

1993 年年底的日记最后写了一句："1993 年开门'红'，'红到底'。""全年八次外出。元月三日，参加文化通志首次会议（全体）；二月，《汉唐文化史》出版，去长沙发行；申报博导，去广州、深圳；八月，香港参加第 34 届亚非研究国际会；九月，南昌秦汉史会；十月，登上武当山金顶（按：参加国际道教文化研讨会）；十一月，西安老子会，参观法门寺；十二月，上海吴泽先生祝寿，廿九日，得到完全肯定消息，被批为博导（按：早期博导由国务院学位委员会审批，1993 年是最后一批，俗谓之'国评博导'）。"

参加各种会议以及外出拜访，与师友交谈，收获是很大的。元月初住国防大学期间，曾与周振鹤、孙昌武交谈，都有"有收获"的记录。在北京，八天分别拜访会见过宁可、田余庆、陈鼓应、何兹全、唐赞功、孟庆远、林剑鸣、瞿林东、张大可、肖黎、苏双碧等人。八月在香港会见饶宗颐先生。十月在武当见高道闵智亭以及道教学者王家佑、李养正、钟肇鹏、葛荣晋等人。十二月西安老子讨论会上应张岂之先生之邀而发言并得到其肯定，促成我不久即写作《中国老学史》。拜师会友在学业增进上都是很有帮助的，这中间的细节是无法一一尽述的。

这一年的主要科研成果是完成了《秦汉文化志》的书稿。

元月领回任务之后，2 月 7、8 日才拟完写作提纲，4 月 15 日正式开始写作，以后以一天两千字左右的速度写作。5 月 16 日开始写第二章。好像是预定了每日写作字数，5 月 19 日标明"3 天欠 1900"，21 日标明"本日超 400"。6 月 4 日标明"全天 2400，已补上 2 号所缺"，5 日开始写第三章，标明"动笔 100 字"，10 日标明"6 天 3100，尚缺 3000"。7 月 14 日标明"完成第四章"，31 日标明"几百字，查阅资料费时太多"。8 月中旬标明"暂停《秦汉文化志》的撰写"，至 9 月 27 日续写。10 月 26 日标明"开始写第九章（地域性）"。11 月 4 日标明"上午 2100，下午 1100，最高成绩，写得得心应手，新意辈出"，7 日标明"上午 2000，第九章完毕"，12 日标明"下午开始酝酿写第十章"。中间因去上海，12 月 17 日才重新开始写作，直至 1994 年元月 5 日，才"最后完成《秦汉文化志》初稿"。该书作为百卷本《中华文化通志》之一，1998 年才出版，那是后话，但这本《秦汉文化志》有一定独立的价值。2007 年，上海东方出版中心出一套“断代文化史系列”丛书，以《秦汉文化史》之名出版，书稿我未做任何修改，补写了一个后记做了些说明。2018 年，北京新世界出版社又以《秦汉文化史》同名出版，除掉了我给上海的那个后记，书腰上写了一些广告语：“一部了解秦汉时期历史文化沿革的入门经典读物。”除了“经典”二字过誉之外，其意义和作用是合适的。

这一年，除了“业余”全力写作《秦汉文化志》之外，还写了两篇文章。其中一篇《我学史的经历和体会》（载入张艳国主编的《史学家自述》，武汉出版社出版），也是有点意义的。当年 12 月 18 日乘船去上海为吴泽先生祝寿，去两天、回三天的途中，写完了约 2 万字的自述，其中既有史观，也有方法，对后来的青年学者会有启发、借鉴意义。

11 月中（15—19 日），参加西安张岂之召集的第二次老子思想研讨会，事先写了一个发言稿，11 日有“继续准备发言稿”的记录。会上发言之后，得到张岂之先生的肯定，当时我即建议他组织编写一部《老学史》（好像第一次老子思想讨论会上，钟肇鹏、朱伯崑都有此倡议），他不置可否。不知为什么，我回来立即想写《老学史》。11 月 22 日“上午初拟《老学史》提纲”，并立即找了马良怀、刘韶军两位合作者。12 月去上海，杂事太多，加上《秦汉文化志》收尾等事，未能立即开始。但 1994 年元月 5 日“最后完成《秦汉文化志》初稿”，6 日“下午酝酿提纲（《老学史》）”，《老学史》的写作就开始了。14 日“上午看书，准备写老子其人”，15 日“开始写老子其人，全天 1000 字”。《中国老学史》一书，实萌芽于 1993 年那个发言稿。

这一年比较忙，八次外出都花了不少时间。年初去北京八九天，3 月去广州十天，8 月去香港，经深圳停留，前后半个月，11 月去西安前后八天，当时交通不便，火车上呆了两三天，回来“晚点 12 小时”。12 月去上海七八天，船上呆了四五天（好在完成了“自述”文章）。订票、买票都是要花时间的。

当时没有手机，书信、电话是朋友间主要的联络方式，所以写信的时间不少。本市、本校的朋友，则以走访形式交流，这方面花的时间也很多。

日常生活中，下午打乒乓球、看报是比较经常化的活动。

1993年是满60岁的一年，4月20日生日那天的记录是："7:40开始去火车站，送雪松去重庆，10点到家，打电话。"就这么简单。同年12月12日也是雪松60岁生日："上午重拟'史观'提纲"，开始写'学术'章。11点去晏炎吾家谈一小时，下午2点刘美崧来，全天1200字，难能可贵。"似乎没有任何纪念式的记忆，60大寿呀！

附：1993年的一份材料

1993年活动不少，以上所述，显然只是一部分。手头保留的一份给领导的信，又能反映当时的一串活动与自己的某些思想和活动。最突出的是我曾组织过一两次大型的和多次小型的学术活动，集合了全校文、史、哲带"古"字头的青年教师参加。有一次是我做报告，大家讨论，好像中文系的戴建业、周光庆等同志在有的文章中有过记述。当时，曾一度成立过"传统文化研究中心"（时间很短）。信中所谓"建议"、"意见"都是一些活动的反映，而"请求"则反映的是自己的思想状况。我一生参加乃至主持的事情不少，包括教学、科研各方面，职务、头衔却不多、不大，年轻朋友跟我开玩笑：最高职务是"教研室副主任"，"没有正主任时也只能是副主任"（涉及"红专"关系之类）。对头衔我并不感兴趣，"请求"也可算这种思想反映之一。

一条建议，一个请求，附带一点意见

各位校领导：

在各位领导"集体"的支持和关怀下，本人申报成功了，特在此表示感谢。申报的成功，对学校是有利的，也是领导决策的正确。此次申报，我是"毛遂自荐""挤"进来的，但是并没有"挤"任何人，本校申报四人、三人、两人的学科都有，无论上与不上都不存在谁"挤"谁的问题。申报之成功，也不是很容易的，不存在"照顾"或解决学校"工作需要"的问题。华东师大吴泽老教授（80多岁）两个点尚无接班人，此次一个也未增列；陕西师大史念海老教授（80多岁，知名历史地理学家）也未获得增列，决不会因为你的需要而"照

顾”。此类事例甚多（武大申报增列54名，通迅评议仅通过20名），我说这两句“多余的话”，是为了向领导反映一些具体情况，以正视听。下面言归正传。

一条建议。此次申报结束了，学校要总结一下，我根据这来之不易的申报结果，建议立即组织梯队，临时采取措施是不行的。一两年，两三年，一下就过去了。具体办法：点面结合。点：立即开始分批选拔几名专业思想强、有一定成果、有明显发展前途的中、青年作为梯队的基础，为他们创造必要的条件，加速其成长。面：建立一个“中国传统文化研究中心”，虚实结合。虚：不要固定编制、不要经费、不要一个空名；实：借名以组织我校有关中、青年学者开展学术研究活动，以便选拔梯队成员，这可以涉及历史系、历史文献所、中文系古典文学、古汉语、政治系中国哲学史、教育系所的中国教育史，乃至体育史、音乐史（如道教音乐之类），如果有发展前途的人，可利用这个点上升。

一个请求。请求不安排我担负任何委员之类的职务，不是不愿奉献，而是为了更好地奉献，真正发挥我力所能及的作用。图情系列职称评委也最好取消，此前参加该活动，花了不少多余的不必要的精力（会前会后有的人三番五次找，有一次运动之后大汗淋漓，被堵在马路上谈了一个多小时，感冒咳嗽达一周之久）。人的精力有限，样样都搞是不可能的，集中有限精力，搞好培养和传、帮、带的工作，就很不容易了。当然，其他行政工作、代表之类的工作就更不必考虑了（如果成立上述中心，给一个主任、副主任之类的空名可以，便于有个“名义”开展传、帮、带）。另外，本人最近一段时间将继续留在历史系（领工资、奖金，参加活动等），与历史系同甘共苦，稳定历史系工作。如果需要和可能，可对外联络兼职历史文献所，享受参加学术活动的权利和义务。我想这不会影响研究生的培养工作。

附带提一点意见，希望加速历史文献研究所的民主化进程，更好地发挥70%以上成员的积极作用（包括加强团结，集体分工协作，任用年轻人担任领导工作等）。此意见仅供参考。

以上几项都是迫不及待要解决的。

“一万年太久，只争朝夕。”

熊铁基

1993.10.25 草拟

本人10月上旬酝酿以上想法，25日（星期一）上午将此稿请吴柏春同志看过，下午读到23日《光明日报》消息（星期六的报，星期一下午才看到）。本人想法与之不谋而合，特作为附件供参考。

11.1 又及

这份材料的后面，还附录了一则学术报道：《北大国学研究渐入佳境：继承历史传统，适应时代需要》。这则报道是说当时北京大学由校内100多个学生社团共同参与的“国学月”活动将北大的国学热推向一个新的高度。北大具有研究国学的历史传统，并造就了一大批高水准的学者。今天，北大重提国学，就是要对中国传统文化进行更加科学的整理与探讨，给其以正确的阐述与批评，深入地把握其丰富内涵，更好地调整它在当代文化中的地位。为了使国学研究适应社会主义市场经济的需要，同时使民族文化得到进一步发扬，北大还成立了“中国传统文化研究中心”。该中心将组织起北大200余人的国学队伍，并规划课题、组织传统文化系列讲座。首批规划和资助的课题包括袁良义的《清一条鞭法》、张文儒的《中国古代军事哲学》等33个。大型年刊《国学研究》也已创刊。1993年9月，《中华文化讲座》电视系列片开始在北大播映。目前该片已拍出《汉字的起源》、《北京的胡同》、《圆明园的昨天与今天》等50多集，一些海外华语电视台及海外华人纷纷购买。

十二、研究生工作的前前后后

1982年以后，由于张舜徽先生提出历史文献学这个学科，设立了历史文献学博士点。1982年，华中师院同时获得了历史文献学和中国近现代史博士点，在招收博士研究生的同时招收硕士研究生。与此同时，中国古代史搭了顺风车，无需再申请、审批，可以招收硕士研究生。根据我们古代史的情况，吴量恺招收明清史学生，王瑞明招收宋史学生，喻存粹、邹贤俊和我招收秦汉史学生。当时，邹和我都参加了秦汉史研究会，喻是我们的老师，年纪很大了，不久就去了新疆养老，然后邹与我轮流招生。1983级赵国华、王国文是三人共同指导，1984级刘付靖、桑士显由我带，1985级徐楚桥、罗传芳由邹带，1986级杨睫、朱先春由我带。从1987年开始，我们又同时招生。1990年，邹贤俊生病，毕业时他的学生由我代为张罗，加上还有外校（如曲阜师院）来申请学位（答辩）的。另外，张先生的博士生答辩，还有办班（如陕西师大赵世超、西南师大刘重来等参加的进修班）也要参加一些，包括讲课。所以，研究生工作比较杂而多，应该是比较忙，系领导也没有要求我参加本科生的工作了。

1992年，张舜徽先生去世，历史文献学博士点没有了博士生导师。当时，增列博士生导师是要经过国务院学位办批准的，据说有人先后申请过两次，未获批准。但按相关规定，博士点三年不招生，就要被取消。1993年，我参加申报博士生导师资格，并获得批准。我本来招收中国古代史（秦汉史）的硕士生，也是靠张先生的历史文献学博士点而取得招生资格的，但并不是历史文献学这个学科。据说当时学科评审组的诸位，也是考虑到张先生开创的这个点后继无人，才在我校由我参加申报的第三次批准我为历史文献学博士点的导师。这是国务院学位委员会最后一次审批全国各地的博士点导师，后被我校称为最后一批“国评博导”，享有一定的荣誉和待遇。这一年我已年满六十，也就没有考虑退休问题，一直到十几年后，才经历延聘和返聘问题，招收博士生工作延续到2019年。

我开始担任博导工作的时候，全校博士点不多，导师不多，招生数量也不多。但我1994年第一次招生，就招了4个（吴琦、郭康松、王作新、姚伟钧），1995年招了3个（钟瑛、刘筱红、杨秀实）。1996年、1997年每年只招一个，招的是宋传银（让校评博导刘盛佳带）和刘固盛。1998年又多一点，有范军、徐华、董恩林、夏南强。1999年后博士生导师增多，每年就只招一两个。2003年的招生，因某院领导的意思，未出现在招生简章上，后来还是负责培养了胡军、冯骊二人。2003年以前，我秉承张舜徽先生的宗旨，与“史”字沾边的专业学生都收（张先生的学生，文、史、哲都有）。2004年以后，因为取得了历史学一级学科的授予权，招收的方向也多了，学生也多了，每年十多人，分别由各专业老师培养。

从担任博士生导师开始，我就再没培养过硕士研究生。但有一段时间，每年给硕士研究生（所有专业的）上一次大课，给本科生一年级上过课。

从事研究生培养工作期间，好像还是比较忙的，相关的事大约有几类：

首先是论文指导和评审。学生写的东西，我每篇必仔细看，逐字逐段批改，有的反复三四次。本人、本校的学生之外，还有不少校外的评审，虽不必逐字逐句地批改，评审意见是要写的。有一段时间还要参加校外还有外地学校的答辩会。每年上半年是事情最多、最忙的时候。

其次，有一段时间，有的学校没有学位授予权，还要到我们这里来举行答辩活动，要接待还要参加。

还有，各种各样人才、奖励评审。21 世纪以来一些冒尖的专家、学者，都曾评过他们的材料。

十三、学科建设

在大学工作当老师，主要是教学和科研两项工作，从集体看就是一个学科建设的问题，从而就要有人策划、组织、实施，于是有院、系、室、组的长或主任等。我从参加工作开始，就参与了计划、组织等工作，因为年轻，又是党员，而且是新中国早期的研究生。但是头衔不过是“教研室副主任”，先是年纪大的先生任主任，我年轻做一些具体事。“文化大革命”及以后，因为我不够“又红又专”，所以一样只能当副主任。1978 年前后，即使没有正主任，我也是副主任履职，当时没有正主任的副主任还不只我一个，成为以后的谈资。我把这项工作中的学科建设作为一类事情来记述。

1959 年年底，我从上海华东师大回校，不久就参加了教研室工作。先是和学生一起搞教育革命，大辩论，编教材。大辩论时，我和学生一起活动，出主意与年纪大的老师辩论。编教材则师生一起，实际上是老师起主要作用，1961 年前后还真的编出了四大本古代史教材。当时听说，湖北人民出版社曾制造了假的装帧《中国古代史》四册作出版成绩展出，此事只是传闻（有人说看过展览，我未亲见）。大约1963年、1964年，“大跃进”的势头冷了下来，一定程度上恢复了正常的教学工作，但仍然是在很浓的政治气氛中进行。1965年7月，我以“金其”的笔名，在《历史教学》杂志上发了一篇《学习毛主席著作，改革教学工作——华中师院历史系中国古代史教研究室教改简况》，这可作为当时学科建设的一个具体实例。

1965年以后，教学工作基本停止，教研室的活动也停止了，1972年以后才逐渐恢复。1974级学生入校后，又组织了一次编写教材，中途我被调往京山分院，仅担任教学工作（中文系1974级，政史系1975级、1976级，历史系1978级第一年在京山）。1979年，由京山分院回桂子山本部，继续担任教研室工作，我就是这以后当没有主任的副主任。1980年前后，教研室的老教师不多了，仅有王瑞明先生继续工作了几年，着重研究宋史，带宋史研究生。吴量恺先生大我三四岁，“文革”前后一直担任系的领导工作，研究明清史，着重经济史。为了学科建设，我主张大家都侧重经济史，以便形成一个集体力量。就在那两年我写了几篇秦汉经济史的文章（当时我已侧重秦汉史，与邹贤俊同时带秦汉史研究生），目的是想在古代经济史方面形成学科特色。后来，因为响应不热烈，我个人也转向制度史方面的研究。

20世纪80年代末，王瑞明、吴量恺、邹贤俊（大学同班同学）都已退休，我因1993年被评为博导，而且“羽翼稍丰”，除了秦汉史之外，又有老学、庄学史的开拓，于是2002年筹建了道家道教研究中心。这个研究中心一直在发展，后来中心主任交班给刘固盛，至今（2019年）仍在继续发展中。虽非实体，但在一定意义上发挥了实体的作用，成为历史文化学院品牌之一。按照时下的标准，有重大课题（如“老子集成”、“老学通史”），有重大奖项（如《老子集成》获湖北省一等奖等），有成批的科研成果（如出版了二十来本“道家道教文化书系”的著作），有重大活动，前后举办了三次“全真道与老庄学”的国际学术研讨会，同时正式出版了三套会议论文集（2008年、2012年、2016年每四年一次，有连贯性）。对于一个“研究基地”来说，可以参加任何一种评比和检查了。

研究中心的许多具体工作是刘固盛同志做的，特别是他接任主任之职后，但早期和一些重大工作和活动中，我是有所付出的。例如为了建立研究中心，要筹备经费，在2002年前后我四处寻找、奔走，最后在陈鼓应、王博的引荐下，筹得了台湾三清宫黄胜得的20万元经费（在当时这数目很可观），正式挂牌。后又得到香港青松观的支持，获得召开国际会议、出版论文集的经费，后又有日常的活动经费等。为了出版“道家道教文化书系”，又与江苏茅山道院联络，取得出版费用的支持。所有这些，我是有所付出的，花的时间和精力不少。今保留有成立研究中心之前给陈鼓应的一封信的底稿，抄录如下，或可见各种联系之一斑。

鼓应兄如晤：

遵嘱拟出科研计划一份，请过目。

大陆地区有一百多个各种研究基地，经过去年评审，受到教育部资助，其中包括四川大学的道教与宗教文化研究所、山东大学易学与中国哲学研究所、北京大学古典文献学研究中心、中国古代史研究、武汉大学传统文化等，我看了一下，我们的研究计划并不逊色，但前此我们没有申报。受资助者每年30万元，另外，还有十来个省级资助项目，如山东师范大学的齐鲁文化研究。我想如果能寻求到资助，而且将来有成果的话，那或者是第三条道路，质量如何，最后当然是看成果。我想我们未来的成果不会逊色，而且会有特色。希望在不久时间内，我们这第三条道路能得到国家正式承认。这是最理想的。如果你能找到资助，更顺利地实现我们的计划，那将是一大功绩。传统的人生三不朽“立功、立德、立言”，不论儒家或道家学者都是实践着的，你我著书立说，主要是“立言”。你在大陆掀起道家文化研究高潮，主编出版《道家文化研究》等应该是属于“立功”（当然还有培养学生等），其功不可没。我们此事进展顺利，又将是一大功（你我各自分工不同，你是倡导、指导，我是实践者之一）。

回到实质问题上来，资助必须是资助科研项目，不是单纯买书。只要进展顺利，学校当然是支持的。明年10月是我校建校百周年，如果进展顺利（主要是资助力度等），将可纳入校庆活动。为校庆正建文科大楼（明年要完成的），研究中心的用房之类问题将得到较好的解决（历史所那么多房间，是教会中心得到资助建立的，赶上了建邵逸夫支持的图书馆，附楼是当时两个重点学科，历史所下面是物理研究中心）。当然不论得到资助与否，正常的活动是有的，例如电脑等硬件的一般配备，少量的图书经费等。我们的研究工作是有“艰苦传统”的，没有经费也照样干，只是有了经费就干得更顺利，例如《老子集成》之类图书，校图书馆也有，但用起来就不太方便（主要是“批准”手续之类难题），经费充足也能团结和留住研究人员，便于更顺利地完成研究计划。

关于助学金或奖学金问题，是两个不同项目。助学金，如果是全额助学，那是数以万计（每个研究生培养费，一年12000元）；奖学金则是立项评审，这里有野泽丰奖学金（中国近现史）、余家菊奖学金（儒学、教育学）、张舜徽奖学金（历史文献学），数额5—8千元一人次即可（他们都是先有一批款项放在这里，成立有管理委员会和随时组成的评委会）。配合研究计划，写上以上内容，也许你们更清楚，资助不会是盲目的。

熊铁基

十四、主要学术经历与成绩

回忆录的其他部分已经涉及了这个问题，这里再集中谈谈，因为“学术”是我“人生”的一个重要部分，特别是到了晚年，我不但没有离开，60岁以后似乎越干越有劲，也许闭目之日才是结束之时。

学术研究的成果不多，著作（包括认真的合著）只有十来本，文章不过百把篇，在听到一些几十部著作、数以千百计的文章时，自叹不如，我都干什么去了?! 当然有主、客观原因，主观原因之一是，我有些“好”的讲话（包括上课和讨论会发言）没有形成文字，有时只有一点提纲。例如手头保留有一份1987年9月1日拟的“汉唐文化史——第一讲导言”（一千三四百字），就不是《汉唐文化史》那本书中的内容。还有如关于传统文化的一些想法，也未形成正式的文章，等等。

著作、文章的数量不是学术贡献的最好标准，而要看在整个学术发展史有什么地位、作用，是否有所创新，“新”在哪里，有多大的影响和作用。我与安作璋先生合著的《秦汉官制史稿》常为同行所称道，实际上只不过是一个阶段性的总结之作，必将为新的作品所代替。《汉代学术史论》

当中倒是有一二有意义的论述。有些对人有点启发意义的见解、论述，那才可以说是成就和贡献。例如《汉人全面改造了先秦典籍》就很有意义，涉及对先秦的文化思想如何看待，涉及对后来的“传统文化”如何看待。出土文献越多，这个问题的意义就越大，因为更能看出变化，更能看出“改造”的意义、结果、影响等。当然也有一些小的、当时的思想火花，使人看后也会有一定的启发意义。

有些问题，只有待后人去评判了。如果打成绩，按照优、良、中的评分法，也许可以打个良。

学术经历，已经陆陆续续说过一些，这里再简单梳理一下。

从上大学讲起。1952 年上大学后，中国古代史兴趣、成绩比较突出，学习时间也有两年。1955 年以后三四年级，全国的政治运动、肃反运动，或多或少有些影响，印象较深的是有些集体活动，个人还参加了“专案组”活动等。近代史学习一年，现代史学习一年，印象就不深了。毕业时被推荐参加考试（原本是分配留校），去读华东师大中国通史研究班，所以是接着学习中国古代史（当时的古代史就叫“中国通史”），从逐字逐句读《资治通鉴》开始。再就是理论学习（从读《家庭私有制和国家的起源》开始），当时理论学习是自觉的，也没有什么课程，导师也只是提倡，似无上课之类。但自己似乎有一些投入，所以有最早的习作，如《封建化过程中土地占有关系的变革》。当时同班同学傅宗文写的是《古代东方的农村公社》（同载于华东师大第二次学生科学讨论会专辑《学习习作》，1958 年第 5 期），就是与马克思主义理论有关的。当时学理论除马、恩、列、斯的原著之外，还包括学苏联学者的著作。我公开发表的第一篇文章《石器时代的一般特征》（载于《历史教学问题》，1957 年第 4 期），就是读苏联阿尔茨霍夫斯基《考古学通论》的札记。大概认真读了一年半载的书，1957 年的“反右”、1958 年的“大跃进”就接连不断地来了，同班同学就有认为“读古代史没有用处”的。1958 年底提前半年结束了研究班的学业，回到华中师范学院，参加“教育大革命”。

在 1959、1960 年两年中，主要是和学生一起编《中国古代史》教材，一方面充当学生幕后操手（因为年轻又是党员），与几位老先生“大辩论”；另一方面又和古代史的老师们一起编教材，有时还给学生讲讲课，主要讲农民战争、土地制度之类的问题。我大约在封建社会分期（采用早、中、晚三期的分法）等问题上出了点主意，主张以农民战争开头，如隋末农民起义为中期的开头。现存几篇未刊稿，如农民战争性质、隋末农民大起义等，也许就是那时开始，随后的一两年中完成的。教材的编写，我是参加明清部分，可惜四大本教材，至今已找不到了。在整编教材的过程中，是动了脑筋，读了点书，思考了一些问题的，几篇未刊稿或可算留下的一点痕迹。

我已经在前面的回忆中写过，20 世纪 60 年代初，是认真读了两年书的。当时主要是师从武汉大学唐长孺先生学习隋唐史，认真阅读了《隋书》、《新唐书》、《旧唐书》等，同时还新读了《史记》（现存《史记》上的阅读日期记载上可查到）。同时，又在系资料室查阅过大量图书，80 年代崔曙庭（同班同学）发现许多书的借书卡上有我的签名（有的还有多次），最近年轻同志许刚也有发现，曾在 QQ 群上发过。总之，是认真读了两年书的。这前后也写了一些文章，除开少数公开发表过的，大多数未刊出过，质量不见得比已刊的低。值得一说的是，农民战争史的文章请吕振羽先生批改过（有来往信件可证明），隋唐史的文章请唐长孺先生批改过（有逐字逐句批改的意见保存下来）。

好景不长，“文化大革命”中学术研究全部停了下来，既不读书也不看报（报纸也不多，一度小报不少），有几年完全是每天集中在一起“闲聊”。例外的是，我参加过一年左右的写“批判让步政策”文章的工作，读了一些马、列原著，对思想方法的锻炼或有一定的好处。参加“批林批孔”、“评法批儒”，有时也要翻书查一点资料。1975 年，云梦秦简被发现后，友人谭维四（曾任湖北省博物馆馆长）送给了我释文的打印稿，当时人在京山分院，与 1975 级政史系学生一起阅读、学习，因做“通信员”工作，在“评法批儒”、“评水浒”等活动中写了一些“应时”文章，仅写了一篇《啬夫考》发表在《文物》杂志上，算是有点学术意义。

值得一提的是，在京山的几年，曾与应城化工厂的工人理论组合作，结识了后来在武大的郭齐勇（当今哲学史专家）、1978 年来华师的王纪潮（省博研究员）。据说郭齐勇在后来培养博士生初期，还谈起过我对工人理论组讲如何写文章的事。这或可说明，文章内容是错误的，写作方法之类或有可借鉴参考之处，与学术经历多少有点关系。

因为对云梦秦简的学习，我产生了学习和研究秦汉史的念头。1979 年从分院回校本部，学习和研究的条件也变得相对稳定。我由于想专心学习和研究秦汉史，首先选了《吕氏春秋》作为寻找资料的开始。仔细阅读之后，又产生了一些想法，觉得这本书有一定的政治文化思想意义，认为它是“一部符合时代潮流的政论书”。此稿完成于1979年6月，发表于《江汉论坛》1979年第4期（当年11月出版）。同时写了其他文章，如《〈吕氏春秋〉反君主专制的政治理论——兼论吕不韦和秦始皇的矛盾》（发表于1981年8月31日的《光明日报·史学》）。在读《吕氏春秋》之后，紧接着又读另一部历来被认为是“杂家”的著作《淮南子》，此后就写了《从〈吕氏春秋〉到〈淮南子〉》之类的文章，最后形成了一个“秦汉新道家”的看法，接连写了一些文章。1984年出版了《秦汉新道家略论稿》，以后继续这方面的研究，一直到2001年出版40万字的《秦汉新道家》（两书皆为上海人民出版社出版，前后20年，经历了张玟、虞信棠两代责任编辑），这一问题算是基本告一段落。此后是少数几篇对批评回应之类的文章。

学术研究不可能是单一进行的，随着社会和教学等各方面的某些需求，还会有些穿插和提升。值得记述的是：

第一，与安作璋先生合作写《秦汉官制史稿》，这方面有郭涛的文章《发挥各自优势，携手精诚合作》专门作了一些介绍。合作写书的时间是1982年至1984年。

第二，《秦汉官制史稿》之后，安先生提议再写《兵刑史》，我主张兵、刑分开，安考虑刑法史，并且拟了提纲，我则写了《秦汉军事制度史》，1988年完成，1990年由广西人民出版社出版，因排版等问题，拖了3年。

第三，按照安先生的要求，我也开始写了几篇法制史的文章。有一篇《秦法述略》被友人俞鹿年刊于《中外法律史新探》（陕西人民出版社，1994年版）一书中。后因各自都忙，再难有二十世纪八十年代初那样富余的时间，不能全力以赴，法制史的合作就夭折了。后来安先生自己有《秦汉官吏法》之类的著作问世。

第四，二十世纪九十年代初，我开始转向了文化史、学术史研究，1992年出版了《汉唐文化史》（湖南人民出版社）。1993年初领得百卷本《中华文化通志》之《秦汉文化志》的任务，一年完成，1998年百卷本统一出版。此书的构思比较新颖，有一定学术价值，后来有些出版社出版断代文化史系列都采用了此书，2007 年被上海东方出版中心纳入“断代文化史系列”出版，2018 年 6 月北京新世界出版社又以《秦汉文化史》之名再次出版，封腰写有“……熊铁基先生倾力打造”、“一部诠释全球视野下秦汉时代文化发展脉络的重磅力作”、“重塑秦汉文化全景，洞悉中华文明沿革历程”。其实，两次重新出版我只字未改，我认为原样是什么就是什么，新的看法乃至错误看法的修正，那应该是写新的东西来补正。至今我仍是坚持这样做，例如关于道教的起源，我曾采用“东汉创教”之说，现在写了好些文章，纠正该说法的不当之处，这种变化应该是正常的，也可说是进步的。

随着一些著作的出版，还会写一些相关的文章，也有的是书中某些章节的提前发表。

第五，学术史的研究。秦汉学术史研究的时间跨度比较长，从记载看，2003 年就正式开始，2013 年正式出版《汉代学术史论》，近十年时间，其中有些部分先后在报纸杂志上发表过。

学术史的另一个类型就是《中国老学史》、《中国庄学史》。这两部著作都是合著，但是是我开创的，我在一些相关学术会议的启发下，产出了这两部著作。1993 年底西安的老子研讨会，我发挥学历史的优势，思考了一下老子之学及其发展的历史，并通过简单疏理，形成了一些看法（可惜原始的发言稿已经找不到了，但《中国老学史》的前言中有些迹象）。会后很快我就邀请当时很年轻的马良怀、刘韶军两位合作，我身体力行，执笔秦汉以前的部分（全书的五分之二），“马、刘二君所写的部分我都阅读了一遍，并略有修饰”（前言）。分工合作，一年左右（1994 年）的时间就完成了。该书 1995 年 7 月第一版就出来了，2005 年 5 月第二次印刷，出版社认为销路很好，实际上影响也较大。至今发展成多卷本“中国老学通史”的重大课题。

世纪之交，我又组织编写《二十世纪中国老学》。编写之前我做了《二十世纪中国老学概论》的报告，后收入书中作为第一章，2002 年 1 月由福建人民出版社出版。在前言中，分别介绍了分工各人的情况，刘固盛还在读博期间，分担了二十世纪八十年代后的四章，他“在撰写过程中参阅了大量的资料，时时与我讨论，有关问题都征求过我的意见”（前言）。

“其他各章也是我审阅过或修改过的，直接动笔虽不多，错误和缺点全应责我，但我不应掠他人之美。”（前言）封面上写着“熊铁基　刘韶军　刘筱红　吴琦　刘固盛著”，我应该是“主编”，未使用，自然有当时署名风气的客观因素，也有我个人的态度。我这个名副其实的主编是没有当甩手掌柜的，付出了一定的辛劳，也是为这门学科建设的尽心。

接下来是《中国庄学史》（后简称《庄学史》），写作的原因几乎是和《中国老学史》一样，也是因为一次庄子学术研讨会而起，这我在《庄学史》的后记中有所记述。参会时间仓促，草拟了一个急就章《重述庄子的历史地位》，“完全是按1993年参加老子学术讨论会的思路，讲了一些庄子研究在历史上的大致发展情况”（后记）。会上，中国社科院的余敦康听了发言后，对我说：“你是否又准备写《庄学史》?”我开会回校，立即与《中国老学史》的合作者刘韶军商量，拍板决定写。当时刘固盛已博士毕业，在西北大学做“宋代老庄学和理学”的博士后课题，参加了《庄学史》的写作，负责宋元部分，刘韶军仍写明清部分，这样唐以前的全部归我，成稿时几乎占了全书的一半（其中曾由董恩林写“成玄英的庄学思想”一节）。也是一年左右完成，“本书撰写的时间虽然不长，但我们这段时间是全力以赴的，包括利用酷热的暑期，甚至是加班加点”（后记）。2003年10月由湖南人民出版社在“学海一牛鸣”学术著作丛书中出版。此书原本是想让福建人民出版社出版的，大约是因为该社领导变动，就转而找了湖南人民出版社。2008年初，福建人民出版社刘亚忠、史霄鸿等同志重提此事，征得湖南人民出版社同意，由福建人民出版社出版一个增订本。此次扩大篇幅，补充一些内容，字数增加了百分之四十，主要是宋、元、明、清部分，补充了一些个案，综述的内容也有所修改。参加的人员也增加了几位，博士刚毕业的肖海燕、我的来自台湾省的访问学者钱奕华都参加了。这个修订本，我之前写的隋唐以前部分，仅重写了成玄英一节（为统一体例），其他也是原封不动。此次标明我为主编，上、下册分别列出了著作者之名，但是恰恰又没有干什么“主编”之事。2006年出版的李宝红、康庆写的《二十世纪中国庄学》（湖南人民出版社），我倒是履行了一点主编之职责，策划、出题、请作者等，“我作为书稿的组织者，不但出谋划策，也断断续续地看了文稿……开始看后较认真，连字、句也提过意见”（前言）。

我为中国老庄学史的研究，开创了一个新的局面，奠定了一定的基础。可贵的是，如同预计和希望的那样，本单位的老庄学研究在继续发展之中，先后还培养博士生，撰写了一些断代的专题老庄学，如《汉魏六朝的老学研究》，唐代、宋代的老学、庄学研究，《英语世界的老学研究》等；新编了有较大影响的《老子集成》；现在还在撰写多卷本《老学通史》等，持续发展的意义更大。

第六，应各出版社要求组织人员编书。首先要提到的是中国青年出版社的《中国史学名著题解》和《中国古代学者百人传》。二十世纪八十年代初在一些学术会议上结识了中国青年出版社的孟庆远同志，他想请张舜徽先生主编一本《中国史学名著题解》，张先生欣然接受，委托我组织人编写。于是，我邀请了系内的王瑞明、崔曙庭、张翼之、顾志华及《湖北日报》编辑吴志根（我们在“文化大革命”中结识）分担编写（书的扉页上也写上了这些人的名字）。张先生在前言中写道：“分工协作，各写若干篇……在编写过程中，在奔走联系、组织人力方面，熊君之力尤多。”此书的编写和出版，我确实花了不少时间和精力，自己参加写了几篇，还审阅过一些稿子。该书1984年2月出版，影响比较大，后来被列入了该社的《青年文库》出版。

前书刚刚出版，中国青年出版社又请张先生主编《中国古代学者百人传》，运作方式与《中国史学名著题解》一书完全相同，不过参加者已增至10人。张先生在引言中列举参加者名单之后，也写了一句：“而熊铁基同志协助组织之力为多。”此书我未具体撰写，但组织联系的工作更多，有几位还是系外（李昭民、涂光雍）、校外（肖柜、吴志根）的同志，我还要为他们借书。李昭民写郦道元，《水经注》是用我的家中藏书。后来，中国青年出版社孟庆远主编“中国历史五千年丛书”，把我拉上成为古代史部分的主编，我只不过是帮忙找了几个作者。

1985年湖北教育出版社委托华中师大历史系编写《史学知识千题》，中国古代史部分由邹贤俊和我主编，我好像只写了开头的“‘中国’和‘九州’”、“‘炎黄’和‘华夏’”两条，策划、组织的时间也很少，因为大多是前两书的老作者。

1994年湖北教育出版社出版的《中国帝王宰相辞典》90多万字，是出版社请我主持的，主编署上熊铁基、杨有礼二人名字，还有三位副主编，是根据某种需要安排的。我主持了此书的编写，杨有礼做了不少具体工作。此书前后花了五年时间。我没有具体撰写，但策划、体例、词目等都是参与了的。此书也曾有一定影响。

1997年长江文艺出版社出版的三卷本“中国帝王百传”（开国、治国、亡国），我和王玉德署名主编，我只不过“领衔主编”而已，具体工作都是王玉德做的，而且每本又各有主编。此书也曾有一定的流行。

重庆出版社1999年出版“宰相列传丛书”，手头只有三本，我仅请了臧知非、丁毅华两位作者，什么事也没有干，真正的徒有虚名，也没有给我什么报酬。

另外，有几本论文集的主编，值得一说。

在二十世纪九十年代开始的传统文化热中，我和许多人一样参加了学习思考，我的文化史研究也是那时开始的。因为担任古代史教研室副主任，1993年出版的《传统文化与中国社会》（华中师范大学出版社）就是我主编的，有“经济”、“国家”、“礼法”、“学术”、“宗教”、“家庭”、“衣食住行”、“民间信仰”等14个专题，如我在前言中所说的：“分工各专题的同志，对该专题都有一定的研究，都已经写过或已在撰写文章和专书。”“我和年轻同志一起想到要写这样一本介绍和研究传统文化的书，认为可以为弘扬传统文化做点贡献。自知个人力量有限，又欣赏年轻人思想敏锐、活跃、好学勤思，接受新东西快。故在自己写作一本不完善的《汉唐文化史》的同时，和大家一起讨论，依靠集体的力量，来完成这本……属于文化史的书。总的设想是我提出的，经过大家讨论、充实，然后才分头去做。前后三四个年头了，每一篇从草拟提纲到写作完成，我都是参加了意见的（或多或少），每一篇从初稿到定稿，最少看了两遍，有的看了三四遍，甚至更多。”（这是1992年7月写的前言）这是应该在我学术经历中写上一笔的。

还有一本《秦汉思想文化研究》（新加坡希望出版社，2005年版），是我系2002年主办的一次国际学术研讨会的论文集，署名我和赵国华，但主要工作是赵国华做的，我仅参与了谋划、拍板、决策等活动。赵国华在前言中说我“细心督导”，我起了一些作用的，比如向秦俑馆求经费的支持之类。

另外一本与刘固盛主编的《道教文化十二讲》（安徽教育出版社，

2004 年版），是 2003 年我们道家道教研究中心主办的一次“道教文化讲习班”的讲稿汇集，有关情况我在该书的评言中已经交代了。该书 2005 年还出了第二版。

第七，各种情况下写作的一些文章。

1. 两本小册子。1981 年河北人民出版社“历史小故事丛书”中的《楚国故事》，原是二十世纪七十年代下放京山分院时与王瑞明先生合编的一本《纪南城的历史故事》，自己印刷，被出版社发现后纳入丛书。1985 年应华中师范学院出版社之约，我临时邀集了罗福惠、周洪宇、余子侠、顾志华等人编写了《尊师故事集锦》，真是“仓促成篇”，那是为迎接第一个教师节。

2. 参加各科学术研讨会写的文章。参加过多次的会主要是两类，一类是秦汉史方面的，一类是道家道教方面的（包括老学、庄学）。参加的会议有时与正在研究的课题相关，就可以不单独另写，有时手头没有现存的文章，就不得不新写。如 1999 年去云南参加第八届秦汉史学会年会就写了《秦汉时期云南的大开发》；参加福建泉州的道教学术研讨会，写《人皆可以为神仙》；参加葛洪研讨会，写关于葛洪的文章；参加宋史学会年会，写关于朱熹的文章等。有的题目是长期思考酝酿的内容，有的题目是一时灵感所致，如《重新认识古书辨疑》、《秦始皇的最后十年》之类。我们自己主办的会议，我也是要带头写文章的。2008 年我们主办第一次“全真道与老庄学国际学术研讨会”，我花了整整一个暑假读《王重阳集》，写出了《试论王重阳的“全真”思想》一文。《福天洞地是生态文明的样板》也是参加本校主办会议写的。

总之，大多数学术研讨会都是写了文章的，文章既结合会议的主题，又结合个人的研究范围，只有极少时候，写不是自己研究范围内的东西，如写朱熹。

长期研究与偶有所得的东西，除了上述《秦始皇的最后十年》之外，也有一些比较大的有典型代表意义的长文章，如关于解读《老子》第六十七章的文章、关于道教产生问题的文章等。

3. 各种各样的纪念性文章。有些是老朋友生日或逝后的回忆，大多是熟人熟事。关于张舜徽先生的文章有好几篇。也有如应黎虎同志之邀，写纪念其先父黎昔非的文章等。还有些是与学术经历有关系的。

4. “文化大革命”后期，写过或与人合作写过一些大批判文章（数量还很有几篇），毫无学术价值，不值一提。但可以说是利用自己的一点知识为“四人帮”摇旗呐喊，是可悲的经历。

主要的学术经历大致如上所述，参考本回忆录的其他部分，或者还可以互相参证。从本部分写作看，先是想按时间顺序写，中途又变成了分类记述，有些逻辑不合，但反映了一些真实的回忆，也许这正是回忆录所需要的，我就只好听之任之了。与师生、同行的学术交往，或者还要单写一部分。

忆梅莉

白发人送黑发人，是很令人伤感的。新冠病毒疫情期间，突然听到梅莉去世的消息，一下就懵了，怎么可能？怎么会这样！我知道她身体较弱，但并未重视（关心不够），因为我自己从小就是身体不太好的，体弱不是大事。突然得知她病逝，震惊、无奈、不知所措，见最后一面都不可能！

以往的三十多年，我带了几十个硕士、博士研究生，就只“合作”了她这一个博士后（当时也是历史文化学院第一个）。2003 年梅莉博士毕业时我参加了她的答辩会（那些年我几乎每年参加武大历史、哲学的博士答辩会），好像接着就来了我这里“合作”（博士后称为“合作导师”）。不知为什么我院还有个别人有异议。但我觉得，我们“合作”，是最标准的，照我的理解，博士后并非一个学位级别，而应该是工作需要的一种“合作”，我校学报将调她来校，通过做博士后而留下，是一个正常而方便有效的途径。

梅莉的博士后研究工作不负我所望，做得特别扎实、有效，看一看她出版的《明清时期武当山朝山进香研究》的后记就知道，两年之内五次去武当山、十堰等地田野调查，够辛苦的了（还要想到她不太好的身体状况）。她写出了相当好的出站报告，但她并不满足，明白报告的不足之处，并准备在以后的研究中弥补，这种认识本身就难能可贵。我曾引用“敏于事而慎于言”来形容她的好学。

工作期间，因为她办公地点与我住处较近，她在上班期间，午饭前后会常来我家看看，每次时间不长，但内容丰富，交流一些情况，谈及一些人和事，她总是一副平静的笑容，即使她不以为然的人和事也会如此。我们是心灵相通的。每每出差和假期到哪里去，她也都先告知一声。疫情期间在汉也告诉了我。

梅莉的人缘很好，和她交往过的朋友都印象深刻。她去世的消息传出，一个道教学术微信群好几十人表示哀悼，还有几位朋友致电给我。

疫情期间情况特殊，恢复正常秩序之后，我会常想起她：怎么会见不到人了！

附 录

一窗灯辉伴耕影

——记华中师范大学历史文献学博士导师熊铁基

勤奋、博学、谦和，诙谐的谈吐里盈溢智慧，干瘦的身躯总是驱动一辆破旧的自行车。这是十年前，我在华中师范大学历史系读书时熊铁基先生留给我的印象。

前不久，听说熊先生接替他的老师——已故著名历史文献学家张舜徽先生的工作，任华中师范大学历史文献学科博士点指导教师。我就萌发了采访他的念头。

年逾花甲的熊先生，一生“乐学至上”，对名利实在看得很轻很淡。但他毕竟不大好拒绝学生的来访。那天，熊先生从层层叠叠摊开的书稿中抬起头来，热情与我交谈。

熊先生说，他平生无不良嗜好，唯一的爱好就是读书，尤其喜欢夜读。别人聊天、搓麻将、泡舞厅的时候，他则枯坐书斋与历史对话，把遥远的年代发生的故事一点一点嚼进肚里，仔细消化，然后再慢慢吐一些出来。

中国有句古话：“天公疼憨人。”像熊先生这样守住一方田园自得其乐、苦耕不辍的“傻子”，定然会有所收获的。这些年来，熊先生在中国古代史，特别在秦汉史、汉唐文化思想史的研究上取得了丰硕的成果，填补了不少学术空白。他先后完成了《秦汉新道家略论稿》、《秦汉军事制度史》、《秦汉官制史稿》（与人合著）等180余万字的学术著作，并对许多问题进行了新的有益的探索。在撰写《汉唐文化史》的过程中，针对汉唐文化发展的特点，他具体设计和实践了一种写文化史的方案，将古代社会的文化（精神文化）分成上层的学术思想，下层的风俗习惯，表层的文学艺术，深层的心理、性格等方面，以此为骨架写清楚一个时期文化发展的特点、轨迹和规律，给人们提供了一种写文化史的可资借鉴的方案。他所著的30万言的《汉唐文化史》一经面世，即受到同行专家的高度赞扬。

如何继承和发扬我国优秀的传统文化，这是熊先生近年来较为关注的问题。华中师范大学新成立的中国传统文化研究中心聘他为主任，并请他主持“中国传统文化系列讲座”。闲不住，是他的秉性；开拓新的研究领域，不断耕耘，不断收获，正是他的人生轨迹。

熊先生对做学问怀有一种纯洁的信念。从二十世纪五十年代初起，他就开始有计划地阅读马列原著，运用马克思主义的立场、观点和方法，指导学术研究。与此同时，他秉承吴泽、唐长孺、张舜徽等上辈史学家的学术品格，走理论与史料相结合的“路子”。他治学严谨，凡著书立言，绝不讲一句空话。他同样要求他的学生言必有据，而据必核实，不可人云亦云，以讹传讹。他说：目前学术界存在一种不太好的现象，一些同志喜欢用华丽的词藻构建令人目眩的理论框架。由于缺乏必要的事实基础，这些框架大都如沙中之塔，经不起时间的冲洗。

问及平素的作息时间，熊先生说，他这方面较为随意，除喜欢深夜静读和每天下打个把小时的乒乓球外，其他并无常定之规，讲究的是“持之以恒”4个字，要求自己坚持每天都做点事，无论严寒酷暑，无论节日假日，或读或写，这样日积月累，自然就有所得。

采访就要结束的时候，我特别留意观察了熊先生的书架。熊先生藏书很多，泛黄的古籍里圈圈点点，都是他平时阅读时留下的记号。我还特别注意到书架上除书之外随意摆放的各种陶瓷仿古制品。尤其是那匹彩陶奔马，当我的目光触碰到它的那一刹那，我忽然想，熊先生夜读累了，从书本上收回目光与它对视的时候，它一定会披着远远的先秦的明月，越过两汉、越过盛唐、越过宋元明清，踩着上下五千年的文明史，直奔而来，带着我们的熊先生再度深入到历史的核心——历史融于“我”，“我”融于历史，或许正因为这物我的和谐，熊先生才始终乐观地保持着一种对史学和教育事业孜孜以求的进取精神，在史学研究领域里撷取了一颗又一颗闪光的珍珠。

（原载《湖北日报》1994.4.28）

熊铁基：只有春耕夏耘　才得秋收冬藏

赵国华

仲春时节，鸟语花香，令人神清气爽。

为了写这篇文章，我特地去见铁基先生，以求得第一手材料。在轻松愉快的气氛里，谈到他的本科教学，谈到他的研究生培养，谈到他的学术研究，谈到他的人生经历。而当谈话结束时，铁基先生叮嘱说：写这一类的文章，必须做到实事求是，不能随意拔高。正是本着这句话，我又阅读了相关资料，悉心理顺思路，记下这段粗略的认识。

一

早在1958年底，铁基先生读完研究生学业，回到华师，成为一名历史专业教师。从这时候开始，不论在桂子山执教，还是生活在京山分院，他都热心于教育工作，一直活跃在本科教学第一线，从讲授“中国古代史”、“汉唐文化史”，到开设“中华元典导读”，在长期的教学工作中，积累了丰富的经验。

教育实践的过程，首先需要与学生沟通，与学生沟通的目的，在于“因材施教”。铁基先生从事教育工作，很注意与学生沟通，把握学生的动向。他在20世纪六七十年代，除经常和学生一起编教材、下乡下厂之外，总能利用一些机会，深入学生中去，询问他们的生活情形，了解他们的学业状况，分析他们的思想特点，并加以正确的引导。因为与学生打成一片，他每每受到学生的好评，成为大家的良师益友，许多学生不仅在读期间，而且参加工作以后，回忆起大学生活，都会说到他的教诲。

如何提高学生素质，是高等教育的关键。铁基先生对此问题，虽然没有专门的探讨，但在具体的教学活动中，很重视学生的思想转变。他曾在一次演讲中，谆谆地告诫学生：一要有理想；二要有信心；三要有兴趣，有兴趣才能学得好；四要有毅力；五要刻苦；六要勤学；七要好问；八要日新。针对专业思想问题，他也反复告诫学生：历史无法割断，忽视历史的传统，会招致严重后果，科学地研究历史，可以为现实服务，因而必须学习历史，重视历史研究。这些发自心底的忠告，对学生树立专业意识，提高思想素质，都是十分有益的。

当然，作为教师的职责，必须搞好课堂教学，提高教学质量。铁基先生给学生讲课，在课前有认真的准备，从哪里切入，怎样把握重点、难点，到哪里结束，都会成竹在胸。有时为讲好一节课，要查阅大量材料，甚至前思后想，夜不能寐。经过认真的准备，等到课堂开讲时，就可以上下连贯，左右逢源。依他的经验来说，搞好课堂教学，决不能使用一个用过的讲稿，一定要根据新的情况、新的对象进行教学；不一定要有逐字逐句的讲稿，但一定要视野开阔、内容充实。他的讲课往往生动活泼，但决不作无谓的闲谈；他认为必须切实地投入，才能有好的教学效果。

基于对工作的投入，铁基先生很了解学生，在步入古稀之年后，还以个人亲身经历，畅谈半个世纪的华师学生：20 世纪 50 年代末和 60 年代的学生，没有 20 世纪 50 年代初的"单纯"，主要是"革命性"的非正常"发展"，带来一些负面的影响；1977、1978 级的学生，大多数曾经"上山下乡"，学习如饥似渴，一时间成长很快；80、90 年代的学生，单纯、上进、认真学习，或有不恰当的注重自我，主要在于社会的不良习气，在于某些错误"理论"的引导，在于教育的不得力。这对于认识华师学生，研究本科教学的得失，很有参考价值。

二

近 20 多年间，中国研究生教育发展迅速，成为高等教育的重要支柱。华师历史学科拥有两个"基地"、两个博士点、四个硕士点，在国内享有较高的声誉。从 1983 年起，铁基先生在中国古代史专业，先后在秦汉史、汉唐文化史两个方向，培养过 8 届硕士生；而从 1994 年起，又在历史文献学专业，先后培养过 7 届博士生。目前还有 6 人正在攻读博士学位。

在培养研究生方面，铁基先生根据历史学科的特点，结合学生的学术志趣，采取一系列有效的方法解决所面临的问题。

博通和专精，关乎学术研究的基础。铁基先生认为，没有广阔的基础，建不起高楼大厦，没有广博的知识，做不到专精深刻。况且做学问与建楼房，还有较大的不同，知识的关联性更为复杂巧妙。所以，对于浩瀚的历史典籍，既要博览，又要精读，还必须由博返约，才能做出学问来。博览的要求，不一定涉及所有学科，但必须掌握与历史学相关的知识；精读除死记硬背外，更重要的是推敲琢磨，这样才能读出点名堂来。

学习和思考，属于学术研究的方法。铁基先生认为，学习的关键在于提出问题，提出问题是一个思考的过程，问题把学习和思考连在一起，“学而不思则罔，思而不学则殆”，学习、思考都是为了认识和解决问题。历史研究决不能说空话，也不能没有理论，因而必须以史实为根据，做出合乎理论的思考。从书本中可以学习，从实践中也可以学习。对于历史研究来说，最重要的是阅读原著，借此产生思想火花，通过深入的思考，得出科学的结论。

求实和创新，作为学术研究的价值取向，是历史学科的终极目的。铁基先生就此指出：“创新必须求实，求实才能创新。”历史研究领域的创新，主要包括新材料的发现和研究、对旧材料的新解释、新问题的提出和探讨，以及新观点和方法的运用。在具体的研究工作中，有没有老实的态度，有没有扎实的功夫，是学术创新的前提。求实来不得虚假，需要花费时间和精力，在书本上搞“调查研究”，而不能粗心大意。因为有老实的态度，才能充分了解研究状况，不做重复劳动；因为有扎实的功夫，才能做到言之成理，持之有故。

三

百年华师，沧桑巨变。原本数枝并发，各具办学规模。在新中国成立后，从合并成师范学院，到列为部属重点师范大学，迎来崭新的发展。特别是近些年来，办学条件不断改善，师资队伍不断加强，教学质量不断改进，科研水平不断提高。历史学作为龙头学科，经过几代人的努力，取得了长足的进步，在史学界占据一定的地位。伴随着这一成长过程，铁基先生以其学术成就，为中国古代史、历史文献学两个学科的发展，作出了重要的贡献。

铁基先生的学术研究，主要集中在秦汉史领域，上溯先秦，下迄唐宋，内容涉及政治和军事制度、思想文化、学术诸层面。

秦汉制度史研究，是铁基先生最先着力的层面。这个层面的学术著作，包括《秦汉官制史稿》（与安作璋先生合著）、《秦汉军事制度史》。《秦汉官制史稿》以断代史的形式，论述了秦汉王朝中央、地方行政机构的设置，各种官吏的配置、职责及其演变，以及官吏的选用、考核和其他各项制度，揭示了秦汉官制的特殊地位，为进一步开展秦汉史研究奠定了坚实的学术基础，曾得到史学界的高度评价，20 年来一直有人关注和搜寻此书。作为《秦汉官制史稿》的姊妹篇，《秦汉军事制度史》对秦汉时期的兵役制度、军队的构成、武器装备、后勤供给，以及军法、兵法等问题，都进行了较详细的论述，是研究秦汉军事史的重要成果。

秦汉思想文化史研究，是铁基先生用力最深的层面。这个层面的学术著作有：《秦汉新道家略论稿》、《汉唐文化史》、《秦汉文化志》、《秦汉新道家》。《秦汉新道家略论稿》以论文集的形式，集中讨论秦汉新道家的思想和理论，揭示它与先秦道家“相因而实不同”的特征，曾经引起学术界的广泛关注。作为《秦汉新道家略论稿》的增订本，《秦汉新道家》分“历史”、“思想”两编，从纵横两方面，对秦汉新道家的形成和发展、主要代表人物和代表作，进行了较全面的论述，从而构筑起一个较完整的认识体系。《汉唐文化史》分“综论”、“分论”两编，着眼于精神文化，对汉唐文化的重大问题，进行了较深入的讨论。“综论”就汉唐文化的轨迹和特点，进行了规律性的探讨；“分论”则从家庭、经学、社会思潮、文学艺术、风俗习惯等方面，做出了较具体的阐述。《秦汉文化志》概述秦汉文化的历史背景，讨论与文化相关的制度和政策，对秦汉文化的重要方面：社会思潮、学术、文学艺术、礼仪风俗，以及中外文化交流等，进行了较细致的论述。

中国学术史研究，是铁基先生近年着力最多的工作层面。这个层面的学术著作，主要是《中国老学史》（合著）、《二十世纪中国老学》（合著）。《中国老学史》是一部专门讨论老子学说史的著作，从考证老子其人其书出发，着眼于分析时代特点，综述每个时期的老学概况，阐发老学发展的内在规律，评介有代表性的老学成果，确立老学的历史地位，有力地推动了道家文化研究。作为《中国老学史》的续篇，《二十世纪中国老学》对近百年来中国老学的发展，分阶段、地区和专题，进行了较系统的总结。而在完成这两部著作后，他又与人合著《中国庄学史》，以论述历代文化人物对庄子思想的理解和阐发。从这里可以看出，对于中国学术史的研究，铁基先生所追求的目标，显然不局限于秦汉史，而是横跨整个中国历史，来俯瞰老学、庄学和道家文化。

所有这些成果，使铁基先生在国内外学术界享有很高的学术声誉，特别是在秦汉史研究领域，他以一系列学术专著，赢得了同行们的敬重；而在他的直接带动下，在华中师大逐渐形成一支秦汉史研究队伍，还享有“铁军”的称号。

四

常言说，每一位成功者，都有其成功的经验。仅就铁基先生而言，与时俱进的理念、永不落伍的追求，应是他成功的根源。

在过往的人生旅途上，铁基先生与许多知识分子一样，既有风雨的洗礼，困苦的磨砺，也有成功的愉悦，而所不同的是，他能够跟随时代前进，不断地鞭策自己。从学习和宣传马列主义，到参与各种批判活动；从研究历史为现实服务，到对传统文化的深切关注。这些做法、想法尽管有是有非，但体现着一种人生理念和追求：与时俱进，永不落伍。

正因为有此理念，铁基先生对待人生，把适于社会的潮流、合乎人群的需要当作做人的基本准则。少说一些空话，多做一点实事。从生活主流出发，来品味他个人的生活，可以概括出 8 个字：乐观、热情、积极、进取。在不太顺利的时候，他能够保持乐观、积极的态度；在取得成绩的时候，他总是感到不满足，而继续努力进取。

正因为有此理念，铁基先生待人处世，具有高度的自律：诚恳、忠实、讲信用、重友谊。他经常解剖自我，“为人谋而不忠乎，与朋友交而不信乎”，因而在日常生活里，能跟大家“玩”在一起，保持着友好的关系。同时，作为一名教育工作者，他在教学实践中间，也经常跟学生讲做人的道理，对那些“为人不正”者，难免有点义愤和批评，但到冷静下来，又会给予关心和帮助。这些行为留给他的是“热心快肠，助人为乐”的评价。

正因为有此理念，铁基先生对待事业，可以说极为勤奋。他认真地对待工作，严格地要求自己，只要是认准的事情，就一定要把它做好，并且尽量提前做好。他不断地追求新东西，调整知识结构，扩大学术视野，提高认识水平。他在研究某项课题时，总是一如“平常”，无所谓严寒酷暑，无所谓节日假期，只有必要的工作、交往和生活，才会暂时搁下笔杆。在并不优越的条件下，他不知疲倦地工作着，写下一部部学术著作。

五

当然，仅凭这么一篇短文来了解铁基先生的治学育人，实在是很不够的。

我在写这篇文章时，常觉得言不尽意，铁基先生还有很多说法，也都能给人以启迪。比如他说：青年人相信许多假东西，老年人怀疑许多新东西，但愿都不犯这样的错误。比如他说：学术研究中的相互理解、支持和鼓励，有利于学术事业的发展。比如他认为学无止境，对于自己的学术著作，总是说“下一本最好”。这都值得仔细品味。

通过仔细回味，我深切地感觉到，无论是教书育人，还是治学育人，不外乎一个道理：只有春耕夏耘，才得秋收冬藏。

（原载《桂苑师林》，华中师范大学出版社，2005 年 7 月版）

著名历史学家熊铁基先生访谈录

康香阁

在当代秦汉史学界，同道者喜欢用金庸武侠小说中的东邪、西毒、南帝、北丐、中神通5位武林大师的名号来敬称山东师范大学的安作璋先生、西北大学的林剑鸣先生、华中师范大学的熊铁基先生、中国社会科学院的林甘泉先生和郑州大学的高敏先生。这5位秦汉史学术名家，引领着秦汉史研究的方向，占据着秦汉史研究领域的制高点。去年，我们《邯郸学院学报》第4期，为林甘泉先生作了专题访谈，《科学时报》和多家网站作了摘编转载。今年，《邯郸学院学报》第2期又有幸为熊铁基先生作专题访谈和研究。

熊铁基先生从事历史教学和研究50多年，硕果累累。其成就主要集中在秦汉史和道家道教文化研究等领域。主要著作有：《秦汉官制史稿》（合著）、《秦汉军事制度史》、《秦汉文化史》、《汉唐文化史》、《秦汉新道家略论稿》、《秦汉新道家》、《中国老学史》（合著）、《中国庄学史》（合著）、《二十世纪中国庄学》（合著）等；主编《传统文化与中国社会》、《道教文化十二讲》、《中国帝王将相辞典》、《中国历史五千年》、《中国帝王百传》、《宰相百传》等；在《哲学研究》、《中国史研究》、《光明日报》、《中国哲学史》、《文史哲》等报刊上发表论文数十篇。

少年时代的历史知识来自戏曲、小说和宗教

康香阁：您从事历史教学和研究已经有50多年了，积累了丰富的治学经验。您的治学经历是我们青年人学习的一笔宝贵财富，您的治学方法能给我们青年人从事学术研究带来有益的启发和指导。我想今天谈经历，希望能够追本溯源，从您小时候获取历史知识的经历谈起。作为一位著名的历史学家，您小时候的历史知识是从哪里学来的？

熊铁基：这个问题提得很好，最近我也正在想这个问题。我们小时候的情况跟现在不一样，现在有电视、电影、报纸，又有新闻广播，各式各样的渠道很多。我们那个时期，就是抗日战争时期，在一些比较偏僻的地方，不用说没有电视广播，连报纸也很难看到几张。那个时候，青少年的历史知识从哪里来？我想可能有这么几个渠道：

一个就是来源于戏曲、小说。我小时候，家是住在城市里面的，城市里面有戏院，我就去看了不少戏。到了抗战时期，城市里面的环境不安静，为了躲避日本人的飞机轰炸，我们好多人就跑到乡下去了。在农村里面，有时候一个戏班子，在这个村子里面演上十天八天，在那个地方演个十天八天，像赶场子一样。演戏的时候大家就跑过去，去看去听。我们那个时候历史知识就是从戏曲中间获取的，比如，红脸的关公、花脸的张飞、白脸的曹操，那都是戏曲上的台词。另外一部分就是看小说，我记得我读高小的时候，是在湖南桃源芦花潭乡的平阳小学，当时就看了《水浒传》和《三国演义》。那个时候也没有电灯，看到最上瘾的时候，天色越来越暗，眼睛离书越来越近，那是最伤眼睛的时候。就是在这种情况下，得到了《水浒》和《三国演义》中的历史知识。这样的历史知识有时候它也影响一个人的生活，就因为受到这些小说、戏曲的影响，在下了课之后，就整天在想自己将来怎么样当山大王。过去说少不看《水浒》，老不看《三国》，看了《水浒》就容易造反，看了《三国》就容易奸猾，恰恰就是受这样的影响。你问到历史知识的来源，我想戏曲、小说就是很重要的来源。

另外，历史知识的来源还有一个很重要的方面，就是宗教。我们家人不是什么教徒，但是好像什么教都信，我记得我奶奶去世的时候，家里既请来和尚，又请来道士，请他们一起来念经。像这样一种现象，我们当时并不太理解，后来读了书之后才知道佛道之间的关系从唐代开始就已是并列的了。唐代初年宫廷里面如果有活动，请和尚来多少，道士来多少，要平起平坐，一碗水端平，这是后来读书后才知道的。我还记得，我小的时候也跟着奶奶和母亲她们到一些尼姑庵里面去，到一些大庙里面去敬神，她们也不是什么佛教徒，就是一般的见神就拜的这种情况。从那些中间知道了天堂、地狱、玉皇大帝、观音菩萨、阎王、小鬼这样的一些历史知识，这些知识就是从宗教方面传播的，这些知识的传播是无形的。

康香阁：您从戏曲、小说和宗教当中获取的历史知识，可以说是利用空闲时间从民间获取的，您是在什么时候接触到历史课本的？

熊铁基：是在 1945 年，抗日战争胜利了，我进入常德隽新中学读初中。那时候的历史课本好像还是从三皇、五帝、尧、舜、禹讲起，把传说中的历史当作真正的朝代来讲，这倒没有给我留下太深刻的印象。解放以后，就不同了。我上高中二三年级的时候，就按我们新的观点来讲了，当然新的课本还没有编出来，20 世纪 50 年代中后期以后才开始编出这些课本来。

一本书使我萌生了学史的念头

康香阁：每个人走上治学之路的方式都不尽相同，有的人很早就找到了治学的目标，有的人在一个偶然的机会就跨进了学术的大门，还有的人要经过多年的探索、多次的挫折才能找到正确的前进方向，您是什么时候喜欢上历史，走上学历史之路的？

熊铁基：我真正喜欢上历史，决定走上学历史之路，还是应该从高中阶段说起。

在 1948 年，就是解放前夕，我到湖南长沙兑泽中学读高中，就是后来的长沙第六中学。解放前有很多运动，包括学生运动，我们也糊里糊涂跟着参加这个运动，参加这个运动的结果呢，就是也得到一些历史知识。我就记得是 1948 年的下半年，我们学生去游行，游到湖南省政府的大礼堂，当时的湖南省主席程潜出来接见过一次。解放以后，他还当了我们的军事委员会副主席。有一次我看一个电视剧，我看到的程潜，就和我在 1948 年看到的那个程潜是一个样，穿着长袍，袖子是卷起的。后来，再看到有些电视剧里的程潜就不一样了。

现在的电视、新闻、戏曲也给人传递历史知识。但是，从我这个年纪比较大的，过去经历过事情的人来看，现在电视、新闻、戏曲里面传播的有些东西是假的，现在有些电视播出的一些节目，能气死历史学家。如果传播的都是一些不正确的东西，我想那就不是一个很健康的影视作品。像我们看蒋介石的样子，过去都看惯了他本来的样子，但是现在有些电视剧里的蒋介石就不是蒋介石本来的样子，看到后就怪不舒服的。可年轻人他没有蒋介石过去的印象，你给他传播一些假的东西，他也许觉得历史就是这个样子。长期下去，这些假的影视作品对我们历史知识的正确传播会不会有很大的妨碍呢？我现在不可以想象。

康香阁：您在高中阶段历史课成绩很好吗？

熊铁基：不是的，在高中一年级，我最好的成绩是数理化，并不是历史课。我的学习成绩也是很怪，我读初中的时候，从一年级到三年级的学习成绩都很差，几乎每年都要补考。我读初中的那个隽新中学，是湖南常德很有名的一所私立中学，进校的时候，我们这个年级有两个班，每个班有九十几个人，到毕业的时候，我们每个班就只剩下三十多个人，淘汰得很厉害。初中再上高中，就更少了。考上高中后，我的成绩突然上去了。我的印象非常深，有一个年级比我大一点的同学就问我说："你的成绩是怎么上来的，你原来的成绩好像是那么差?"我的数学、物理、化学成绩样样都好，得了好几个数学奖状。一直到 1982 年，我给他们 82 级的学生上课的时候，我还把我的数学奖状拿出来给他们看，为什么呢？因为要做学生的思想工作。我给学生说，数学好，同样对学好历史有好处。数学好为什么对学历史有好处呢？数学能锻炼人的逻辑思维，我印象最深的是做几何题、三角题，几何题的每一个题可以有多种做法，我当时学的时候就把几种做法都写出来了，这对训练人的逻辑思维恐怕会有一定的好处，这是一个很重要的基础，我就这样给学生们讲道理。

当时，校内也搞一些墙报之类的活动，我记得我一个人就办了一期"科学"墙报，专门宣传数理化。可能是我太专注于数理化了，对政治就显得不够热心。

解放了，我进入高中二年级，那个时候学生会干部的选举还搞了一段民主，学生自推代表，我就是落后学生的代表。共产党的政策是三三制，即进步的三分之一，落后的三分之一，中间的三分之一的代表，我就以落后学生的代表当选为学生会主席。人就是这样，你本来是落后的，当把你推到一个什么岗位上去了以后，你就由落后变成了先进。我积极组织了当时学校的"抗美援朝"、"参军参干"活动，带头呼口号，到处去演讲。原来讲话都不敢讲，后来锻炼到作报告，能够讲上半个小时，甚至一个小时都不用讲稿了。在参加社会活动中，也能够增加一些历史知识。当了一个学期的学生会主席，课程耽误了不少，课桌上面常常是一层灰尘。期末考试，拼命赶作业，开夜车，累得我得了一场伤寒，几乎掉了性命。

不知是因为社会活动的影响，还是兴趣的转移，我对历史关心起来。教历史课的赵学钧老师，讲课非常认真，他给我介绍了一本《中国历史简编》，作者是上海华东师范大学的吴泽教授，我竟因此而萌发了学史的念头，几年后，吴泽教授成了我的研究生导师，当时不知道，这一切都是巧合。

到了1951年，我高中毕业报考大学，我报考的志愿是北京大学考古系，那一年我们可以填八个志愿，我只填了一个北京大学考古专业，可见决心之大。我当时印象最深的就是说，当时中国考古事业的发展，就好像是一锄头下去就可以挖出一个金娃娃来，我就立志要学考古专业。可能是我的基础不太好，那一年没有考取，那就等于失学了，生活无来源（家早已破产），就跑到长沙县车马乡教了半年小学。然后到1952年才考入了我们现在的华中师范大学，当时是叫华中大学师范学院，就是旧的华中大学和革命的中原大学合并，成立了华中大学师范学院。到这里来学历史，就这么走上了学历史的道路，你说这是偶然还是必然呢？

康香阁：那个时候，大学里的历史课程和现在大学的历史课程有区别吗？

熊铁基：和现在一样，在大学里也是学习中国历史、世界历史。开始一学古代史就学出兴趣来了，也就学得比较好。在大学四年当中要学两年的中国古代史，一年中国近代史，一年中国现代史。中国古代史第一年的考试成绩，我就考得特别好，教我们古代史的那位老师叫喻存粹，他给我98分。他是来自西南联大的老师，这个老师后来被打成“右派”了，就没有发展起来，但是他的同学，像南开大学的王玉哲、杨志玖等都成了知名专家。我就是从那个时候学古代史学出的兴趣，还当了古代史课的课代表。

解放初期，大学里面对马列主义课程是很重视的，我们学的基本教材就是《联共（布）党史简明教程》。那个时候，我好胜心很强，一年级期末考试，这门课只考了78分，我觉得没有考好，就用了整个一个暑假，把《联共（布）党史简明教程》从头到尾重新学了一遍，直到现在家里面还保留着这本教材，上面圈圈点点的东西还是多的不得了。它的第四章第二节是讲辩证唯物主义和历史唯物主义，这一节把一些基本的辩证唯物主义的理论讲了一下，应该说还是很有作用的。

当时的历史课本也不是太多，资料也不是太多。历史课本一个是看尚钺的《中国历史纲要》，另一个是看范文澜的《中国通史简编》，主要是这两本书。原始资料接触得很少，我们接触的原始材料就是从张舜徽教授开设的一门《中国历史要籍介绍及选读》而来，讲《陈涉世家》等几篇东西，其他的原始材料几乎很少看到。我就记得到大学二年级，有一次讨论王安石变法，才从资料室借了那么一本像样的书，让我们几个学生都来学王安石传。读王安石的万言书，这算是接触了一点原始资料。

理论训练和资料训练

康香阁：您大学毕业后，又上了华东师范大学研究生班，在研究生班受到了哪些方面的学术训练？

熊铁基：1956 年大学毕业的时候，我被保送考研究生，就考取了华东师范大学的中国通史研究生班。我记得在当时全国有三所重点师范大学，一所是东北师范大学，一所是北京师范大学，一所是华东师范大学，这三所师范大学都办过研究生班，有的是近代史，有的是世界史，像华东师范大学就还有一个世界史班，请的是苏联专家来教的。

我们班叫做中国通史班，就是古代史班。这三种形式的研究生班，在当时办了三四届，培养出了一批人。这批人在 20 世纪 50 年代的后期，到“文化大革命”以前，乃至“文化大革命”之后的初期，都是全国各地高等院校的骨干，也有很多人在当时就当了各个学校的中层领导干部，因为那个时候也没有评教授、副教授、讲师这些头衔。解放后，讲师这些职称只是在 60 年代曾经搞过一段时期，没搞下去，“文化大革命”就发生了。粉碎“四人帮”以后，才恢复了评职称。

给我们研究生班上课的老师有吴泽先生、李平心先生和束世澂先生等，还有施奇老先生、戴家祥等先生也授过课，听的报告就更多了。李平心先生是一位很有思想的人，他也写过一部著作《人民文豪鲁迅》，他对甲骨文、金文作过考释，先秦的历史他也研究，很有才气，1985 年在华东师范大学出版社出版了《平心文集》。施奇老先生给我们讲《庄子》。就是在那种情况下，我们读了研究生班。当时得到的收获就是两个基本训练：一个是理论方面的训练，一个是文献方面的训练。

理论方面的训练，因为我们的指导教师吴泽先生是以马克思主义史学家的面貌出现的，而且是从年轻的时候，从解放前一直到解放后，一直都是这样一个面貌，所以在理论观点上面，他提倡要我们学习马列主义理论，要我们读马列主义的原著。我们读过《家庭、私有制及国家的起源》、《德意志意识形态》、《资本论》中的部分章节，再后来就是学习《反杜林论》，还包括列宁和斯大林的一些著作。我们说，马克思主义的基本理论我们没有学好，这是个事实，但我们那一代人都是经过这个基本训练的。我记得李泽厚在他的一本书的后记里写过这样的话，他说他自己是马列主义理论培训出来的。他的年龄跟我差不多，比我大一两岁，我和李学勤同年，都是1933年，我比林甘泉也要小一点，我们这一批人确实是经过了马克思主义基本训练。

对于马克思主义基本训练，我写了好几篇文章申辩这个问题。马克思主义后来被变成教条化，那是一个客观现象存在的，大家都在那个路上走过，但是另一方面不可以否认的是，马克思主义作为一个理论、思想、方法的训练，对一代人是有影响的。这个问题还可以研究，马克思主义究竟起到了一个什么作用?

我记得解放初期，翦伯赞写过一篇文章，他讲学马克思主义就是学立场、观点、方法，但这个立场、观点、方法怎么个学法，也是一个比较抽象的东西，它不是说让你去背条文，不是说一定要引一段毛主席怎么说。但后来教条到不仅要引用毛主席怎么说，还要引用马克思怎么说、列宁怎么说、斯大林怎么说，甚至于苏联专家怎么说，都成了所谓的理论依据，那是走歪了的一条道路。但是，在读马列主义著作之后，在思维能力方面得到的一种训练，还是值得我们考虑的。我想我们这一代人，不管他承认不承认，都经历了这个过程，这是个潜移默化的影响。对于年龄大的老师来讲，比如说，我们的张舜徽老师，他们都是一九一几年出生的那些人，他们这一代的人，有的是早就学习了马列主义，像侯外庐、翦伯赞、郭沫若他们。有些老先生，像张舜徽老师这样一些人，解放前就没学过马列主义。解放以后，学习马列主义变成了大家的一项任务，变成了一个指导思想等。所以，像张舜徽老师这些人也要学一点马克思主义，学习之后有没有影响呢？也有影响的。像张舜徽老师就写过《中华人民通史》，强调人民是历史的主人，就是在马克思主义思想指导下写出来的。在写《中华人民通史》之前，华中工学院还给他出了一本《劳动人民创物志》，我想这些著作的出现，就是接受了人民是历史的主人这个思想，也就是接受了马克思主义历史唯物主义的思想。在那样一个时代的影响下，从20世纪50年代到“文化大革命”前，这一时期的马克思主义的学习是培养了一代学者，或者是训练了一代学者，这个问题我想应该是一个客观存在的现象。

前些年我也听说，传来了很多西方的理论，而且有些西方理论是西方老早的、过了时的理论，我们再把它搬出来，是不是适用？这个理论训练究竟应该走什么样的路子？这倒还是个值得探索的问题。从我们的经历来讲，就是曾经受过马克思主义理论的训练，排除那些极左的、排除那些偏了的东西之外，这个训练是可以肯定的。

对于社会上不时出现的一些所谓西方新理论，我们这些老同志没有青年人接受得快。但有一句话值得我与青年同志共同注意：“青年人相信许多假东西，老年人怀疑许多新东西。”但愿都不犯这样的错误。

康香阁：*在文献资料方面的训练是如何进行的？*

熊铁基：在进行理论训练的同时，还要接受文献资料的训练。文献资料的基本训练就是读一些史料书，我们大学阶段是没有读的，研究生阶段可以读了。读原始资料是做学问的基础，非常重要，我们是从最粗浅的原始资料开始读起。我们的吴泽老师、束世澂老师让我们读《资治通鉴》，而且是读没标点的《资治通鉴》。为了把每一句话、每一个字都读懂，开始一个小时只能够读一页，一页就是四五百字。看不懂的词，就翻字典。看得多了，像《资治通鉴》中那些年号的记载，开始看不懂，以后慢慢就懂了，懂了之后，就可以读下去了，从开始每个小时读一页，到后来每个小时可以读一二十页，这样一个基本训练是非常有用的。

我们学院现在培养的秦汉史研究生，就要求他们读前四史，这也是基本训练。是不是说读了前四史，这些材料就都能记得了呢？那是不可能的，谁也不能都记得。但是，读总比不读要好，读了之后，你就知道这个书是一个什么样的结构，你就知道这个材料可能在什么地方。有时候，我给研究生上课的时候，就把我读《史记》的笔记拿给他们看，我这上面记着某月2日读了哪一篇，某月3日读了哪两篇，就记录在这个地方。但是，你现在要是写文章，还得要看《史记》，还得反反复复地看，你读了之后就知道这个材料可能在什么地方，或者是这个材料的价值你怎么把它化解出来，那你读了和没有读就是两回事。

我们读研究生期间，就是得到了这样两个方面的基本训练。

在理论指导下进行研究，对材料运用要持怀疑态度

康香阁：理论训练和文献训练是从事学术研究的基本功，受到这两个方面的基本训练后，下一步应该如何开展学术研究呢？

熊铁基：研究也是跟读书一样，要把它们两个结合起来。我开始写文章的时候，就是从理论方面写的文章。在读研究生时期，我的第一篇习作，就是在华东师范大学《科学习作》上面发表的一篇关于封建制度形成的理论探讨，这个稿子现在也找不到在哪里了。后来我正式发表的一篇文章是在《历史教学问题》上面，题目是《石器时代的一般特征》，就是读苏联阿尔茨霍夫《考古通论》的一个读书笔记，这是从理论训练方面写的文章。

现在各种理论很多，如果你深入学了某一家的理论或某一本书的理论，你能不能出成果，就看你怎么理解它。就跟用马克思主义去理解问题的道理一样，《共产党宣言》上讲过：迄今存在的一切历史都是阶级斗争史，这是一句原则的话。到毛主席那里就这句话进一步发展成为：阶级斗争，一些阶级胜利了，一些阶级消灭了，这就是历史，这就是几千年的文明史，拿这个观点解释历史就是历史唯物主义，站在这个观点的反面就是历史唯心主义。阶级斗争史是马克思主义的一个基本理论，这个理论你怎么发挥、怎么理解？西方有些理论讲，一切历史都是现代史，你怎么理解一切历史都是现代史？

有的人能把一条理论理解得很透彻，发挥得很深刻，那就成了高水平的、创造性的东西了。如果对这个理论理解得不深不透，那就发挥不出什么东西来。所以我想，这个理论的基本训练对研究会有一定的好处，不能够图省事，图省事实际上就是浮躁。

康香阁：从材料方面写深入挖掘的文章，应该如何入手？应注意哪些问题？

熊铁基：我早期从材料方面写得深入的文章，是关于《周礼》中的土地制度这样的一些文章。写这样的文章，需要对资料作尽可能详细的分

析，对这些资料要持怀疑态度。现在不是特别提倡口述历史嘛，这当然是个好东西。但是我相信有一条，口述历史回忆的资料，有很多是不完全真实或准确的，因为时间是变化的，条件是变化的，人的思想也是变化的。70 年以后的我，和 70 年以前的我，或者是 50 年以前的我，有些看法就不一样了，我现在回忆起一些问题来，有些东西不是十分准确的。对有文献记载的历史，我也是这么一个看法。有人说，书上写的还不可靠吗？那是有文字记载的呀！那我说，现在好多报纸上写的东西是假的呀！现在有假的，过去就没有假的呀！甲骨文，金文，石头上的文字，刻到竹板上的文字，就是真实的呀？那也不见得。春秋战国时期，齐国齐威王铸了一个铜鼎，上面说他的祖先是黄帝，那就是真实的呀？不是真实的，黄帝是附会上去的。就跟唐朝的皇帝讲他们的祖先是老子李耳一样的，这个不是真实的东西，或不是完全真实的。

但从另一个角度分析，这些资料又是有价值的。齐国的钟鼎上说他的祖先是黄帝，它可以反映当时铸鼎的那个当权者，他当时是一个什么思想状况，他是怎么认同黄帝的，黄帝被造出来之后，产生了怎么样的影响。唐朝的皇帝说他们的祖先是李耳，唐高祖李渊、唐太宗李世民，一直到唐玄宗为什么要把老子抬得那么高，这个问题是可以研究的，它的价值就在这个地方。至于老子是不是他们真正的祖先，那是另外一回事，是两回事。所以我想，不管是文字记载、调查资料、口述历史，都是一些好东西，都是应该学习的东西，但是要持一种研究的态度，也可以说是怀疑的态度，这样对我们进行资料研究会有一定的帮助。

康香阁：*在研究中如何将理论和材料这两点结合起来呢？*

熊铁基：理论和材料这两点怎么结合起来进行研究，这需要经过一个基本训练的过程。不管是马克思主义理论也好，西方理论也好，都要经过一个基本的训练。训练之后你才有了这种能力，有了这种能力你才能够驾驭材料，才能够从材料中看得出问题、发现问题或者解决问题。比方说，现在电脑使用很方便，如果你想查一个词最早出现在哪里，在哪些书中间有，在过去你需要去翻书，虽然有“引得”这类工具书可以帮助你解决这个问题，但是只能解决一部分。现在你把这个词输进电脑，统统都出来了，不用那么辛苦地去翻书了。但是，如果你没有一个基本的理论和材料方法训练的话，即使你看了这个词也想不出这个词的道理来，也不一定知道这个词的价值意义在哪里，这恐怕还不是光靠打电脑打出个词来就能解决问题的。

一个人的学习和研究是一个过程，每一个人走他自己的特殊的道路，有他客观的原因，或者是历史条件的关系，但是这也有一个共同的规律性的东西，就是你必须要老老实实做学问，认认真真地读原始文献，这是一个基础；你必须要有一个理论基础，这个理论会训练你的思维，训练你的逻辑，训练你的研究能力，这些东西都是做学问的基础，是一个带有共同的根本性的东西。在此基础上你才能够做好历史研究，才能够做到求实和创新。什么叫求实？求实就是来不得半点虚假，需要花费时间和精力，扎扎实实地在书本上搞“调查研究”，不能粗心大意。什么叫创新？你是否真正在创新？有些东西本来不新，或者你不知道它，却把它当成新东西，那不是真正的新。较早些时候，史学界有人刻意构造新理论、新思想，其实并不是什么新东西。在历史研究中，真正的创新，我看主要有以下几种情况：新材料的发现和研究、对于老材料的新解释、新问题的提出和探讨、新理论和方法的运用。求实和创新的关系可以概括为：创新必须求实，求实才能创新。

搞历史研究要从具体问题入手，与现实需要相结合

康香阁：选题是研究的第一步，选题是否恰当，关系到研究课题的最终成败。有的说研究要选大问题容易引起社会的关注，有的说研究要选小问题容易做得深刻透彻，您怎么看待这个问题？

熊铁基：研究有大问题、小问题，有发现新问题。大问题中有小问题，小问题中有大问题，旧问题中有新问题，这要看你的理解水平如何。真正做研究的，首先要对已有的研究问题有全面的了解，然后你再从现在这个时代，用你个人的眼光来审视还有哪些问题值得你去深入地研究，或者是重新加以解释，或者重新加以认识。

历史上的大问题多得不得了，我们一个普通的人能解决多少大的问题？恐怕难。再大的大师，他有贡献，这是肯定的，但他的贡献毕竟还是有其局限性。像二十世纪五十年代初期，我们史学界开出了五朵金花，就是解决中国历史分期问题、封建土地制度问题、农民战争问题、资本主义

萌芽问题和汉民族形成问题，这五个问题当然是比较大的理论问题，这些问题解决了没有？应该说到现在还是没有。就拿历史分期来说，社会的发展，到底有没有从原始社会到奴隶社会，到封建社会，到资本主义社会，再到社会主义社会这样一个历史规律，还是说这个历史规律是一个特例，一般的社会是没有这个规律的，这个理论史学界至今没有解决。

最近，有一位党的领导干部给我讲：熊老师，社会要进步，思想要先行，全国共产党员只有七千万，即使这七千万党员都是精英，都真的是信仰共产主义，那也只有人口的百分之五，还有百分之九十五的人口应该信仰什么？应该树立一个什么样的世界观？我这个共产党的领导干部不能讲搞别的东西，熊老师你能不能搞一个什么形式，比如说，搞一个孔学（不叫孔教，教是宗教），通过这种形式把大家都吸引过来，把人们的思想境界提得更高一点，这不就有利于社会的和谐发展吗？为什么宗教有人信仰，就是因为它有形式呀！

我说，现在叫国学的、叫孔学的等，都多得不得了，我们现在再用一个什么袋子把它们都装起来搞成一种形式，恐怕很难，这是个大问题，不是一下子能解决得了的。但从学术研究角度来讲，我们可以做其中的一些具体工作，可以在整个大的研究中间稍微有一点影响。比如说，我们现在搞的道家道教研究，就是想让领导人懂得应该怎么看待宗教的问题。对宗教可以从各个角度来看，比如说道教是中国土生土长的宗教，道教有它的好处，它是讲现在的人，不是讲来世，不是讲将来。你说研究道教有没有作用呢？当然是有作用的。现在在宗教政策上也是有些问题，不能够与时俱进，难以适应社会发展的需要。

我曾经在我们学校里面办过一个道士训练班，我有一次还在省里开会讲这个事，好像有个领导很拘谨地问，你这学校里搞这个道教活动行不行？我在学校里培养一下道士的水平，提高一下道士的水平，这不是有益于社会和谐的构建吗？有些领导的思想就是转不过弯来，他就想，你搞道教是不是在做坏事，其实我是在做好事。

因为人民群众不欣赏这，就欣赏那，他愿意信仰释迦牟尼，他愿意信仰太上老君，你不正确引导怎么办？我就告诉他，道教里面也有好东西，就是劝人为善，都是要人做好事，学雷锋是做好事，为人服务也是做好事，宗教里面也讲做善事、做好事，你正确引导就可以了。哪些是糟粕性的东西，哪些是精华性的东西，如何处理糟粕和精华，我们的研究可以做这些方面工作。比如说，我们研究湖北的道教，湖北省有140多个道观，这140多个道观遍布全省各地，它们可以影响很大一部分群众，它们的作用一个是可以使得人们心灵向善，对构建和谐社会是有好处的；另外一个是经济上也发展了，开发旅游景点，武当山是世界文化遗产，又是道教胜地。领导有时候想不到这个上面来，我们的研究的一个作用就是想让他们认识到这个层面上来。

康香阁：您目前所进行的道家道教方面的研究，是现代社会的一个热点问题。有的人说学术研究要与现实社会保持一定距离，有的人说学术研究要与现实社会的需要相结合，这个问题如何理解？

熊铁基：我想我们的学术研究是为现实服务的，我始终相信没有一个不受当时社会影响的学术，单纯的学术实实在在是没有的。你自觉不自觉地都会受到政治和社会环境的影响，自古以来都是如此。司马迁写《史记》，标举“究天人之际，通古今之变”；司马光作《资治通鉴》，更直接表明以史为鉴的宗旨，脱离这一点就不能称之为良史。因而甚至今天，要讲爱国主义，要讲传统文化，都是为了现实，也是为了今后，这是一个既深刻又不言而喻的问题。

但如何为现实服务却大有文章，不外乎有直接的、间接的。直接的要避免“评法批儒”时那种“影射史学”。研究现实问题适当找历史根据未尝不可，但什么都来个“古已有之”，有时就不恰当了，这方面的事例不少，提出来引起注意罢了。间接的往往带有根本性的意义，属于精神文明建设的基本内容，是史学专业工作者的主要任务，百年大计更值得注意。就目前来讲，史学研究要能够为构建和谐社会服务。

（原载《邯郸学院学报》2007年第2期）

贺铁基先生八十华诞

（一）

熊公八十正当年，史海破浪再扬帆。
心系天道行无惧，笔底千秋放真言。
扬子江涌淘陈沙，桂子山灵聚世贤。
百岁但看腰脚健，坐忘思飞自由天。

（二）

学海有幸识熊公，论道体道总相通。
逢会谈笑多真意，别后思之仍动容。
八十不老青春岁，九旬百寿祝心童。
桂子山幽藏浩气，元阳自固驭飞龙①。

（三）

武陵熊氏出高贤，荆楚之邦执教鞭。
秦汉道家君论著，汉唐文化汝亲编。
精研庄老疏玄理，探究全真索本然。
媲美夕阳无限意，遐龄福寿贺翁仙。

---

① “元阳自固”系全真道教创始人王重阳词作中语，即回归元精、元气、元神之养生道法。

（四）

风尘物表赋英才，养性修心豪气来。
文冠九州传四海，道通天地达瑶台。
真常应物从不惑，动静随时总别裁。
福地洞天由此始，人皆可以为仙哉①！

（前两首为中国社会科学院哲学所王树人教授所作；后两首为山东大学哲学与社会发展学院周立升教授所作）

（原载《华中师范大学校报》2012.5.5）

① 熊先生有篇大作名为《人皆可以为神仙》。

熊铁基：品味“畅游”学海的乐趣

看书、读报、投稿、筹备研讨会、带学生、玩微信……很难想象这是年逾80岁老学者的生活常态。日前，记者前往华中师范大学历史文化学院，在3楼的一间办公室，采访了熊铁基教授。

“结缘”秦汉史研究

熊铁基回忆说，他的学术“追梦”之路还是兜了一番圈子的。

1951年，高中刚毕业的熊铁基，立志要在考古界成就一番作为。在高考志愿书上，他只填了“北京大学历史系考古专业”这唯一的志愿。遗憾的是，他未能如愿。

1952年，熊铁基重整旗鼓，考入了华中大学师范学院（现为华中师范大学）历史系，开始正式学习历史。1956年，大学毕业之际，成绩优异的他被保送至华东师范大学继续深造，成为吴泽先生的学生。读研期间，熊铁基一度想在明清史方面“深挖”下去，孰料由于个人和大环境等诸多因素影响，他的研究生生涯提前结束，返回华中师范大学历史系任职。

尽管熊铁基的身份已经由学生变成了老师，可是他求学的想法仍然一如既往。只要有机会，他就去拜访学者。他曾多次向吕振羽、侯外庐、李达、唐长孺等史学大家请教过学术问题，希冀从中找寻到治学方向。

一个偶然的机会，熊铁基接触到了云梦秦简的一些资料，并产生了浓厚兴趣。于是，他找来很多秦汉典籍和史料，边阅读、边揣摩。灵感的乍现实则有赖于厚积薄发。经过几年的积累，一本十几万字的《秦汉新道家略论稿》，让熊铁基在学界崭露头角。此后，他便与秦汉史研究结下了不解之缘。

勾勒“老庄学”发展演进历程

从《秦汉官制史稿》到《秦汉军事制度史》再到《秦汉文化志》，熊铁基略带诙谐地告诉记者，自己在秦汉史领域“耕耘”了近40年。跟很多学术同龄人相比，其所出著作总计十来部，自认为有价值的不过四五本，撰写的学术论文也就百十篇，远达不到著作等身的“级别”。不过，让他欣慰的是，他提出了一些有点新意的思考和观点，并对学界相关研究产生了不同程度的影响。

最让老人津津乐道的是，他率先提出并阐释了“汉人改造先秦典籍”这一问题。熊铁基认为，这是先秦汉史、秦汉史研究中一个值得思考的基点。由此，可以重新认识很多问题。特别是对推进传世文献研究来说，有着重要参考价值。

得益于此前扎实的道家思想研究功底，除了秦汉史之外，20世纪90年代，熊铁基开始尝试梳理老子和庄子的学术史，并先后撰写了《中国老学史》和《中国庄学史》。这两部著述均是我国首部勾勒“老学”和“庄学”发展演进历程的著作。后来，他又主持编撰了《老子集成》。这部著作共搜集、整理了265种历代《老子》注疏的文本，为深入开展老学研究夯实了基础。

在熊铁基看来，正因为“老子”在不同的时代“面貌各异”，所以对历代“老学”文献的编纂与整理，不仅是一项有益于中国思想文化史、哲学史研究的文献工程，对于道教文化的发展与提升也是大有裨益的。

活到老学到老

如今，熊铁基依然乐此不疲地在学海中“畅游”。他告诉记者，目前，他把主要研究精力放在了道教上面。“既然宗教是一个不可回避的话题，那么我希望能通过自己的一些研究，促使道教发挥积极作用。毕竟道教里不乏宽容谦让、劝人向善的正能量，对构建和谐社会是有好处的。”老人诚挚地说。

采访期间，熊铁基数次提起“活到老学到老”这句话。在记者看来，这位老人确实做到了这一点。他每天要用一两个小时的时间读各类报刊，了解学界和时事的最新动态。他依然笔耕不辍，认真地把对某个学术问题的思考诉诸笔端，然后拿去投稿。他正在筹备明年召开的“第三届全真道与老庄学国际学术研讨会”，以期与学界同仁互相交流。

“其实，只要留心，处处都有学习的机会。脑子不停转、保持一颗敏锐的好奇心，才能真正品味到畅游学海的乐趣。这也算是我多年治学的心得之一吧。”熊铁基如此谈到。

（原载《中国社会科学报》2015.11.30）

桂子山上的写意人生

——记熊铁基先生

李云华

华中师范大学，坐落于武汉市洪山区南湖之滨，地势起伏、桂花满园，因校园内栽种着2万余株桂花树，又名“桂子山”。桂子山上的大树，大多有30年以上树龄。然而，谁曾想到，这里还有一位“居龄”长达64年的老人，他就是当代著名历史学家，秦汉史学的集大成者，中国老庄学研究的奠基人——熊铁基先生。

熊先生1933年出生，湖南常德人。新中国成立不久，上大学还是件凤毛麟角的稀罕事，熊先生却立志要学习考古学。几经周折，这个矢志不渝的倔强少年，终于在1952年考入了华中大学师范学院（今日的华中师范大学前身）历史系。那一年，他19岁。从此以后，熊先生便和华中师范大学结下了一辈子的不解之缘，将毕生的智慧和血汗奉献于这片桂香浸润的土地上。

如今，这位年逾八旬的老人，作为华中师范大学历史文化学院享受国务院特殊津贴的教授、博士生导师，仍然坚持在教学工作第一线，带学生、写文章、著书立说、演讲授课、出席学术会议……在他的世界里，岁月似乎不曾留痕，年龄似乎没有域限，有的只是对中国古代史和道家道教思想研究的学术积淀及历史责任。

一、秦汉思想文化史的研究

中国古代思想文化史，特别是秦汉史，是熊铁基先生的主攻领域。从事教学和研究的60多年里，熊先生硕果累累，引领着秦汉史学的研究方向，占据着秦汉史学研究领域的制高点。他的主要著作有：《秦汉官制史稿》（合著）、《秦汉军事制度史》、《秦汉文化史》、《汉唐文化史》等，主编《传统文化与中国社会》、《中国将相辞典》、《中国历史五千年》、《中国帝王百传》、《宰相百传》等，在《哲学研究》、《中国史学研究》、《光明日报》、《中国哲学史》、《文史哲》等报、刊发表论文百余篇。

熊先生用了近 20 年的时间研究秦汉新道家，他精益求精的治学态度，在史学界传为佳话。1984 年，熊先生的著作《秦汉新道家略论稿》由上海人民出版社出版，这是熊先生的第一本著作，引发了学术界对秦汉道家思想的极大兴趣和热情。但熊先生自己认为，这本书还没有把一些问题弄清楚，所以，在此后的很长时间里，他仍致力这方面的研究，大幅度地修改文稿，不断吸收新的史料和观点，终于在 2001 年，由上海人民出版社出版了《秦汉新道家》。新书和《秦汉新道家略论稿》相比，篇目增加一倍，字数增加两倍。如果单看每一篇章，大多不是什么新题目，但是，在论述的广度和深度上，都有了较大进展。熊先生说："每一章的写作和修改，都经过深入的思考，进一步查阅原始史料，借鉴和考量其他学者的论著，使这本书能从'历史'和'思想'纵横两个方面，进行全面的论述，力求达到历史和逻辑的统一。"一个方向、一个题目、一本书，历时近 20 年的孜孜以求，无有疲厌，直到自己满意为止，这就是熊先生的治学态度。

二、对道家道教思想文化发展的理论与实践探索

从 20 世纪 90 年代开始，熊先生开始关注道家和道教文化，从秦汉史转向老学拓展。熊先生组织他所在的历史文化学院完成了《中国老学史》、《中国庄学史》两部历史巨著，确定了老学的历史地位，开庄学研究之先河。

对于《中国老学史》，学术界是这样评价的："它是中国哲学史及道家道教哲学诸科师生都应阅读的一个范本"，"是我国研究老学发展的第一部系统专门之作，在道家老学领域的开拓及奠定老学研究的基本方法与范式方面，都有重要贡献"。但熊先生自己评价这本书却十分谦虚，他说："我只是为老学研究抛了一块引玉之砖，尽了一份责任。"作为老学史的续篇，熊先生又带领团队完成了《二十世纪中国老学》一书，对近百年老学发展的历程，分不同阶段和专题，进行了系统总结。

2000 年，熊先生带领他的团队开始专注于庄学的研究，2003 年《中

国庄学史》作为国家社科基金项目得以出版，被学术界认为“对我们把握中国经典的诠释特性，极有价值”，“它为中国哲学及道家文化的研究开拓了新的天地，打下了良好的基础”。从《中国老学史》的问世，到《中国庄学史》的完成，熊先生奠定了老庄学研究这一新的学术领域在道家文化研究中的重要地位。

进入21世纪，如何培养一批怀着虔诚信道之心、能为道教的发展尽责尽力的道教界人士和学者，是近年来熊先生苦思冥想的心头隐忧。

得益于扎实的道家思想文化研究功底，熊先生开始着力于道教文化实践。在他的全力推动下，2002年10月，华中师范大学道家道教研究中心成立，中心拥有专、兼职研究人员数十人，其中不乏教授、博导和博士生，是一支科研实力雄厚的专业研究队伍。2009年，中心获批为湖北省人文社会科学重点研究基地，熊先生为名誉主任。

除了开展道家道教学术研究之外，熊先生还通过举办培训班、开展讲座、电视教学等途径，积极培养道教人才，引导学术界与道教界开展广泛的交流与合作。例如与江苏省茅山道院共同主办出版“道家道教文化研究书系”，与湖北省道教协会联合编撰了《湖北道教》，组织举办了“湖北省首届道教文化高级研究班”。从2008年开始，与香港青松观联合举办“全真道与老庄学国际学术研讨会”，如今已成功办了三届，在学术界和社会上产生了广泛的影响。用熊先生的话说：“设立华中师范大学道家道教研究中心，目标是要建设一个在国内外有较大影响的道家道教文化研究基地和人才培养基地……如今道教的发展不尽如人意，我很想为道教的发展尽一点绵薄之力。”

三、新编《老子集成》的贡献

道教创建之后，奉老子为道祖，《老子》一书被称为《道德经》。以后众多道经的出现，大都与之相关。道教学者，尤其是历代高道对《老子》的阐释也就形成了一部“道教老学”的发展史。熊先生认为，不同时代有不同的“老子”，每一个注释研究者也有其各自所理解的“老子”。20世纪六七十年代，台湾严灵峰曾有《无求备斋老子集成初编》和《续编》出版，搜集了流传于世的不少关于《老子》的著作。但此书由于印数不多，流传也不广，不能满足日益发展的研究需要，不少学者一直想重新做好这一基础工作。

2007年，中华宗教文化交流协会和中国道教协会举办了“国际道德经论坛”。陈鼓应、牟钟鉴教授向时任中华宗教文化交流协会副会长兼秘书长的齐晓飞先生提出新编《老子集成》的建议，希望中华宗教文化交流协会主持此一重要工程。建议一经提出，呼声四溢，但是应者无人，毕竟这样一个世纪工程不是什么人都敢尝试的。经过审慎思考，熊先生接过了这一重任：由华中师范大学道家道教研究中心和宗教文化出版社承担。前后历时5个年头，数十位学者夜以继日工作，2011年，熊先生担任主编的新编《老子集成》终于问世了。新编《老子集成》共15卷，1100万字，收录《老子》战国楚简本、马王堆帛书本、傅奕校定古本、敦煌本、道藏本等重要版本，以及保留至今的自战国至1949年中国学者关于《老子》的各种注疏文献共计265种，其中有80余种是严灵峰所编《无求备斋老子集成》中没有的，包括50余种难得一见的孤本或善本，堪称老学文献之集大成。有多个本子由于版本特别珍贵，所在图书馆不准复印拍照，是专门派人抄录出来加以整理的。

国家宗教局局长王作安在首发式上对《老子集成》的学术水平和文化意义给予了高度评价，他说，新编《老子集成》，可谓“盛世修典”，是一笔巨大的精神财富，对道教和整个中华文化来说，都有着重要的意义：是老学发展的里程碑式标志，是中国道教文化扩大影响、持续发展的重要助推，也是中华文化走出国门、走向世界、推动文化交流的重要介质。

四、至真至善的人生境界

回想60多年的治学经历，熊先生由衷地说：“我觉得要做好学问，首先要学会做人。”要“适乎社会潮流、合乎人群需要”，这是熊先生做人的原则。在日常生活中，无论男女老少，他都能和大家“玩”在一起，广受尊重和喜爱。几十年来，他的热心快肠、助人为乐尽人皆知。在他的培养和带领下，华中师范大学历史文化学院一大批在学术界享有盛誉的年轻学者成长起来，成为不同岗位的骨干和中坚力量。

说到做人和治学，熊先生特别推崇“道德文章”的说法。他说，做人，特别是做一个文人，要把两者统一起来。说得具体一点，一个人对自己思想品德的要求，和他的学术成果的质量是有关系的，很难设想一个名利思想极重而又不思改正的人，会严肃认真地对待学问，会有高度的责任感去写文章和著作。熊先生常常教导学生：粗制滥造的做法往往和急功近利联系在一起。做学问也要讲“实”，一个是功夫问题——扎实，一个是态度问题——老实。

对于学术和政治的关系，熊先生从不避讳。他认为，无古不成今。研究历史要为现实服务，是不应该也无法回避的问题。自古以来，学习和研究历史，都是为现实服务的，司马迁写《史记》，“究天人之际，通古今之变”，说得就很明白。直到今天，我们讲不忘历史、讲传统文化，都是为了现实，也是为了将来。正因为此，社会的发展、文化的传承，史学始终有它特殊的地位和作用。

2015 年，《人民日报》发表了熊先生的《研究合为现实而行》的文章，再次明确阐述了他的“学术研究要为现实服务”的主张。熊先生说：“任何历史学的研究，都需要表明自己的政治倾向，关键是要站在人民群众的立场上”，“随着时代的发展，为现实服务中必将产生更多的研究成果，更好的上乘之作”。常有人问熊先生，几十年来，最满意的著作是什么？熊先生总是谦虚地说：“已发表的著作或论文，过一段时间看，总会发现一些遗憾或不足。像球王贝利的下一个球最好一样，我的下一本、下一篇才最好。”

熊先生的学术之真、生活之真，令人叹服。如今，83 岁高龄的他，仍坚持每天打乒乓球，和年轻的学生们攀谈交流、微信聊天。

“清风一日来天阕，世上龙涎不敢香。”闻名遐迩的桂子山，成长起了一株又一株枝繁叶茂的桂花树，也培养着一代又一代奔赴祖国四方的栋梁之才。有多少像熊先生一样的园丁，深深地扎根在这里，无论春夏秋冬，斗转星移，不变的是一生的守候。

（原载《中国宗教》2016.8）

扎根学问，痴心不改

——熊铁基教授采访录

代　瑶　胡子昂　余雪铭

身似鹤形，心如童稚，老庄学带给熊老的不只是享誉学术界的声名，更带给他永远洋溢着青春气息的生命活力。三五句言谈间，平生所学之精深与学贯后之淡然洒脱，令吾等后辈叹为观止。

碎墨：熊教授，您从事历史研究数十年，近年在老庄史的研究领域中著作颇丰，硕果累累，请问您是如何保持高度的学术热情的呢？在学术研究中，您认为最重要的品质又是什么呢？

熊铁基教授：你们是看到我这么大年纪还在做研究、写东西，没有搁置学问，想问为什么我还会继续干吧？我认为最重要的，还是要有兴趣，要投入，也就是“痴”和“癖”。《左传》有一本著名的注本《杜预注》，西晋杜预曾说：“王济有马癖，和峤有钱癖。臣有《左传》癖。”“癖”，就是一种病态的状况。但它作为一种爱好，如杜预的《左传》癖就是怀揣热情，全心投入，所以他的《左传注》才能后世流芳。我们对于学问的“癖”，不是玩物丧志的“马癖”、“钱癖”，而是类似于这种《左传》癖。至于“痴”，就是要痴心不改，投入进去。

总的说来，就是要有热情，有恒心。正如毛主席给儿子的家书里讲的“有热情，有恒心，不要那种无着落的与人民利益不相符合的个人主义的虚荣心，总是会有进步的”。而这种热情和恒心，其实也就是今天社会主义核心价值观中“敬业”的内涵，所以做研究也要坚持敬业精神。

碎墨：在我们心目中您是学术精湛的教授，那除了学术研究之外，我们对日常生活中您的形象也很是好奇，能跟同学们分享一下自己平时的生活状态，有哪些兴趣爱好吗？

熊铁基教授：我的日常生活状态用三个词概括一下，就是爱美、爱动、爱合群。爱美之心，这是人皆有之的，比如我们去一些正式场合，要认真打扮一下，这不仅是出于自己对美的需要，这也是对他人的一种尊重。

至于爱动，同学们平时如果有留意我的话，就知道我一般每天来一号楼两次，下午打打乒乓球，也不能一天到晚都看书，那样身体也吃不消不是?

至于合群，就是与人交往。人都是社会动物，需要一定的社交圈子，如果成天不理人，或者人家不理我，都会受不了。比如我女儿在美国，想让我也过去生活。尽管在国外生活自然有一些好处，比如空气清新，环境好。但是在那里，就没人可以讲话，人会受不了，社会动物是需要交际的。

碎墨：学术研究最重要的就是练好基本功，理论和文献训练，您认为同学们在筑基的过程中可能会出现哪些问题？结合您过往学习和研究的经验，您认为我们应该如何避免或解决这些问题呢?

熊铁基教授：事实上，在新的时代和环境下，会产生不同的问题，根据不同的问题，需要用不同的解决方法去对待。我曾经的文章《我的学史经历和体会》，也就是我过往的治史经验，可以给大家一些借鉴，但不能直接拿到现在用。在我们过去，没有手机也没有电脑，只能看书。直到20世纪50年代我上大学时，每个星期六才会有机会去现在的露天电影场看电影，这个也就是那时候最重要的文艺活动了。而现在查资料，一般百度一下就知道了，但百度里有一些东西并不是很准确，需要有一定的基础，你才能看得更明白、更深刻。而且现在的阅读，大多也是电子版，但是纸质文本的阅读也很重要，因为它可以反复翻看，吸收的效果更好。先打好纸质基础后再去看其他的，你可以发现很多之前没注意到的细节。至于现在你们所存在的问题，可能就是手机看太多，影响太大了。有时候我看到一个感兴趣的东西，也会花一两个小时在上面，所以要学会克制，下决心去克服。还有就是思想的问题，现在不少同学有些抑郁情绪，我们常说“一念之差”，再高深的道理，都是建立在人的思想上，所以要自己培养思维的能力。再就是理论学习上，要注意现有课程的学习，虽然不同的班有不同的老师，但是课本、提纲是一样的，基本知识要学扎实，但终归说来，还是要对症下药才行。

碎墨：一般在我们的印象中，道家文化是清静无为、玄之又玄的，在如今提倡国学而实用主义又大行其道的环境下，您认为道家文化研究的重要意义是什么呢？

熊铁基教授：道家文化，是我们传统文化的重要组成部分。近些年来的国学热，有些幼儿园，特意提倡要穿古代的衣服背诵《弟子规》，实际上《弟子规》在中国历史上并没有发挥那么大的作用，我们说“要从娃娃抓起”，幼儿园这样强行贯彻的“国学”，这就有点扭曲了，其本身就有点形式主义。道家的作用，更多体现在提倡自我修养上，强调心要静，要善良正直，不要浮躁。现在有的西方学者说，在这浮躁的时代，道教文化是解决现代问题的一个妙方，能够改革二十一世纪。这只是学术上的一种理想，实际上不完全是那样的，总不能老子以前说什么，我们就可以拿来直接解决现实问题，这是一种理想，道家文化更多在于基本观念的训练。

比如说，现在强调生态文明，而道家提倡“洞天福地”，从原理到具体方法，其实都能起到一些作用，一定程度上可以说洞天福地就是生态文明的样板。比如，我们现在搞建设，动辄把山炸平，把湖填满，但是道家秉承的原则就是尽量不要破坏它的原有环境，要维护它，根据它原有的自然环境来进行修建，就像以前的道观大多都是依山而建的。再比如说 1958 年，大炼钢铁把树木都砍完了，这是巨大的生态灾难，严重破坏了自然环境。而道家文化可以给我们生态文明建设一些启发。

碎墨：在秦汉史的研究中，《史记》、《汉书》、《资治通鉴》等经典往往是我们研究的主要史料，而这些史料都或多或少地打上了作者的主观烙印，在辛德勇的《制造汉武帝》一书中就对一些经典文献进行抽丝剥茧的分析，批判其史料价值和客观性，那么对于如何批判地认识、科学正确地引用经典文献，您有怎样的看法或建议呢？

熊铁基教授：其实这跟过去我讲老庄学史的时候提到的一个观点“不同的时代有不同的老子”，是一样的。魏晋的老子和隋唐的老子的研究都是不一样的，一些经典古籍历代都有人注解，每一代人都会把自己的观念累加进去，因此我们要回归到原始材料。还有，每个人都想要找老子思想的本意，但其实是不能完全复原它的。之前我在新生研讨课上曾说过："写史的人写的历史不是真正的历史。"虽然不同的人写史，基本事实可能没错，但是他截取的部分、阐述的重点可能是完全不一样的。我们能做的就是学、问、思，正如"学而不思则罔，思而不学则殆"所强调的，不能整天空想，也不能只学不想，否则就想不深，学不精，要学会多问几个为什么。

碎墨：您在新生研讨课上说，"我们看到的史书并不是真正完全真实的历史，而是史官所写的"，请问您对此有什么具体的看法呢？

熊铁基教授：史书肯定是带有史官的主观色彩，所以我们在研读的过程中要学会前面所说的"抽丝剥茧"，也就是要多想一些问题，多问几个为什么。但是史书肯定是把基本的史实完整记录下来的，那我们要做的就是去看史书如何叙事，看史书截取了当时的哪一部分的事件，从中再去探究真实的史实到底是什么。用一句话概括，就是"学而不思则罔，思而不学则殆"。

碎墨：在您的新生研讨课上，您提到了历史学的研究不可避免地要与其他的人文学科如政治、经济等进行对照、交叉，请问您能否具体地和我们讲一讲学科交叉对于历史学习的重要性？

熊铁基教授：其实关于这个问题我想把它倒过来看。我认为是历史学科对其他各个学科都有帮助，或者说在学习其他学科的同时也学习历史，会让一个人的学问达到新的高度。我们现在的人文社会学科有经济、文学、政治、法学等，其实在中国古代，是并没有这些分支的。我把中国古代的人文学科研究称作"综合性的学术研究"。人文学术是相同的。一方面，所有的学科都有他自己的历史，而学历史的人有能做好任何事情的基础。另一方面，学文学的，加了历史进去，你的文学研究深度就提高了；研究哲学的，把史学因素加进去，哲学研究水平也能相应地提高了。打个具体的比方，"道可道，非常道"里的这个"道"肯定要结合历史的发展去研究的，不然你就只能一直在这个"道"的表面概念上打圈圈。

碎墨：前几个月，教育部公布高校"双一流"建设名单，一直被认为是我校王牌专业的历史专业却与之擦肩而过。您怎样看待这件事？结合新近的"办学思想大讨论"来看，您认为我们学院还应该加强哪些方面的建设呢？

熊铁基教授：我想这里面的原因肯定是有很多的，所以对这个问题我还没有完全表态。我只想说的是，教育部评选肯定是有很多数据作为依据的。虽然出现了很多看似不合理的现象诸如有些一流大学没有一流学科，但我想不管怎样，变化是每时每刻都在发生的，关键是我们自己要自强。我们在历史学上的研究不会因为这个而停滞，我们要一如既往地搞下去，不受干扰地搞下去。

为什么大家都认为北大清华是中国大学的巅峰？究其原因还是他们的办学基础好。所以，尽管其他大学的一些专业也很强，但最终他们的学生还是想去北大清华发展。对于我们来讲，我们真的只要做好自强就行了，我该做什么就做什么，踏踏实实、勤勤恳恳不会被亏待，比如老庄学的研究，是我们学院一手自创的，且在学术界受到了广泛认可，在国家层面也申请到了项目，300 万字的《老学通史》编纂大计也在进行当中。我想，只要这么干下去，几年后必定会得到我们所期望的结果，而不要过分计较这个评选的得失。

碎墨：自党的十九大以来，教育改革—培养创新型人才再次成为大家关注的焦点，但是本科生由于专业知识积累的薄弱，阅读材料的缺乏，往往很少能写出创新性的高质量论文，不少论文还是东拼西凑而来的。面对本科生创新能力不足、创新意识不高的现象，您对此有什么建议呢？

熊铁基教授：我有三点建议：第一是摆脱功利，也就是毛主席曾经写给他儿子的三句话：要有恒心，要有热情，要去除与人民不相干的想法。无论如何都要沉下心来做学问，学问是个笨东西，没什么好投机取巧的。第二是要有兴趣，兴趣是一切学习的前提。第三是要发扬敬业精神，这是学贵有恒的关键之处。

碎墨：您刚才提到研究历史的“功利”问题，有人认为“研究历史在于解决当下问题”这种说法过于功利，历史研究的真正意义在于传承和发扬传统文化和精神。还有一种“历史无用论”的说法。您对这两个问题有何看法？

熊铁基教授：研究历史就是要解决现实问题，不过很多时候不是直接的。但是你提到的这个说法也有道理。我始终认为研究历史，很大程度上就是要探究社会在当下和未来的发展态势。至于说研究历史无用，其实这个问题在“大跃进”和“文革”期间就讨论过。打个比方，有专家研究洪秀全是否留了胡子，看起来是很无用的样子，但如果博物馆要挂洪秀全的像的话，就不再是无用的了。所以研究历史，肯定是要解决现实问题，但有时又不能太患得患失，老是问自己做这个研究有没有用，那就适得其反了。

（以上内容根据访谈录音整理，大意如此）

（原载《碎墨》2017年刊）

熊铁基的直率与风趣

蒋 波

南方多丘陵，就连各大城市中也时常有小山点缀。武汉就是如此，因而谈起某高校往往会提到校园中的“名山”，比如武大的珞珈山、华中理工（即现在的华中科技大学）的喻家山、华中师范大学的桂子山等。读大学那会初次踏入桂子山，除对山上的一草一木感到新鲜，也惊奇于校园里的人与事，比如历史文化学院的墙上赫然写着“1 号楼”，学校最早的公共用房就是这幢楼，它与社会上谈论专业的热与冷并不相同。

更令人惊奇的还在于，教学楼里走廊与主教室墙上挂了几幅曾在此任教或仍健在的老先生们的生活照或“名言”，浓郁的专业氛围油然而生。这也算人生中的一种财富吧，何况我们不仅观其言，还闻其声，有幸聆听过老先生们的教诲，见识过他们的风采。熊铁基先生便是其中一位。

当时熊先生已年近古稀，但仍很“活跃”，做学问，带研究生，下班后呼呼作响地打乒乓球，让人佩服他瘦小身材中蕴含的大能量。更难能可贵的是，他坚持给本科生开课，比如与其他老师合开过元典导读课。熊先生对道家文化研究颇深，《秦汉新道家略论稿》是其代表作，但在讲道家类典籍时，他并没提自己的作品，而是让我们平时多翻翻《老子》、《庄子》。他十分强调这一点，大概意思是本科阶段要重视基础，路没走稳先别急着跑，反复诵读经典很有必要，任何学派的精髓首先蕴藏于经典之中，等等。现在想来，熊先生的话十分中肯，文史哲需要步步为营，“经典常读”很必要。

后来重回桂子山读研，还见识过熊先生的直率。当时因为是工作以后考研，所以很珍惜机会，在二楼走廊上等待面试时不免忐忑。一会儿，熊先生上来了，他询问我们都报考了什么方向（院里几个方向的考生同时在几间相邻的办公室进行复试，所以在一起候考）。大家分别回答过后，熊先生很自然又很认真地说，报考中国古代史特别是秦汉史方向的还应多点，你们怎么不报考，这个方向有那么多优秀的老师！结果办公室里的老师和外面的学生都不由自主地笑出声来，我紧张的心情一下放松了好多，也全然忘了自己其实并没报考秦汉史方向。熊先生的话并不幽默，但他那童心般的率性、对所从事专业的执着与热爱，是另一种风趣。

前不久在一次学术年会上，正好碰上了熊先生。他快 85 岁高龄了，身体已不如十多年前硬朗，但仍坚持从外地赶来参会，而且期间生活起居自行打理，一股子不服老的精神。会议闭幕式上，熊先生做了简短发言，他说自 1981 年学会成立 30 多年来未曾落下一次年会，话音未停，下面掌声雷动。他接着说期待下次年会，并对此"信心十足"，但"把握不大"，意思说没有理由不去参加，但身体状况自己控制不了，只能"听天由命"，先不去管它。老先生的风趣，让人再次感受到他看待生活的云淡风轻，以及将学术视为生命中一部分的深情。

（作者单位：湘潭大学历史系）

（原载《中国社会科学报》2018.1.29）

勤治史与时俱进　著文章历久弥新

——访熊铁基先生

编者按：熊铁基先生是我国当代著名历史学家，从事历史教学和研究工作60余年，在秦汉史和道家、道教文化等领域取得了突出的学术成就。近年来熊先生倡导并重视“老庄研究”，对道教的起源、演进等重要问题提出了新的认识。应本刊编辑部之约，熊先生回顾了数十年来的治史历程，畅谈了近期对道教相关问题的研究成果。

一、治学经历和治史风格

问：熊先生您好，每位学者都有自己的成长过程，能否请您谈一谈您是如何走上治史之路的?

答：我真正喜欢上历史，决定学习历史是在高中阶段。1948年，我进入湖南长沙兑泽中学读高中，即后来的长沙第六中学。教历史课的赵学钧老师，讲课非常认真，他给我介绍了一本《中国历史简编》，其作者是后来任教于华东师范大学的吴泽先生。我因此萌发了学史的念头。数年后，吴泽先生成了我的导师。1951年，我高中毕业，报考大学。那时候我们可以填8个志愿，但是我只填了北京大学考古专业这个志愿，足见决心很大，可惜没考上。之后我在一所小学教了半年书。1952年，我考入华中大学师范学院（即后来的华中师范学院）历史系，正式开始学习历史。1956年我大学毕业后，进入华东师范大学中国通史研究生班，跟随吴泽先生学习中国古代史。1958年，我回到华中师范学院任教，一直到现在，都在历史系（历史文化学院）工作。就这样学历史，教历史，研究历史。

问：您从事历史学研究已经有60多年了，但时至今日您依然坚持不懈地进行科研、教学工作。请问您这种持续稳定的工作动力是怎么形成的?

答：偶然加习惯，成为自然。学习历史、从事史学研究是偶然的因素，至于工作动力的形成，则是习惯成自然的事情。现在有一些对老年人的总结：50 回头望望，60 告老还乡，70 打打麻将，80 晒晒太阳，90 躺在床上，100 挂在墙上。这些事我好像都没有经历过。老实说，80 岁以前，我从没有顾虑过“老”和是否继续工作这一类的问题。我最近在写回忆录，正好写到 60 岁那一年（1993 年）。那一年是全国最后一次的“国评博导”评审，之后博士生导师都由高校自评。“博导”本来不是新鲜和特殊的事，但是在一定时期，好像具有一定特殊的地位，特别是“国评博导”。我 60 岁那年评上博导，就没有考虑过退休的问题，自动延续下来了。70 岁退休后，学校返聘，一直到现在，学校给我补贴，那我就想着还要做点事情。所以从 1994 年到现在我一直都在招博士生，这样形成了习惯，就感受不到什么累不累或者什么动力问题。因为我不会是那种“70 打打麻将，80 晒晒太阳”的状态，虽然下棋、打牌这些事我都会，但我觉得这些事情没有太大意义，不适合我。

几十年来，教学、科研工作就像一日三餐一样，是我日常生活的一部分，已经成为一种习惯。近几年我一般一天工作四到六个小时，有时候时间稍微长一点。中间会临时穿插一些其他的事，比如邮件来了、学生的作业拿过来了，我就要看。如果没有的话，我就看看书，想想问题，写写文章，写写回忆录。教学和学术研究就是我生活中的一部分。对我来说，几十年如一日做学问，没有很高的境界或特别的动力，就是习惯成自然。

问：*从最早的秦汉思想史、制度史，到文化史、学术史，再到老庄学，您的学术兴趣有过几次转移，请问您为什么会对这几个领域感兴趣？又是为什么会兴趣转移呢？*

答：这是具有很多偶然因素的。实际上我最早研究的是秦汉史，我读研究生时，想研究明清史，一是觉得明清距离现代近一点，二是想也许没有古文字的困扰。这都是和当时大部分年轻人一样的错觉。20 世纪 60 年代初，我在中国科学院历史研究所访问，与明清史研究室的学者们（胡一雅、周远廉等）在一起交流。回到武汉，在唐长孺先生的影响下，我系统地阅读《隋书》及新、旧《唐书》等，同时还读了《史记》，又在系资料室查阅大量图书，写过一些与唐史相关的论文。少数论文公开发表，大多数未刊出。

“文革”开始后，我的学术研究工作停了下来。1975 年，云梦秦简发现后，友人谭维四（曾任湖北省博物馆馆长）送给我一份释文的打印稿。当时我在学校的京山分院，于是跟七五级政史系学生们一起阅读、学习。因担任“通讯员”工作，写了一些“应时”文章，其中仅发表了一篇《啬夫考》，后来又写过几篇文章，算是有点学术意义。

因为读云梦秦简，我产生了学习和研究秦汉史的念头。真正开始做秦汉史研究则是在“文革”之后，具体来讲是从读《吕氏春秋》开始。读《吕氏春秋》的最初目的是想看看有哪些关于秦代的材料，在阅读的过程中发现那不是材料问题，而是一个完整的思想体系，最后逐渐形成“秦汉新道家”的观点。1984 年，出版了《秦汉新道家略论稿》一书，对秦汉新道家的思想和主张进行了初步探讨。20 世纪 80 年代初，我同安作璋先生合作《秦汉官制史稿》。该书完成后，安先生提出写兵刑史，但我认为“兵”和“刑”的结合是中国古代的说法，现在已经把军事问题和刑法问题完全分开。后来我独自完成《秦汉军事制度史》，安先生草拟了法制史的大纲，我也曾打算参加的，后因客观原因，未能实现再次合作。所以我研究思想史从《吕氏春秋》开始，与制度史的研究（从官制史开始）差不多同时进行，都是在 20 世纪 80 年代初。

完成《秦汉军事制度史》之后，我就集中精力进入文化史、学术史领域。我觉得制度层面是较为呆板的东西，而研究文化史，主要是研究人类文明成果的发展过程（包括物质文化、制度文化、精神文化等）比较活跃，更有趣一些，可以说文化、学术在传统文化中起到核心作用。所以我的兴趣不是在转移，而是不断在发展，是随着我学习和研究过程中遇到的问题而产生的。比如对“秦汉新道家”的研究，别人都认为《吕氏春秋》、《淮南子》是杂家，但我读后发现他们的思想体系是一样的，所以提出“秦汉新道家”的观点。这不是兴趣转移，而是随着研究的深入而提出的问题。

至于老庄学的研究，这倒是一个转移，向老庄学转移的原因有一些偶然因素。1993 年我应西北大学张岂之先生的邀请，赴西安参加一个有关老子思想的学术研讨会。但我那时还没研究过老子，于是把两千年来老子思想的传承发展轨迹做了梳理。这是西安举行的第二次老子思想研讨会，在第一次会上就有学者提出要写老学史。我在会议上的发言得到张岂之先生的肯定，我建议他组织写一部老学史，当时他没表态。我回武汉后找到马良怀和刘韶军两位学者合写《中国老学史》，这本书于1995年出版，这就是我转向老学史研究的偶然性。到2000年，第三届庄子国际学术研讨会在北京召开，我梳理了庄学史的发展脉络，会上中国社会科学院余敦康先生问我是不是可以写一本庄学史。我回来后立即着手准备，最后完成《中国庄学史》。所以只是偶然的因素让我进入了新的学术领域——老庄学研究。

二、秦汉史研究的成果

问：您和安作璋先生合作完成的70余万字的《秦汉官制史稿》，是20世纪中国秦汉政治史、制度史研究的代表作之一，您和安先生的友谊也成为学术界的佳话，您和安先生当时是怎么合作的？

答：我和安先生相识于1980年11月在山东烟台召开的十院校中国古代史教材编写会议。当时我们两人虽是初次见面（我们也都不是教材作者），但一见如故，无话不谈，以后又多次共同参加学术会议并开展学术合作，遂成莫逆之交。

烟台会议后，我和安先生结伴到济南，火车上安先生约我合写一部秦汉史。我说不行，因为我在1978年上海的一次学术会议上得知，林剑鸣同志已经有了一部12万字的秦史（后来扩充为30多万字）准备在上海人民出版社出版。当时我有一部10余万字的秦代官制史手稿，安先生有一部20万字的汉代官制史手稿，经过我们两人的商量，决定在原来书稿的基础上合作写秦汉官制史。我们希望把原稿加深加广，既要有详细资料，又要有深度研究。决定合作之后，我们首先对书稿的大纲进行讨论。安先生写信希望我先酝酿一个大纲，我接信后立即考虑提纲。安先生收到提纲，觉得框架可以，但还有一些问题值得进一步思考，他对提纲提出相关修改意见。提纲敲定后，大概从1982年6月进入正式的写作。我们的分工是：由安先生寄来相关资料，我写完初稿快速寄送给安先生，安先生则提出修改意见后再返还给我。至1982年底《秦汉官制史稿》上册初步完成，1983年交出版社，1984年出版。上册修订稿交出版社的同时，下册的写作也在进行，仍采用“流水作业”的方式，于1985年出版下册。

2012年，安先生把我当年写给他的信件复印后寄给我，我也找出所有安先生写给我的信件复印后寄给他。我们教研室的郭涛根据这些信件写了

《发挥各自优势　携手精诚合作——〈秦汉官制史稿〉写作出版的前前后后》(《中国社会科学报》，2019 年 7 月 22 日) 一文。

《秦汉官制史稿》常为同行称道，实际上只不过是一个阶段性的总结之作，我们就是把原来对于秦汉官制研究的一些成果做了比较系统的收集、梳理和总结。今后对秦汉官制史还有很多新的研究工作要做，特别是在新出土的简帛、封泥等材料中发现了很多新的职官名，这些新材料就要补充，而且还要做进一步的考证。有很多人建议出修订本，这也是一种可行的思路。但是我想一个时代的东西就是那个时代的东西，何必去修修补补呢？将来有学者写新的更好。

问：1984 年您出版 14 万字的《秦汉新道家略论稿》，2001 年 40 万字的《秦汉新道家》再一次出版，请问您是如何将这个问题的研究不断推向深入的呢？

答：《秦汉新道家略论稿》实际上是一本论文集，对秦汉新道家的代表人物、思想特点进行专题讨论。我提出“秦汉新道家有别于以老庄为代表的先秦道家”。

书出版以后，我一直关注秦汉思想文化史，1984 年到 2001 年之间，我相继完成了《汉唐文化史》和《秦汉文化志》两书。经过近 20 年的思考，我对秦汉新道家问题产生了一些新的认识，于是撰写出版《秦汉新道家》。这部著作是《秦汉新道家略论稿》的增订本，对秦汉新道家的形成与发展、主要代表人物与代表作进行了较全面的论述。这本书较之前者篇幅增加了一倍，字数增加了两倍多，在论述的角度和深度方面都有较大的进展。如果说前者只是对秦汉新道家的形成和特点做出理论概括的话，那么，后者则是对秦汉时期道家思想的源流及其与现实政治关系的系统论述，初步具备了比较完整严密的体系。有评论者说，《秦汉新道家》在对秦汉时期道家代表人物和著作的属性作出深入的探讨并补充以往不足的同时，注重对秦汉新道家演变的历史进程及其原因、特点进行分析，从而构成了一个完整的学术体系。

《秦汉新道家》出版之后，因为老庄学研究占据了大量时间，我就没在秦汉新道家问题上继续花工夫，仅在后来的《汉代学术史论》中有一些新的看法。

问：2013 年，您 80 岁时，出版了新作《汉代学术史论》，书中提出

“汉代对先秦典籍的改造”的观点，受到学术界的好评。能不能具体谈一谈您的主要观点？

答：在传统文化中有影响的、真正值得研究的是学术和思想。2002年，我完成《中国庄学史》后，就开始思考秦汉学术史的问题。学术史是秦汉史领域的一个老问题，我在写作的时候，一直考虑如何将这个老问题写出新见解。起初的想法是接续顾颉刚先生的《汉代学术史略》（后名《秦汉的方士与儒生》），写顾先生未写到的内容。后来在写作过程中，得知学界也有相似著作，所以一直考虑如何与已有的学术史有所不同。对于一些老问题，我努力从新的角度进行解释。例如第七章《辉煌的学术成果》，问题都是老问题，但如何才能提出新的看法呢？对于注疏之学的发展，我把它理解成中国解释学的形成，解释学是一个从西方来的现代概念，也有人研究，但我的看法是中国的注疏之学实际上就是一种解释学；从数术到谶纬，我把它看成中国神秘学的形成；至于中国史学基本形态的确立，就是一种观点、一种看法；还有关于天文学、地理学、农学与水力学、中医学等汉代学术成果，都是在史实分析的基础上，思考认识这些问题的角度，这个角度要新，而叙述的内容也要尽可能考虑得准确一点、新一点。基本上我要求自己每写一个东西都有自己的思想观点，把自己的思想观点表达出来。

书中提出“汉人对先秦典籍的改造”这个观点，有人很重视，但有人还不够重视。现在我们所能看到的先秦文献都是经过汉人整理而流传下来的，而汉人在整理先秦文献的过程中，对其进行某种程度的改造，是从事传统学术研究的人都可以想到的问题，但是这个问题的重要性却被忽视了。久而久之，人们渐渐失去了对这一问题的警惕性，在人们的潜在意识中，似乎我们所接触到的先秦文献本来就是这个样子。河南大学李振宏教授赞同我这个观点，他说，如果我们不能以历史分析的眼光去看待我们所传承的先秦典籍，我们就会被它所打上的汉代烙印所蒙蔽。随着出土文献的增加，这个问题的意义更加突出，因为更能看出变化，更能看出“改造”的结果、意义或影响等。

我写学术史的时候，注重的另一个问题是学术载体。学术有载体才能流传，什么是学术载体？主要有两个：一是人，人的头脑；一是物，有文字图形的物，主要是书籍。思想、学问、知识保存在人的头脑中，所以人是主体，也是载体。人死之后，其思想除了口耳相传之外，主要通过图书保存下来。李振宏教授也特别强调学术传承的载体问题，他说，学术史不同于学术思想史，要全面展示学术发展的盛况、全貌，对载籍的研究是题中应有之义，载籍研究应该纳入学术史研究的范畴中。

问：*您之前在秦汉史领域取得突出成果，近几年是不是对秦汉史关注减少，对老庄学更加重视？*

答：是的。对秦汉史我写了一些文章，写了几本书，当然还可以继续深入研究。例如官制史，新的简牍等出土之后，补充了大量的材料，发现了很多新的官名和官职，这些东西就需要补充；思想文化史中也有很多问题可以继续研究。但是我想一个时代的东西就是那个时代的东西，何必去修修补补呢？

而华中师范大学历史文化学院的老庄学研究仍在继续发展中。目前我院道家道教研究中心的刘固盛老师正在做一项《中国老学通史》的国家社科基金重大项目，把原来的《中国老学史》扩大成一部更完整、更大的著作。另外，我们编纂的《老子集成》，对老学文献的收集和整理也是一个较大的贡献。我觉得老庄学研究持续发展的意义更大。

问：*从中国秦汉史研究会成立以来，您是唯一一位全程参与了15届年会的“老会员”。您为什么坚持参加每一届年会？在您眼中，已经走过了30多年的秦汉史研究会经历了什么变化？*

答：1979年在四川举行的中国史学规划会议上，成立了秦汉史研究会筹备组，筹备组由五人组成（陈直先生和林甘泉、朱绍侯、周乾溁、林剑鸣四位同志）。后来五人小组会议感到要扩大代表性，发信邀请山东师范大学安作璋、中山大学张荣芳和我参加筹备组。随后筹备组又增加了祝瑞开同志以及东北、四川等地的代表。1981年9月，中国秦汉史研究会成立大会暨首次学术讨论会于西安召开，林甘泉同志被推选为会长。1986年芜湖会议上，在林甘泉同志的再三推辞下，林剑鸣同志接任会长，但是学会仍然挂靠在中国社会科学院。以后学会不管到了哪里，我都主张要一直挂靠在中国社会科学院。

秦汉史研究会原来两年举行一次年会，后来三年或四年开一次年会。研究会还组织过学术考察活动。例如1982年暑期，研究会与兰州大学共同组织了丝绸之路考察，柳春藩为队长，刘光华和我担任副队长。全队经武威、张掖、酒泉，考察了张掖城、休屠城、雷台汉墓、黑水国等近20个遗址，又参观了三地的博物馆。

在20世纪80年代以后很长一段时间，秦汉史研究会通过学术会议、会议论文集、学术刊物、相互访问、学术考察等活动，在秦汉史学界起到了很好的团结、交流作用，同时引起了海内外的广泛关注。日本秦汉史学者，在芜湖举行的第三届会议上组团前来参加，著名学者大庭脩先生就是与会的日本学者之一。这次年会以后，国内秦汉史学者同日本秦汉史学界交流逐渐增多。1990年在山东举行第五届年会的时候，中国台湾地区秦汉史学者也组团参加。从此两岸的秦汉史学者间展开了很多学术交流活动。后来韩国学者也参与到年会中。

我之所以坚持参加秦汉史研究会的年会，是因为我认为秦汉史研究会是最好的学会，这个学会一直很稳定、很团结。将来如果有学生愿意写学会史，可以就秦汉史研究会在改革开放以后重要时期的发展为主题，写出一个时期学术活动及学术发展的重要侧面。

以后随着通信技术的发展，学者们的交流会有更多的方式，不再以学会为唯一途径。但是学会曾经起过的非常重要的作用是不能忘记的。

三、道教起源和产生的新思考

问：从近几年发表的论文来看，您现在主要关注道教起源和产生问题，您认为道教早在战国时期就已经产生，这一观点对以往学界的认识产生了较大的冲击，您为什么关注这个问题？

答：长期以来，道教产生于东汉末年的说法影响很大。如卿希泰主编的《中国道教史》、任继愈主编的《中国道教史》两部影响很大的著作都沿袭“道教形成于东汉末年”的“成见”。我自己也曾采用此说。这种观点最早见于1937年傅勤家的《中国道教史》。傅著之所以如此写，是受日本学者常盘大定关于中国道教分期的影响。实际上日本学者之论是根据宋代人的观点，而宋代人的观点来自魏晋南北朝佛道之争时期的材料——当时佛教徒把张道陵当成了道教的代表去批判，这样就形成了道教始于东汉的观点。那么东汉以前的道教是什么？在道教史的研讨中，就会有“道教前史”、“原始道教”、“古道教”、“民间宗教”等许多提法，来圆汉末道教

“产生”或“形成”之说。现如今更有日本年轻学者以所谓“新范式”的名义把道教形成放在南北朝时期，那就更麻烦了。这几百年乃至千年的历史又要找出一套说法以圆其说。我觉得重新讨论道教起源和产生问题，可以丰富宗教学的理论研究，可以更好地认识中国传统文化中的道教文化，吸收其“精华”因素，改造乃至摒弃其“糟粕”内容，理论和实践意义都非常大。有学者提出道教形成于战国时期，我认为或者会更早一些。

要探讨道教的起源和产生，首先涉及一些理论问题：到底什么是宗教？具备哪些条件才能称作宗教？这个问题西方学者作了概括，如要有教义、崇拜对象、创教人、宗教组织、宗教仪式，等等。问题的关键是，西汉时期、战国时期有没有上述方面特征？我正在进行这方面的探索。

我认为鬼、神、仙，巫、方、道，是中国宗教发展的一个线索。“鬼”字甲骨、金文中都有，“神”字金文中也有，“仙”字则甲骨、金文中都没有发现。从文字发明上考证，“鬼”、“神”、“仙”这个先后次序应该是不错的。在古人思想信念中，鬼的观念出现较早，是从原始的祖先崇拜中发展而来，对祖先首先是尊敬，因而祭奠，所以很早就引入古代的礼仪之中。从有文字记载可考的商、周时代起即是如此。

人们不想死，不想为鬼，就创造出了神仙。神仙信仰起源也很早，至少在西周时期、战国时期比较流行。人类早期由自然崇拜、祖先崇拜发展而产生鬼神崇拜、神灵崇拜，对于天神、地祇、万物精灵既崇敬又害怕（敬畏），对祖先怀念并祈求其保护。如何实现这种人与鬼神的沟通，这就产生了“巫”。从文献记载来看，商代盛行巫。之后巫师转变为方士，战国秦汉时期是方士的时代，同时也出现了道士。

我认为西汉时期道教与国家祀典关系紧密，表现在：一是主神“太一”敬祀相同；二是道教徒参与了国家祀典，而且是祭祀活动的主力。西汉时期数以千万计的道士（方士），分布在国家、社会生活的各个方面，不少人还有很大的影响。小的掌管各种祠庙，大的为官、封侯，他们各有所擅长的方术。这些道士属于哪一个道派，是一个可以探讨的问题。初步分析来看，大多属于早期道教的黄老道派。西汉时期，道教还有了自己的经典，内容异常丰富，只是除了《包元太平经》有点影子之外，几乎全部亡佚了，也可以说是淘汰了。或许从刘安的某些秘籍中还会找到一些蛛丝马迹，其实《淮南子》本身也可以说是道教经典。道教与当时的丧葬制度和习俗是有密切关系的，其神话内容，在汉代及其以后的丧葬壁画或画像石中有同样的表现。这种文化现象，理当是宗教文化。因此，西汉时期是有道教的。

目前我正在写战国时期的道教。我认为道教以“道”为最高信仰，以神仙为核心信仰，凡是信神仙的就是道教，不信神仙的就不是道教。那谁是神仙呢？黄帝、老子。黄帝、老子是什么时候开始成为神仙的呢？我把有关黄帝的研究梳理后，发现他有一个“人文化”和“神化”的过程，“人文化”的过程主要是在战国时期，“神化”的过程具体表现在庄子描绘他怎么得道成仙的。老子也有一个“神化”的过程。过去古史辨派不承认老子是较早的，但是儒家本身不否认孔子向老子求教，这是不需要反复讨论的。我先弄清楚了黄帝和老子“神化”的过程，然后探讨黄、老相连，黄、老、道相连。我最近完成的两篇论文是关于战国时期的黄老道和王母道问题，包括之前的数篇文章，如《略论道教的名与实——再论道教的产生问题》和《略论道教的“杂而多端”——道教史新思考之一》等，说明战国时期的道教情况。如果战国时期黄帝、老子都已经成为神仙，而且都被敬奉了的话，那道教的信仰、组织、仪式、经典都有了，就具备宗教的全部要素了。

四、对青年学子的寄语

问：您从事史学研究60年，能否专门就史学方法的问题，给青年学者们谈一些指导性的建议？

答：我以前写过《我学史的经历和体会》，现在看起来仍然可以参考。归纳起来主要是这几点：

1. 学·问·思。这里要讲的是学与问以及学与思两个关联的问题。学问，学问，学必须要问，东汉王充《论衡·实知》说得好：“不学自知，不问自晓，古今行事，未之有也……故智能之士，不学不成，不问不知。”要提问，关键是提出问题，这就需要思考。

我早在读书时期就喜欢向老师提问。研究生毕业以后，寻师访问有了更高的兴趣和积极性。我曾经在北京拜访过吕振羽先生、侯外庐先生，后来又拜访过尹达先生。特别是吕振羽先生，不仅向他请教关于学习的问题，甚至请他批改自己写的东西。除了当面拜见之外，更多的是书信来往。至今我仍保留着吕先生的几封信件，有的是较集中的对几个史学问题的看法，有的是对我所交作业的批改及意见。在武汉我拜见过当时任武汉大学校长的李达同志，他给我的印象极为深刻，对我的治学也有极大的指导意义。在武汉除了经常向我的大学老师张舜徽先生请教之外，又拜唐长孺先生为师，跟随他学习魏晋隋唐史。唐先生给我批改过好几篇文章，有的写了密密麻麻一大张纸（困难时期，纸不好，字又小，唐先生目力后来更差，我想培养我们这些人至少是原因之一，想起来感到不安），我现在还保留着唐先生为我批改论文的手稿，逐字逐段，非常仔细。一句话，我的成长是与师长们的教诲分不开的，也是我问而知晓的结果。

我的问学，有大问也有小问，有一般的问也有具体的问，我通过提问、发问增长了不少学问。这里还要提一下，还可以向朋友、同好发问、讨论，乃至不耻下问。

再简单谈谈学与思。在学习中要能提出问题，是与思考有关联的，是什么？为什么？如何？怎样？提出问题的过程，就是一个思考的过程。孔夫子说："学而不思则罔，思而不学则殆。"这些道理人们几乎是都知道的，只是做起来不容易罢了。做学问对于思考的要求更高一些，所谓"殚思竭虑"。甚至可以这样说，即便是思想火花的那一瞬间，消耗的脑细胞和精力也是巨大的。

2. 问题意识。作学术研究的时候，一定要有问题意识。问题有大有小，小问题是一些具体的问题，比如秦简中新发现的职官名；大问题是总的概括，比如对整个官制史的看法。研究小问题的时候要带着大的思想指导才行，比如研究《红楼梦》的座席问题，就要考虑里面是否有中国古代礼仪的问题。我建议动脑筋想问题，带着问题去研究。带什么问题呢？有时候是整个社会形势提出来的问题，有时是个人偶然碰到的问题。

3. 书痴者文必工。古人说过，书痴者文必工，艺痴者技必良。治史当然也是如此。晋武帝时杜预曾说过，王济有马癖，和峤有钱癖，他自己有《左传》癖。贪财、好马成癖，是一种病态，《左传》癖就不应说是病态了，是说他特别爱好，也可能是如痴如醉了。正因如此，杜预的《春秋经传集解》终成传世之作。如痴如醉之后，就可以做到专心致志，绝虑凝神，心不外驰，就会如陆游《书巢记》所说："饮食起居，疾痛呻吟，悲忧愤叹，未尝不与书俱。”这既是从实际行动讲，更重要的是一种投入的精神，有这种精神，就不会一边干一边喊苦叫累。真正投入了，虽苦犹甜，苦中有甜。20世纪60年代初，我曾这样投入过，有时候一个通宵下来，东方开始发白，人已经相当疲倦了。当时条件差，半夜饿了只能啃点大麦、高粱之类做的点心，有时嚼点萝卜干，但心里美滋滋的，似乎完成了什么了不起的大事一样。近几十年来，写东西的机会更多，每有所得的感受是常常发生的，但是年龄、条件、经历等各方面的原因，情况又不同了，大约可以用得上一种形容法，有点像是由必然王国进入自由王国了。

现在读史、治史的中青年，有兴趣的不少，但兴趣并不单纯，不是说兴趣广泛，而是说动机不太纯，因而还不能说有史学癖。没有病是好事，但没有较深的爱好和兴趣，又难以通向学习的自由王国，也痴不起来，虽然这也无可非议。目前的情况，我们的队伍不算太小，不可能都癖且痴，但是还是希望有几个有史学癖的人，能够如醉如痴的人。这种青年会不断出现，我是这样相信的。

4. 求实与创新。人们喜欢追求新，时代也需要新，事实上任何事也都在日日新，治史当然也不例外。问题是：你是否真正在创新？如何创新？是否创了新？有些东西本不是什么新东西，或者你不知道，把它当成新，那并不是真正的新。近些年，史学界、学术界有些人宣传甚至构造新理论、新思想，其实并不是什么新东西。在史学研究中，真正的新东西，真正的创新，我觉得应该有几种情况，即新材料的发现与研究，或者旧材料的新解释与新运用，新问题的提出和探讨，以及新观点和方法的运用，等等。炒冷饭当然不是新，而且一般也不受欢迎。“唯陈言之务去”可以作为一个标准，但做到不容易。首先，要知道旧才能出新，也就是要学，要见多识广。其次，求新不能哗众取宠，必须老老实实、扎扎实实、实事求是，总之离不开一个求实。现在有些自以为新、被捧为新的东西，缺少一点实。扎实是一个功夫问题，更是一个态度问题。不老实，急于求成，急功近利，不能创出真正的新东西来的。因此，我可以概括地说，求新必须求实，求实才能创新。

有时听人们说，当今史学界缺少提出新理论、新思想的大家，难见新的传世之作，这是高标准、严要求。还没有出高、大、全的新大家，也是事实，焉知若干年以后，不会在这一代中“突出”几个创新的代表人物来？将来总会有这一时代的代表人物的。愿意建功立业的人，愿意“立德、立功、立言”的人，老老实实、踏踏实实、实实在在地去努力创造吧，这个时代的“新”一定会创造出来的。

（华中师范大学历史文化学院 叶秋菊、占勇光采访整理）

（原载《中国史研究动态》2019.5）

总后记

本人文集的编辑出版，花了他人不少时间和精力，虽不得已，但是应该铭感在心。

酝酿出版文集前后也有两三个年头了，范军、吴琦、赵国华、刘固盛等几位教授反复谋划、合计促成了此事。文集的编选、整理阶段，刘固盛教授做了大量具体的组织工作。另外还邀请了叶秋菊、肖海燕、王闯几位老师参加，博士生则有聂新、杨志昆、张盼盼、张亚伟、杜文君、魏淑贤、张艳鸽等，他们都花了许多时间和精力，仅仅规范注释，按出版的要求，就是一个很费时间的细致工作。

这里我要说明一下，实际上有些注释的格式难以完全按照出版规范统一起来。例如过去写文章，如果引用《史记·五帝本纪》《汉书·礼乐志》的内容，注释只需注明书名就可以了，但现在的规范一般要求标明出版社、出版时间和引文的页码等。是为了读者，为了编辑，还是为了“统一”、“好看”？类似的要求似乎存在某些不合理之处。如果读书、写书的人，连基本的史料例如二十四史之类都不知道，那还谈什么学问？何况有些史料没有标点本，或者有而不准确，注明出来又有何用？所以本文集在注释规范方面虽然尽了很大的力，但仍然会有那么一些并不规范之处，也是不得已，特此说明。

参考已出的一些文集，本文集也选用了一些照片，是新来的硕士生杨帆帮忙完成的，想反映一下人生经历和师友关系。师友很多，学生更是不少，也只能选用有代表性的几张合影，由于选用的数量有限，遗漏恐怕还是有的。

华中师范大学出版社从过去到现在的领导和许多成员都是我的朋友，文集的出版，有他们的关注和支持。负责本文集具体实施的冯会平同志前后也交往多年了，她工作热情积极，此次也费力不少。还有梅杰、张怀东、张建英、曾艳、庞丹、卢格蕙、陈良军编辑的辛劳，都是应该衷心感谢的。

本文集的出版得到华中师范大学中国史一流学科建设的经费支持和历史文化学院的关心，在此一并致谢。